DES TYPES ET DES MANIÈRES

DES

MAITRES GRAVEURS.

DES TYPES ET DES MANIÈRES

DES

MAITRES GRAVEURS

POUR SERVIR A L'HISTOIRE DE LA GRAVURE

En Italie, en Allemagne, dans les Pays-Bas et en France.

PAR

JULES RENOUVIER.

XVIᵉ SIÈCLE.

MONTPELLIER

BOEHM , IMPRIMEUR DE L'ACADÉMIE , PLACE CROIX-DE-FER.

1854

SOMMAIRE.

~~~~~~~~

Écoles des Pays-Bas.

Écoles de la France.

DES TYPES ET DES MANIÈRES DES GRAVEURS

Par M. J. RENOUVIER.

SEIZIÈME SIÈCLE.

ÉCOLES DE L'ITALIE.

I.

Marc Antoine et ses Élèves.

1. La fleuraison extraordinaire de l'art du dessin au commencement du XVIe siècle, tient à l'esprit philosophique qui émancipa les artistes et les poussa vers l'observation de la nature, aussi bien qu'à la découverte des monuments antiques et au souvenir ravivé de la civilisation payenne. L'Italie, dépouillée la première du vêtement gothique, trouva dès ce moment un canon comparable en perfection à celui du peuple le plus cultivé de l'antiquité, et la gravure, sortie de ses rudiments, fut prête à en produire et en populariser les modèles.

MARC-ANTOINE RAIMONDI, le graveur capital de la renaissance italienne, a, comme ses pairs en Allemagne et en Hollande, des origines encore gothiques, mais il les répudie bientôt. Formé dans l'atelier d'un peintre à tendances mystiques, s'approchant un moment de l'École vénitienne et aussi du génie allemand, il se développe enfin au sein de l'École la plus normale de l'Italie. Ce n'était pas un peintre, un inventeur, il reflétait dans tous ses ouvrages la manière de ses maîtres; mais, dessinateur achevé, une fois qu'il eut connu la beauté sage dont Raphaël avait trouvé le type, il mit à la traduire toute la puissance de son burin. Ce burin fit son originalité; on en doit suivre l'histoire.

Bartsch a distingué jusqu'à quatre modifications dans le travail de Marc-Antoine, et les a analysées savamment; il y aurait encore des nuances à noter si l'on voulait parfaire le classement chronologique d'une œuvre dont la variété et l'inégalité ont arrêté Ottley; il nous suffira d'y marquer les phases principales en rapport avec la biographie de l'artiste. Dans ses premiers ouvrages, exécutés à Bologne, Marc-Antoine est un graveur heurté à la façon des orfèvres, orfèvre lui-même probablement, ciseleur et nielleur dans l'atelier de Francia; tel il se montre dans *Pyrame et Thisbé* de 1505, qui passe pour sa première pièce, dans *Orphée, Mars et Vénus*, et dans les autres estampes faites avant 1509. Zani pense qu'il étudia aussi les estampes de Mantegna, et qu'il dut apprendre là à dessiner correctement les extrémités des figures[1]. Mariette était aussi de cet avis, et il cite l'estampe emblématique du génie, *Un Jeune homme élevé sur un piédestal et tenant un brandon de feu,* comme l'une des meilleures que Marc-Antoine ait gravées dans ses premières manières et comme ayant du goût de Mantegna[2]. L'excellent critique ajoute qu'il est fort difficile de reconnaître le nom des peintres de ces premières estampes; il faut croire avec Zani, que le graveur eut une part plus grande que celle qu'on lui accorde d'ordinaire, dans la composition des pièces faites avant son séjour à Rome. A ce premier moment son burin procède par tailles sèches, serrées, à peine croisées, et par un contour rude; son dessin n'a pas la pureté qu'il acquit

---

[1] *Enciclopedia;* part. II, tom. IX, pag. 16.

[2] *Notes manuscrites de Mariette*, tom. VII, au Cabinet des estampes. Il s'agit ici, sans doute, de la pièce désignée par Bartsch au N° 360, exécutée, suivant Ottley, vers 1507.

plus tard : *Vénus Anadyomène* et plusieurs autres figures des estampes de
ce temps ont des formes revêches ; mais il paraît plus heureux dans les
petites pièces, les sujets religieux. Il avait eu de bonne heure, dès 1504,
sa réputation constatée dans un poème bolonais[1].

On ne sait pas précisément la date du séjour de Marc-Antoine à Venise,
et les circonstances qui lui firent connaître les estampes d'Albert Durer,
qui résidait dans cette ville en 1506 ; mais on s'assure des modifications
apportées alors à ses ouvrages : *La Véronique*, *Sainte Catherine*, *Apollon
citharède*, et d'autres petites pièces faites alors, sont traitées en tailles
fines et moelleuses à la façon des peintres ; le dessin a aussi plus de
finesse, et ses figures prennent une expression plus distinguée. Mariette
remarquait l'estampe des *Deux femmes endormies sur les bords du Styx* :
« elle est gravée, dit-il, d'une manière extrêmement moelleuse et tout à
fait amoureuse ; le dessin en est très-précis, quoiqu'il ne soit pas dans
la plus grande manière[2]. » Ottley a décrit cette estampe sous le titre de
Représentation fantastique (B. 359), et il la croit gravée durant le séjour
de l'artiste à Venise. *La Nymphe arrosant une plante* mériterait les
mêmes éloges ; nous pouvons remarquer en outre qu'elle montre, dans
sa gravure comme dans son dessin, toutes les habitudes des maîtres
de Venise. Ottley a signalé la même influence sur l'estampe des *Trois
chanteurs*. D'un autre côté, on le voit graver, dès 1506, *Saint Jean* et
Saint Jérôme d'après Albert Durer, et publier, en 1509 et 1510, les copies
qu'il avait faites de plusieurs suites et de quelques pièces isolées en bois
et en cuivre du Maître de Nuremberg. Les détails du procès en contrefaçon raconté par Vasari, sont contestables sans doute ; mais le fait de
copies fallacieuses de plusieurs estampes de Durer en bois et en cuivre,
de la main de Marc-Antoine, est depuis longtemps hors de doute. Ces
copies sont exactes quant au dessin, plus ou moins fidèles quant à la
gravure ; mais du reste éteignant, comme toutes les copies, la verve
et l'expression des originaux, bien qu'il s'y ajoute quelquefois un air
de noblesse qui les rend préférables aux yeux de ceux qui tolèrent diffi-

---

[1] *El Viridario di gio filoteo Achillini*; Bologna, 1513, cité par Ottley et par M. B. Delessert.
[2] *Notes manuscrites*, tom. VII.

cilement le goût tudesque; c'est ainsi que Mariette jugeait l'estampe
du *Cavalier allemand accompagnant une dame*. « L'on y découvre dans
dans les airs de tête, surtout dans celle du jeune homme, ce que le goût
d'Italie pouvait ajouter à celui d'Albert; car Marc-Antoine, quoique
jeune, y a surpassé son original pour le goût du dessin. Elle est très-
bien exécutée, gravée très-fini dans la manière des premières pièces qu'il
grava à Rome, et dessinée très-précis, quoique dans la manière du
peintre [1]. »

On a constaté encore que Marc-Antoine s'exerça à la copie de Lucas
de Leyde, en citant l'estampe des *Trois pèlerins*, copiée en sens inverse
d'une pièce du Maître hollandais, et l'estampe des *Grimpeurs*, la première
qu'il grava à Rome en 1510, d'après un dessin fait par Raphaël sur le
carton de Michel-Ange, où il prit pour fond une partie de paysage de la
pièce de *Sergius et Mahomet*, gravée par Lucas en 1508. Mais, malgré ses
emprunts, le graveur n'en montrait pas moins tout ce qu'il possédait déjà
de son propre fonds : une intelligence prompte à saisir la grandeur de
dessin de Michel-Ange, une souplesse et une douceur d'un burin qui n'avait
rien à emprunter aux artistes de l'Allemagne ou des Pays-Bas. Il est certain,
dit Mariette, que Marc-Antoine dessinait au mieux et gravait déjà très-
bien lorsqu'il vint à Rome; il ne lui manquait, pour mettre ses talents
dans tout leur jour, que de travailler d'après un maître tel que Raphaël.

Dès les premiers temps de son séjour à Rome, Marc-Antoine grava,
d'après les dessins de Raphaël, les premières estampes qu'il y produisit :
Lucrèce, Didon, La Danse des enfants et des amours, Le Jugement de Pâris,
et quelques autres, ordinairement sans lettres ni tablettes, se classent parmi
les plus exquises, sinon parmi les plus grandes du maître. Vasari rapporte
qu'elles excitèrent à Rome une admiration profonde et lièrent Marc-Antoine au divin Sanzio. On le voit, en effet, dès-lors s'appliquer, sauf quelques infidélités passagères, à rendre dans toute sa perfection la beauté
si admirablement mesurée dont Raphaël avait trouvé le type; il avait
toutes les qualités de dessinateur et de buriniste nécessaires pour cela. Un

---

[1] *Notes manuscrites*, *loc. cit.* Mariette veut parler sans doute de la *Dame à cheval accompagnée par un hallebardier*.

critique, plus préoccupé de ce qui manque à l'artiste, que de ce qu'il possède, reproche à Marc-Antoine la raideur et l'uniformité de ses travaux [1]; un autre, homme du métier pourtant, n'y trouve ni souplesse, ni goût délicat, ni marche savante [2]. La critique s'abusait en comparant les allures libres d'un burin magistral avec les procédés patients d'un copiste, et changeait les conditions de l'artiste ; elle est aujourd'hui plus large et plus équitable dans ses jugements [3]. Marc-Antoine, plus souple, plus varié, ne serait pas le graveur austère et fidèle de l'École romaine que nous connaissons ; nous devons le glorifier pour ce qu'il vaut.

Prenons pour exemple une de ses madones, l'étude faite pour le tableau de la madone de Foligno, la *Vierge assise sur des nues* dans une attitude si simple et si grande, dans un ajustement si sobre et si noble. Tout son corps exprime la force tempérée par la grâce ; sa tête est la sérénité même ; avec quel beau mouvement des bras elle soutient son fils sur la hanche ; avec quel sentiment maternel elle se penche vers lui et s'unit au regard compatissant qu'il laisse tomber sur la terre. La *Vierge au baldaquin* est peut-être supérieure encore dans sa naturelle beauté. La *Vierge à la longue cuisse*, empreinte encore de tant de grandeur, plaît moins, parce que, comme dans les ouvrages de la troisième manière de Raphaël, la pratique y a remplacé l'inspiration, et que l'habileté, quelque grande qu'elle soit, ne charme pas comme le don naturel. Dans ces figures, le dessin, d'une pureté accomplie, n'est fait que des plus sobres travaux, de hachures uniquement dirigées dans le sens des lignes principales, sans affectation d'effet, sans prétention aucune d'imitation artificielle ; l'artiste s'assurant seulement de rendre dans les conditions suffisantes la beauté qu'il a conçue : il a atteint son but. Jamais, après lui, le burin dans ses exercices les plus habiles ne rendra, comme il l'a rendue, la Vierge

---

[1] M. Duchesne ; *Notice des estampes exposées à la Bibliothèque royale.* in-8°, 1837.

[2] M. Ponce ; *Biographie universelle.*

[3] *Notice sur la vie de Marc-Antoine Raimondi, accompagnée de reproductions photographiques,* par M. Benjamin Delessert. Paris, Goupil, 1853. — Notes de M. Harzen, pour le Vasari de Florence, 1853 ; — article de M. Vitet, *Revue des Deux-Mondes,* 15 mai 1853.

de Raphaël. La *Sainte Cécile*, gravée d'une façon qui manque absolument de propreté, n'en est pas moins accomplie; on se persuade, en la regardant un peu de temps, que le tableau du Maître même, aujourd'hui à Bologne, ne donne pas avec plus d'expression et de vérité les têtes de la sainte musicienne et de saint Jean.

Marc-Antoine, dessinateur avant tout et doué plutôt de force que de douceur, a mieux réussi encore dans les figures héroïques et les compositions mythologiques, que dans les vierges et les sujets religieux. *La Poésie*, *La Philosophie*, *Cléopâtre*, *Les Deux Sibylles*, gravées toujours avec une grande sobriété de travaux, ont un calme d'expression incomparable. Le Christ qu'il a gravé est d'un type moins idéal, ne différant pas, il semble, du caractère qu'il a donné à Jupiter, à Orphée; la tête est d'ailleurs d'une expression placide, et n'est pas sans rapport de traits avec certaines têtes de fantaisie que d'anciens graveurs anonymes ont données tantôt à Raphaël, tantôt à Marc-Antoine. Ces portraits n'ont aucune authenticité, mais ils répondaient bien à l'idéal que l'on pouvait se faire des Maîtres, à un moment où ils ne vivaient déjà plus, où leur réputation prenait des proportions plus instinctives que raisonnées. Je veux parler d'une figure enveloppée d'un manteau, assise sur les gradins d'un atelier, classée ordinairement dans l'œuvre de Marc-Antoine, et d'un portrait de ce graveur, à l'adresse de P. Stefanoni, attribué sans raison à Bonasone; celui que Bartsch attribue à Battista Franco, et qui est daté de 1520, m'est malheureusement inconnu. Raphaël et Marc-Antoine ont si bien popularisé un type à eux, que l'art de l'époque qui suit en fait arbitrairement leur propre portrait.

Dans le nu, le type rendu par cette gravure sobre et large est empreint de la plus grande distinction, de toute la grâce compatible avec la pureté, sans autre manière que ce sentiment de la mesure, qui fut le don particulier de Raphaël. *Ève*, de l'estampe la plus exquise peut-être du maître, *Adam et Ève*, où l'on a voulu trouver la trace de la main même de Raphaël, *Vénus assise s'essuyant les pieds après le bain*, *Les Grâces de la Farnésine*, sont les plus purs modèles de ce dessin harmonieux, qui revêt la nudité d'une vénusté sublime. Ce modèle prend ensuite des proportions plus fortes. *La Galatée* donne dans toute sa puissance cette beauté vigoureuse et accomplie sur le sein de laquelle Raphaël s'épuisa.

Une dernière modification doit être notée dans la gravure de Marc-Antoine. Les ouvrages qu'il produisit en dernier lieu, montrent une plus large pratique de burin et un dessin d'une tournure plus savante; mais ils laissent regretter le soin plus précieux des ouvrages précédents, et ils dépassent un peu, quant au type, la mesure délicate qui nous avait charmé. J'ai déjà signalé ce point dans les madones et les vénus. *Marthe et Marie montant les degrés du Temple*, *La Chasteté de Joseph*, *La Victoire de Trajan*, sont des compositions d'un caractère superbe, où l'artiste, dominé par sa force, a laissé s'évanouir quelque chose de la grâce tranquille qu'il avait dans les premières années de son séjour à Rome. On voit qu'il suivait le courant qui, Raphaël mort, entraîna ses élèves; ce courant avait poussé le maître lui-même dans les diverses phases de sa courte carrière. Marc-Antoine grava, croit-on, vers la fin, d'après les dessins de Jules Romain et de Polidore. La dernière estampe que l'on cite de lui, est d'après une composition grandiose de Bandinelli; mais, selon la remarque pleine de goût de Mariette, « accoutumé aux grâces de Raphaël, il a répandu dans cet ouvrage beaucoup de la manière de cet excellent maître, et il a pour ainsi dire adouci celle de Bandinelli, un peu trop sauvage et trop outrée. » La fin de sa vie fut, du reste, misérable. On sait les peines que lui attira, vers 1525, la gravure des postures pour les sonnets de l'Arétin. En 1527, échappant à peine au sac de Rome, il quitta la ville, rançonné par les Espagnols, presque en mendiant, dit Vasari, et mourut bientôt après, obscurément, on ne sait où. A bien faire, Marc-Antoine n'avait pas à survivre à Raphaël; Zani le fait même mourir avant, dès 1518, sans avoir gravé les deux ou trois derniers ouvrages de son maître : sa plus grande gloire est de l'avoir reflété.

Je n'ai pas à faire ici l'analyse et l'histoire du beau, tel que put le réaliser Raphaël à la cour de Jules II et de Léon X; il suffit de rappeler cette *Fornarina*, beauté forte et calme, choisie par le peintre entre beaucoup d'autres belles filles du Transtévère, qu'il épura d'un reflet venu de l'école mystique de l'Ombrie, qu'il agrandit de l'étude des débris exhumés du sol antique, et qu'il idéalisa le génie qui lui était propre. Le maître a lui-même décrit son procédé dans une lettre au comte Castiglione : *Per dipingere una bella mi bisogneria veder piu belle..... ma*

*essendo caristia di belle donne , io mi servo di certa idea che mi viene alla
mente* [1]. Mieux encore il nous initie à cet idéal cherché dans le
réel, dans ce dessin admirable où il trace un croquis à la sanguine
de sa maîtresse à peine vêtue, comme première idée de la vierge de
François Ier [2]. Pour apprécier ce que le graveur put mettre de sien
dans les riches et nombreux modèles que lui fournissait le peintre, il
faudrait mieux connaître les particularités de sa vie, dont Vasari ne
nous donne que quelques circonstances. Les pièces qu'on peut le plus
sûrement croire de son invention, moins nombreuses dans sa dernière
manière, ne montrent rien de bien personnel ; lorsqu'il ne se laissait
pas absorber dans le style de l'École romaine, comme dans les figures
allégoriques de l'*Austérité*, l'*Amitié* et l'*Amour en présence du philosophe
Amadée*, qu'il composa pour les dialogues d'Amadeus Berrutus, il garde
un souvenir marqué de la simplicité touchante de son premier maître.
Il dut faire pourtant quelques études d'après nature. Sa *Sainte Marguerite*, fille forte, à large taille, aux yeux durs, la tête drapée, le corps
vêtu d'étoffes pesantes, les manches relevées, ne peut être qu'une étude
faite dans la campagne de Rome. *La Sainte Catherine*, d'une beauté plus
fine et plus gracieuse, *La Femme à la gourde*, d'un type plus vulgaire,
paraissent aussi prises en quelques coups de crayon au coin d'une rue.
C'est là seulement qu'on peut apercevoir la *Fornarina* du graveur, qui
ne nous en a pas laissé d'autre portrait.

Si, après avoir étudié l'œuvre de Marc-Antoine pour sa valeur
technique et esthétique, on voulait en chercher l'aspect extérieur et littéraire, elle se trouverait correspondre, par les disparates de sa poétique,
à la société qui se groupe autour des grandes figures de Jules II et de Léon X.
Les graveurs, toujours plus libres dans la facilité de leurs compositions,
en disent plus que les peintres. Si le dessinateur donne autant d'expression à Orphée qu'au Christ et à Lucrèce qu'à la Vierge, c'est que les
papes, les prélats et les poètes de son temps lui donnaient l'exemple de ce

---

[1] Lettre donnée par Bottari et traduite par M. Dumesnil, dans l'*Histoire des amateurs
italiens* ; in-3°, 1853.

[2] Dessin du Louvre, gravé en *fac-simile* par M. Butavant.

syncrétisme. Sannazar disposa son poëme *De partu Virginis* au milieu de la mythologie payenne. Dans les représentations les plus hardies que s'est permises le burin de Marc-Antoine, il n'a fait encore que complaire aux mœurs de ses Mécènes. Léon X, cardinal, avait composé sur la découverte d'une statue antique tel iambe latin qu'on peut rapprocher de la Lucrèce du graveur :

Castitate feminæ
Lætentur et viris mage ista gloria
Placere studeant quam nitore et gratiâ,

mais pape, il avait vécu en prince et en payen, jouissant de tous les plaisirs, de toutes les gaîtés, commandant les fresques du Vatican, donnant des soupers en l'honneur de Bacchus et des Muses, et assistant aux atellanes du cardinal Bibiena.

2. On ne doit pas séparer de Marc-Antoine les élèves qui ont travaillé avec lui, et qui appartiennent au plus beau moment de l'École romaine, dispersée et déchue seulement à l'époque du sac de Rome, en 1527. Les plus rapprochés furent Marco Dente de Ravenne et Agostino Musi de Venise, dont les ouvrages sont restés si bien empreints de la grandeur et de la pureté du style raphaélesque, qu'ils ont pu souvent être confondus avec ceux du Maître. Zani déclare que, pour les distinguer, il faut y regarder de très-près, aux extrémités des figures surtout, où apparaît plutôt quelque infériorité.

AGOSTINO DE MUSI VENEZIANO, *Augustinus venetus de Musis*, eut dans des proportions plus humbles un développement analogue à celui de Marc-Antoine, et l'on peut distinguer plusieurs manières dans ses estampes, dont les dates vont de 1509 à 1536. Les plus anciennes, *Sainte Marguerite*, *Une Femme à l'entrée d'une grotte*, d'un dessin faible et d'un burin maigre, tiennent de la manière des orfèvres [1]; quelques-unes, comme *Léda*, rappellent par leur finesse et leur moelleux le faire particulier à l'École

---

[1] Suivant une tradition rapportée par Brulliot, il aurait été graveur en médailles, ses initiales se trouvant sur un médaillon de l'Arétin. *Dict. des mon.*, II, 162.

de Venise, où il fit ses débuts. Il a même alors copié plusieurs pièces de
Iulio Campagnola, *Le Jeune berger*, *Le Vieux berger*, et on en a induit qu'il
avait été son élève; puis, poussé vers Albert Durer, il copia l'*Adoration
des bergers*, *Jésus aux enfers*, 1512, etc., mais avec moins d'adresse que
Marc-Antoine. Il paraît encore qu'avant d'aller à Rome, il passa à
Florence, vers 1515, et s'y lia avec Baccio Bandinelli, dont il grava quelques compositions : *Cléopâtre* 1515, les *Squelettes* 1518, sans se mettre
en peine, comme Marc-Antoine, d'en adoucir l'exagération. Ces accointances jettent dans l'œuvre très-nombreux [1] d'Augustin, de l'inégalité et
de l'étrangeté, au point que Zani, fin connaisseur pourtant, trompé
d'ailleurs par la forme gothique qu'il a quelquefois donnée à l'A initial de
son chiffre, avait imaginé un faux Augustin, quelque Allemand fourvoyé,
auquel il attribuait *Le Corps de Jésus-Christ entre les bras de trois anges*,
1516. Cette estampe est le sujet d'une anecdote de Vasari, qui ne peut
être acceptée qu'avec restriction ; si elle fut réellement faite sur le com-
mandement d'Andrea del Sarto, le peintre eut toutes raisons d'en être
mécontent; elle marque l'influence de Bandinelli et le plus mauvais
moment de l'œuvre du graveur, qui en a malheureusement quelques autres.
Il gravait dans le même temps une pièce qui n'aurait certainement pas
été avouée par Raphaël, où cependant il semble avoir emprunté le caractère qu'un autre grand maître, Léonard de Vinci, donnait à ses caricatures : c'est un *Marché d'amour sordide entre un laideron et un débauché*.
A. Zanetti qui l'a décrite en la prenant pour une imitation allemande,
l'aurait mieux expliquée s'il avait bien considéré les gestes de la gaupe, et
s'il avait eu sous les yeux un autre état de l'estampe portant, au lieu des
lettres d'Augustin, un monogramme inexpliqué et une légende : *Chi non ci
vol veder si cavi gli occhi*. Mariette avait déjà décrit la charge d'Augustin :
*Une Vieille femme tirant la langue à un jeune homme qui lui présente une
bourse;* il la croyait gravée certainement d'après Léonard de Vinci, quoique mal exécutée. Mais ce sont là les distractions de l'artiste.

Augustin paraît, dès cette année 1516, être entré comme graveur dans

---

[1] On le porte à 200 pièces dans *Le premier siècle de la calcographie, ou catalogue du cabinet
Cicognara*, par M. Alexandre Zanetti ; in-8°, Venise, 1837.

les voies de Marc-Antoine; dessinateur moins sûr, buriniste plus sage, il fut dans quelques pièces plus doux et plus agréable peut-être. Heinecken a avancé que son burin surpasse quelquefois celui du Maître, qu'il est plus délié et plus libre; Zani convient qu'il l'a quelquefois égalé. Nous laisserons les professeurs s'exercer à ce parallèle, pour rentrer dans notre sujet et nous borner à la remarque de quelques types, où apparaît mieux l'originalité que put garder notre graveur sous le rayonnement de Marc-Antoine, dont il ne fut que le satellite.

La Vierge entre deux anges laissant aller l'enfant Jésus dans les bras du petit saint Jean, qu'on croit gravée d'après une composition de Francia, et *La Vierge couronnée par un ange*, très-distinguées dans leur expression, ont pourtant moins de grandeur et de noblesse que les beaux modèles de Marc-Antoine; *Le Christ mort sur les genoux de la Vierge* est moins grand que celui du maître. *La Virginité*, figure assise près d'une licorne, prise par quelques catalographes pour *Philire auprès de Neptune*, et *Cléopâtre* de 1523, montrent aussi les types ordinaires de l'École un peu rapetissés. *Vénus*, dans un paysage, auprès de l'Amour, moins grande aussi, a cependant de l'expression, les formes gracieuses et solides, les extrémités choisies.

Augustin vécut encore quelques années après le sac de Rome, et il prit sa part grande du déclin de l'École, s'adonnant alors à la gravure des motifs d'architecture et d'ornement qui était plus lucrative. Il fit aussi des portraits, non de ceux que l'artiste fait avec amour et marque le mieux de sa fantaisie, mais des figures à mi-corps, les plus grandes qu'on eût encore gravées, des personnages dont le nom retentissant alors, devait attirer des chalands au marchand : Paul III, Charles-Quint, Soliman, Barberousse, François Ier. Ces figures, bien qu'exécutées d'une façon toute magistrale, ont plus de correction que d'agrément; on s'arrêtera avec plus d'intérêt sur une estampe qui est faite aussi de portraits, l'*Atelier de Baccio Bandinelli* en 1531. L'artiste assis à droite, barbu, coiffé d'un bonnet rabattu sur les oreilles et dessinant, est sûrement Augustin Vénitien, placé ainsi à côté de son ami Bandinelli qui tient à la main une statuette de Vénus.

3. MARCO DENTE DA RAVENNA, *Marcus Ravennas*, dont le nom de famille *Dente* a été trouvé par Zani dans des documents contemporains et locaux, où on le cite comme *intagliatore di maravigliosa anzi unica eccellenza*, ne dépasse pas la portée d'un copiste; mais il s'attache à si bon modèle et le reproduit avec tant d'excellence, qu'il a dû justement s'attirer l'admiration de ses compatriotes. Le nom de Marc de Ravenne ne se trouve écrit que sur une estampe représentant la statue de *Laocoon*, telle qu'elle fut découverte en 1506; mais on avait coutume, depuis Vasari, de lui donner toutes les estampes marquées R. et RS. Plusieurs iconologistes, s'arrêtant à l'irrégularité que présente l'application de ces initiales aux noms de Marc, ont cherché à qui ils pourraient les appliquer mieux. Marolles, Baldinucci, Orlandi avaient nommé un *Silvestre de Ravenne*, et Zani accepte ce nom sur leur autorité; il n'accorde à Marc de Ravenne que quelques pièces portant les lettres M R. ou MA. R., pièces restées inconnues à la plupart des catalographes. Mariette, après être resté longtemps dans le doute, avait fini par s'arrêter sur un sculpteur, *Sévère de Ravenne*, cité par *Pomponius Gauricus*, auteur d'un dialogue sur la sculpture, comme *sculptor, scalptor, cœlator, desector, plastes, pictorque egregius*; mais le nom de *Silvestre* ne reposant sur aucun document, et celui de *Sévère*, artiste connu en 1504, date de la première édition du livre de *Pomponius Gauricus*, ne pouvant s'appliquer à des estampes imitées de celles de Marc-Antoine, on doit garder l'opinion commune, partagée du reste par Bartsch, et accepter pour Marc de Ravenne les pièces aux marques citées, avec d'autant plus de raison qu'on n'y aperçoit pas de différences essentielles.

Cependant Marc Dente, d'après des témoignages contemporains, fut tué au sac de Rome; il faut dès-lors regarder comme des copies, des reproductions, ou des épreuves postérieures, les pièces où ces marques se retrouveraient avec des dates postérieures à 1527. Dans cette École célèbre, la part de l'incertain doit d'ailleurs être faite largement; les signatures y furent souvent contrefaites par des marchands exploitant la vogue; la marque de Marc de Ravenne particulièrement, prise dès le temps de Vasari pour celle de Raphaël, plutôt que pour celle du graveur, fut reproduite sur un grand nombre d'états postérieurs publiés par les marchands de Rome et sur des pièces tout à fait indignes. L'œuvre rassemblé sous les lettres R. et S R. dans la plupart des cabinets, qui peut s'étendre de soixante à quatre-vingts pièces, présente toujours de l'inégalité et de la confusion. C'est donc au travail de l'estampe et à son style qu'il faut surtout s'attacher. Là encore l'appréciation est difficile : Marc de Ravenne n'a pas plus d'originalité dans le dessin que dans la gravure ; il régularisa seulement un peu plus qu'Augustin la conduite des hachures, fit des ouvrages plus propres sinon plus corrects, et établit surtout sa réputation par la plus fidèle imitation de Marc-Antoine. Tous les amateurs conviennent que ses plus belles pièces, *La Vierge au palmier*, *La Vierge au berceau*, *La Poésie*, *Vénus sortant du bain*, *Le Jugement de Pâris*, sont identiques aux estampes de son maître ; mais ce ne sont que des copies, où les initiales même du maître sont contrefaites ; plusieurs autres pièces sont des répétitions, avec quelques différences, des mêmes dessins, et là on aperçoit mieux combien il s'était rendu familier le style raphaélesque.

La Vierge lisant à côté de l'enfant Jésus en est un des exemples les plus remarquables ; elle rend dans la manière la plus sobre du maître, toute la grandeur de l'École ; *Vénus quittant Junon et Cérès*, d'après un dessin différent du sujet représenté par Raphaël à la Farnesine, garde dans son travail un peu maigre le dessin magistral et l'expression idéale. *Jupiter et Antiope*, dont la composition s'éloigne tant de la pureté de Raphaël, et qui reproduit sans doute un dessin de Jules Romain, nous donne encore des figures d'une tournure superbe, malgré la liberté de leur attitude, gravées dans la manière la plus ferme.

4. Vasari, qui a parlé du grand commerce d'estampes fait par le broyeur de couleurs de Raphaël, *Baviera*, l'imprimeur des estampes de Marc-Antoine et le premier marchand d'estampes que l'on connaisse à Rome, ne mentionne pas d'autre élève direct de Marc-Antoine que ceux que nous venons de citer. S'il fallait s'en rapporter au témoignage de Sandrart[1], on devrait ranger parmi ses élèves trois artistes allemands

---

[1] *Academia nobilissimæ artis pictoræ.* Norimb., 1683, in-fol.

venus de Nuremberg à Rome, et y gravant si bien dans la manière du maître, qu'il pouvait publier leurs estampes comme siennes. Les Allemands sont enclins à récriminer sur les délits de contrefaçon imputables au graveur romain; mais ici l'imputation est trop grossière, et Bartsch, tenté de l'accepter, ne pouvait s'empêcher d'y faire quelques modifications; elles sont insuffisantes. Les ouvrages que nous connaissons de *Barthélemy Beham*, de *George Pencz* et de *Jacques Binck* réduisent à leur véritable proportion les rapports de l'École de Nuremberg avec l'École romaine. Nous aurons à apprécier la dose d'italianisme qu'ils s'assimilèrent dans leur voyage probable à Rome; il suffit ici de dire que ces petits maîtres allemands n'avaient pas vingt ans au moment où Marc-Antoine était en possession de sa dernière manière et de toute sa renommée, et qu'ils purent seulement travailler avec quelques-uns de ses élèves. Ils n'arrivèrent probablement à Rome qu'après l'année du sac et déjà devenus des graveurs accomplis; Augustin Vénitien emprunta même à l'un d'eux, Barthélemy Beham, le plus habile, le portrait de Charles-Quint. On peut croire encore qu'ils furent employés par les marchands à faire plusieurs de ces copies excellentes des bonnes pièces de Marc-Antoine que signalent les catalogues. Il y en a, en effet, qui par leur finesse et leur propreté dénotent une main allemande; mais, dans ces ouvrages, ils se seront efforcés de dissimuler leur manière et on ne peut pas leur en tenir compte.

On peut plus légitimement ranger au nombre des élèves de Marc-Antoine, une artiste célèbre à Bologne, au commencement du XVIᵉ siècle, pour sa beauté et pour son talent dans la sculpture. Les derniers et les plus exacts biographes de MARIA PROPERZIA DE ROSSI ont constaté qu'elle reçut des leçons de dessin du célèbre graveur[1]. Vasari parle du succès de ses estampes en cuivre; Mariette a cru retrouver même un de ses ouvrages. Ce savant curieux, rencontrant dans l'œuvre de Parmesan l'estampe du *Philosophe Diogène*, marquée d'un monogramme inexpliqué, où l'on peut voir à la rigueur toutes les lettres du nom de Properzia, avait eu l'idée de la lui attribuer: « J'ai tout lieu de croire,

---

[1] *Gualandi; Memorie*, série II, pag. 9, 1841.

dit-il , que cette marque est celle de Properzia de Rossi , qui a gravé
cette planche. C'est une découverte qui avait échappé à tous nos curieux [1]. » L'estampe est belle , en effet, mais le cynique est gravé d'une
manière vigoureuse et recherchée, qui ne peut guère convenir à Properzia, morte en 1530, alors que Parmesan n'avait encore que 27 ans ;
elle convient plutôt, croirais-je , à Caraglio, à qui on l'a jusqu'ici attribuée. Les ouvrages de Properzia sont confondus , sans doute , parmi
les nombreuses pièces anonymes de l'École de Marc-Antoine.

5. Après le sac de Rome , les principes établis dans l'École de Marc-
Antoine furent suivis de plus loin , et les graveurs qui se formèrent
pendant sa vieillesse, si tant est qu'il ait vécu jusque-là , ne rappelèrent
qu'à travers beaucoup d'altérations la correction et la beauté de son
type : ainsi fit le MAÎTRE AU DÉ.

Les recherches auxquelles on s'est livré pour découvrir le nom du
graveur des estampes marquées d'un B sur un dé, ou B V, et datées
des années 1532 et 1533, n'ont encore amené que des conjectures.
On l'avait confondu d'abord avec Nicolas Beatrizet ; Mariette, en le distinguant, le croyait de Venise, comme Augustin, d'après la marque
B V, et il lui laissa le nom de Beatricius l'ancien. On proposa ensuite
Bastiano Vini, peintre véronais, auteur d'un tableau de la cathédrale de
Pescia, signé B V, et *Bernard Van Orley*, peintre flamand, élève de Raphaël.
Zani, en réfutant ces attributions , indiquait un *Gian Francesco Zabello*,
dessinateur et graveur de mosaïque en bois, travaillant à Bergame en
1540, qui aurait été aussi nommé *il maestro al dado ;* mais il s'arrêtait
plus volontiers au nom conjectural de *Bastiano Dado Veneziano* [2]. Le
champ reste libre aux recherches. L'œuvre du Maître au dé est composée de plus de 80 pièces, presque toutes gravées sur des dessins de
Raphaël , les autres d'après Jules Romain et Baltazar Peruzzi. Le burin,
un peu pesant, a de la franchise et de la fermeté ; les figures, courtes
et trapues, gardent du caractère sévère de l'École, sans atteindre à la

---

[1] *Notes manuscrites* , tom. V.
[2] *Enciclopedia*, part. II, tom. III, pag. 82.

3

distinction et à la correction d'Augustin Vénitien, avec lequel il a cependant quelque accointance.

La Vierge couronnée dans le ciel, d'un burin plein de vigueur, distribuant bien ses lumières, m'a paru la plus belle pièce du maître. La figure est jeune, d'une expression contenue, d'une attitude élevée, bien qu'éloignée de l'idéal de Marc-Antoine. *Le Christ montant au Calvaire* et *Le Christ sur son tombeau, assisté de la Vierge et des anges*, présentent des types peu élevés et des figures épaisses, mais d'une expression convenable et d'un dessin sévère.

Le Maître au dé fait ses draperies pesantes ; dans le nu, il manque de grâce et même quelquefois de correction, mais ses figures gardent toujours du style ; ses *Muses* et ses *Grâces* restent nobles dans leur nudité ; il a montré surtout la sagesse de sa manière dans la *Tireuse d'épine*, et dans la suite de *Psyché*, dont plusieurs pièces ont mérité d'être comparées aux estampes de Marc-Antoine. La forme de Raphaël y est sans doute : profil juste, geste grand, contour solide ; mais l'ensemble manque d'élan, d'inspiration, dons qui se trouvent toujours dans les premiers graveurs de l'École ; il reste empreint de la timidité et de la tristesse que nous surprenons encore aujourd'hui chez les imitateurs attardés de Raphaël.

II.

Les graveurs en clair-obscur et sur bois. — Les graveurs des livres de Venise.

1. En 1516, Maître UGO DA CARPI, graveur de figures sur bois, demeurant dans les États romains, déjà vieux et venu à Venise, où il avait aussi travaillé longtemps auparavant, exposait au Sénat qu'il avait trouvé un nouveau procédé d'imprimer en clair-obscur et en obtenait un privilége [1]. Ce document donne un appui certain à l'opinion de ceux

---

[1] Supplica al Senato di Venezia di Ugo da Carpi, intagliatore in legno ; *Memorie originale* di Gualandi, 1841, pag. 184.

qui veulent attribuer aux Italiens l'invention des clairs-obscurs ; cependant il ne détruit pas les titres que peuvent faire valoir les Allemands, par leurs clairs-obscurs datés des premières années du XVIe siècle, sans parler de Mair, qui, suivant de bonnes autorités, n'aurait exécuté qu'à la main les retouches qui enrichissent plusieurs de ses bois [1]. Mais, la première considération à garder dans ce débat, pour clore toutes les discussions oiseuses, touche ces estampes elles-mêmes. Les clairs-obscurs exécutés par Ugo da Carpi sont faits dans un procédé tout différent de celui qui était pratiqué en Allemagne ; les figures y sont obtenues par des teintes plates, sans contour déterminé, et avec des dégradations de couleur si habiles que l'œil en distingue à peine la juxta-position. La méthode de ces clairs-obscurs italiens en demi-teinte n'a point échappé à Papillon : «Ugo da Carpi imagina, dit-il, de faire des camaïeux à trois et quatre planches, ou rentrées de teintes par dégradation dans la même couleur et sans aucune taille ; ce qui faisait des mates de couleur adoucies qui paraissaient avoir été faites avec le pinceau [2]. » L'invention qu'il importait à Venise, ne consistait donc pas dans l'impression à plusieurs planches, car on la pratiquait depuis longtemps, spécialement à Venise, dans les cartes à jouer ; mais dans l'emploi d'un nombre plus considérable de planches superposées, trois, quatre et peut-être cinq, avec lesquelles il imitait les dessins au pinceau. La bonne fortune de ces camaïeux échut d'abord à l'École romaine.

Ugo da Carpi n'était qu'un peintre médiocre, au témoignage de Vasari, qui le raille au sujet d'un tableau de l'autel *del volto santo* à Rome, qu'il avait peint avec ses doigts : ce devait être un de ces artistes de plus de fougue que de patience ; ses estampes aussi paraissent faites avec les doigts. Il n'eut pas d'ailleurs, dans l'École, la considération qu'on accorda à Marc-Antoine, sans doute à cause de sa manière de graver, qui exclut la précision et la parfaite correction du dessin. Il rend l'idéal de Raphaël presque sans sa forme : un profil, un geste, un jour indiqués, tout le reste est laissé à l'imagination. Ainsi, pourtant, il fait bien comprendre le maître, et il y

---

[1] Jackson ; *A treatise on wood engraving*, pag. 280, 1839. Voy. la première partie des *Types et manières*, pag. 84.

[2] *Traité historique de la gravure en bois*, tom. I, pag. 392.

a telle composition qu'il a rendue avec plus de chaleur et d'expression que Marc-Antoine n'avait pu faire , mais le plus souvent il devait se sentir gêné par la sévérité de l'École ; aussi nous le voyons bientôt passer aux dessins de Parmesan, dont la composition à effet s'accommodait mieux à ses allures : c'est dans cette École de Parmesan que nous verrons surtout fructifier le clair-obscur. Ugo da Carpi, si grand quand il traduit *La Vierge de pitié* ou *La Résurrection* d'après Raphaël, si expressif quand il grave *Le Peintre en contemplation devant une femme*, une de ces figures à profil méditatif, familières à Parmesan , devient un artiste très-inférieur quand il n'est pas soutenu par un bon dessinateur ; *Vénus au milieu d'une troupe d'amours* est une figure incorrecte de formes, épaisse et manquant abso- lument de distinction.

Son œuvre, composé de trente pièces selon Bartsch, doit d'ailleurs être purgé d'un certain nombre de morceaux faits dans une manière différente de la sienne, ou dans une imitation plus ou moins fidèle, mais postérieure. Ugo, déjà vieux en 1516 , ne survécut pas probablement à Parmesan, retombant à la fin de sa vie dans l'obscurité de sa jeunesse , et gravant encore en 1532 des modèles de lettres pour le *Thesauro de'scrittori* d'Ange de Modène.

2. Il y a dans la gravure en bois des convenances particulières pour certaines Écoles ; ses tailles rudes plairont surtout aux peintres enclins aux formes vigoureuses plutôt qu'élégantes, aux traits grands plutôt qu'expres- sifs. *Domenico Beccafumi*, appartenant à l'École de Sienne, envahie au commencement du XVI° siècle par l'influence florentine, contemporain de Parmesan , mais emporté par l'étude de Michel-Ange vers une manière tout opposée, pratiquant la peinture en camaïeu , faisant des mosaïques où les marbres et les bois de différentes couleurs, gris et blancs, étaient disposés à l'effet, fut amené naturellement à la pratique de la gravure en bois et en clair- obscur. Sa notice a eu des chances : on lui donnait trop autrefois [1], on veut maintenant lui tout ôter. L'article de Mariette lui fera sa juste part,

---

[1] Voy. le Maître aux initiales H H E F, 1re partie.

en décrivant des pièces originales qu'il ne faut pas confondre avec les reproductions ou les copies qu'en a données plus tard le vulgarisateur peu scrupuleux de tous les camaïeux du XVIᵉ siècle, Andreani.

Beccafumi fut un graveur d'un burin peu exercé, travaillant sur des planches de cuivre mal polies, mais d'un dessin savant, atteignant quelquefois la force de Michel-Ange, comme dans les études d'hommes pour un tableau de Pise. Il se montra aussi graveur en bois très-spirituel dans la suite des sujets d'alchimie, et enfin graveur en clair-obscur des plus habiles dans des morceaux de frise à deux planches, qui paraissent des études pour son pavé de Sienne. Mariette signale surtout Beccafumi comme ayant ajouté, au moyen de repères, à ses planches de cuivre donnant le trait, des planches de bois donnant les rehauts, assemblage qui produit les plus beaux clairs-obscurs et les plus surprenants [1]. Il n'y a rien à ajouter à cette notice; en faisant ressortir l'excellence du peintre de Sienne, Mariette lui voudrait seulement un goût moins sauvage, défaut dans lequel il est tombé en voulant donner dans le terrible. Beccafumi, considéré dans ses gravures, nous donne, en effet, l'exagération de la force, comme Parmesan nous donnera l'exagération de la grâce; mais il faut, dans sa rudesse, faire la part des moyens rudimentaires dont il s'est ici servi. Ses estampes au burin ont l'âpreté et la négligence des eaux fortes; ses bois, très-pittoresques, sont aussi faits de peu, des croquis et des dessins plus ou moins terminés, où l'artiste met en saillie toutes les aspérités et toutes les soudainetés de sa manière.

3 Dibdin réserve à Venise, nourrice des arts, marché de l'Europe, patrie de Titien et de Jenson, l'honneur d'avoir donné un tour différent, un style plus pur à l'ornementation des missels et des bréviaires. Le missel selon la coutume de la Vallombreuse, imprimé par les Giunti en 1503, est, dit-il, également remarquable par le goût pur de ses arabesques et par les petites figures de la légende de Saint-Gualbert [2]. Ces vignettes se distinguent en effet par le goût et l'expression; le dessin est correct

---

[1] *Abecedario.* tom. I, Paris, Dumoulin, 1852.
[2] *Bibliografical Decameron*, 3 vol. in-8°, tom. I, London, 1817.

sans exclure la naïveté, et le travail fait de hachures parallèles, fortes
mais placées à propos pour les ombres. Au reste, ce missel, comme les
offices à l'usage de Rome, 1505, 1511, etc., n'offre pas des vignettes
différentes, quant au style et à l'exécution, de celles que nous avons
vues à la fin du XVme siècle.

Jackson et Chatto ont essayé de marquer la différence qui se fit alors
entre le travail italien et le travail allemand ; ils ont trouvé que les Allemands
travaillaient davantage leur gravure, et cherchaient à obtenir la couleur
et les ombres par des hachures croisées, tandis que les Italiens se conten-
taient de traits plus ou moins épais, ou de courtes hachures parallèles. Ils
ont signalé une autre différence dans les ornements et les initiales, qui
étaient gravés en relief dans les livres allemands, suivant la coutume des
graveurs en bois, tandis qu'ils étaient gravés en creux dans les livres
italiens, où les ornements paraissaient ainsi blancs sur fond noir. Ce
n'est que plus tard, suivant ces auteurs, vers 1530, que les graveurs en
bois italiens adoptèrent la méthode allemande en hachures croisées, et
produisirent, jusqu'en 1580, des ouvrages qui peuvent le disputer aux
meilleurs bois allemands. Les graveurs en bois de Venise ont eu dans
ce genre la prééminence, et ont rivalisé pour la délicatesse de l'exécution
avec ceux de Lyon [1].

Le passage de l'ancienne à la nouvelle École doit être marqué par des
différences plus essentielles que celle du travail des hachures, qui n'est pas
aussi absolue et aussi précise qu'il a paru aux auteurs anglais. La plus
grande est celle du style des vignettes, qui suit le mouvement de liberté et d'expansion introduit par les grands maîtres du XVIe. Le premier
exemple de cette nouvelle manière et de l'imitation libre des dessins à la
plume, se rencontre dans le *Triompho di fortuna*, imprimé en 1527 par
AGOSTIN DA PORTESE ; la figure de la *Fortune d'Afrique* et celle du *Sculpteur*
données en fac-simile par Jackson, suffisent pour mesurer l'élan que prit
alors la taille du bois, et voir comment elle parvint à rendre toute la
fougue d'une esquisse aussi vite ombrée que tracée.

---

[1] *A treatise on wood engraving*, pag. 272, 465, 1839.

D'autres imprimeurs de Venise ont vaillamment poussé la gravure sur
bois. MARCOLINI DA FORLI, qui ne fut pas seulement imprimeur, mais
encore dessinateur, auteur, l'ami de Titien et de l'Arétin, publia, de 1540
à 1552, un grand nombre de livres distingués par leurs vignettes [1].
Il y en a dans la manière que je viens de dire, mais elles sont d'une
exécution inégale et dénotent plusieurs graveurs. Doni, prêtre libertin
et poète famélique, auteur de plusieurs de ces livres, que Zani donne
aussi comme dessinateur et amateur miniaturiste, a dû prendre quelque
part aux illustrations de ses recueils de bavarderies bouffonnes.

Mais le dessinateur principal de Marcolini était GIUSEPPE PORTA GAR-
FIGNANO, aussi appelé *Salviati*, du nom du maître qu'il avait eu avant de
venir à Venise : il prit une place assez honorable auprès des maîtres de
cette École, en gardant dans sa manière quelque chose de ses premières
leçons, et l'imitation de l'École florentine. De là, le style qu'on remar-
quera dans ses vignettes, dont les figures, serrées ou peu nombreuses, ont
un air grandiose plus marqué que dans les figures de l'École vénitienne.
Sa figure du *Châtiment* dans les *Ingeniosi sorte*, la *Cajolerie* dans les *Fiori
della Zucca*, ont pu s'attirer l'épithète de michel-angesques ; d'autres,
comme *Le Jeune marié* du premier recueil, *Le Villageois sur un chêne*, *La
Vertu* du second, se rapprochent davantage du caractère plus calme de
l'École de Venise ; mais toutes sont dessinées avec autant d'esprit que de
correction et gravées largement. Bien que l'exécution en soit habile, le
métier s'y fait moins sentir que dans les bois allemands, et je ne com-
prends guère la comparaison que Jackson a voulu établir, à partir de 1530,
entre les graveurs sur bois allemands et italiens. Le rapprochement que
le graveur anglais fait ensuite des vignettes vénitiennes avec les gravures
de l'École de Lyon, n'est pas, ce me semble, mieux justifié. Zani, qui fait
de Joseph Salviati un géomètre, un astrologue et un chimiste, se refuse
à croire qu'il ait gravé ; son nom, placé en toutes lettres sur le frontispice
du livre des Sorts, représentant une *Académie des Sciences* très-savamment

---

[1] *Le ingeniosi sorte intitulate giardino di pensieri*; in fol., 1540; — *Officium beate Virginis*,
1545 ; — *1 mondi, 1 marmi. Fiori della Zucca*, del Doni, 1552-1553, etc.

faite, et ses deux estampes, *Le Calvaire, Bethsabée au bain,* décrites avec précision par Papillon, indiquent tout au moins qu'il a dessiné ces compositions sur le bois.

GABRIEL GIOLITO DE FERRARI se distingua également par le nombre et l'excellence des vignettes qui ornèrent les livres sortis de son imprimerie. Il a été cité avec Marcolini par Vasari, qui, dans son excursion confuse de l'histoire de la gravure, célèbre cette École des petits graveurs sur bois de Venise. Zani, si difficile sur le compte des graveurs en bois, a bien voulu admettre Giolito, sans doute sur l'autorité de Marolles et de Papillon; mais on ne sait pas plus sur lui que sur bien d'autres, la part directe qu'il eut à la composition de ses livres. Le *Decamerone* de 1546, le *Petrarca* de 1547 et les *Transformationi* de L. Dolce en 1553, contiennent de petites compositions à figures nombreuses, où l'on reconnaît facilement le style vénitien, une ordonnance riche, paisible, un dessin gras. Il n'y a pas jusqu'aux lettres initiales ornées de figures, qui ne participent de la même distinction. Plusieurs vignettes des journées du décaméron rappellent les grandes ordonnances de Titien; celles des triomphes de Pétrarque sont imitées certainement des tableaux que Bonifazio venait alors de produire avec tant d'éclat. La taille en est peu ombrée, mais nourrie, et elle est conduite d'une façon qui diffère entièrement de celle que nous verrons dans les vignettes des livres d'Augsbourg, de Strasbourg et de Lyon.

III.

Parmesan et ses élèves.

1. A côté de Raphaël, intronisant à Rome la plus idéale mesure de la forme et la plus juste expression des passions, Corrège avait régné à Parme avec moins d'éclat sans doute, mais avec la puissance d'un génie original qui avait fait rendre à la peinture les mouvements les plus vifs des membres, la plus délicate sensibilité des têtes et les nuances les plus fugitives de la lumière et de l'ombre. Il n'eut pas de graveur contemporain, et ses qualités subtiles ne pouvaient qu'être trahies par la gravure; mais MAZZUOLI IL PARMIGIANINO, entraîné par les mêmes tendances, et,

comme il arrive à tous les sectateurs, les poussant jusqu'à l'abus, cherchant une combinaison entre la noblesse de Raphaël et le sentiment de Corrège, prenant pour idéal un élancement de formes tout particulier, fit école dans la gravure. Son type, dont le caractère dominant était l'élégance obtenue par des proportions sveltes, exerça en Italie et plus loin ensuite une séduction puissante, aidée encore par des procédés de gravure tout appropriés, l'eau-forte et le clair-obscur.

Je demande à décliner encore ici une question de priorité agitée entre l'Allemagne et l'Italie. Nous verrons que la gravure à l'eau-forte fut pratiquée par Albert Durer en 1512 et même avant par d'autres Allemands; mais le Parmesan s'en empare si bien, qu'elle date légitimement de lui. Ce procédé semble d'ailleurs fait pour sa manière; la légèreté et l'esprit d'une pointe glissant sur un vernis pouvaient seuls atteindre à la grâce de ses figures, aux charmes de ses coups de lumière; les négligements et les brouillamini habituels de ce procédé servaient à faire ressortir tout le feu de sa composition.

Le maître n'a gravé lui-même qu'un assez petit nombre d'estampes; mais dans ces pièces, d'un aspect sale, d'une négligence affectée, brille toute sa manière, sa beauté aux membres allongés, aux chairs nuancées, aux expressions coquettes. Moins convenable dans les sujets religieux et sévères, il a su donner cependant un charme particulier aux scènes qui permettent le mieux le mouvement, la tendresse; personne n'a su marquer en traits plus délicats une figure enfantine ou virginale, donner une attitude plus fière à un torse héroïque, relever en camée les contours d'une tête, montrer en quelques traits l'esprit et la science d'une grande composition : têtes expressives, extrémités fines et correctes, lumières ménagées, mouvements vifs et gracieux. Une fois séduit par ces qualités, on se prend à aimer jusqu'aux défauts qui les suivent, les tournures ressenties et les draperies jetées avec affectation; mais cette manière est surtout aimable dans les sujets où la fantaisie du peintre pouvait se mettre plus à l'aise.

En regardant l'œuvre de Parmesan, sans me flatter d'avoir bien fait le triage difficile entre les morceaux du maître, j'y ai vu un travail de pointe assez varié, et un dessin qui se modifie dans sa poursuite

4

constante de l'effet, du mouvement et de la grâce. Tous ses ouvrages ne présentent pas pourtant au même degré la recherche et l'affectation. Ses principales pièces, *L'Ensevelissement*, *La Madone au coussin*, *L'Adoration des bergers*, *Les Boiteux à la porte du temple*, ont dans leur composition comme dans leur dessin beaucoup de mesure ; *L'Annonciation*, *La Mélancolie*, *La Victoire*, d'un dessin plus ressenti, se distinguent encore par leur grâce, des pièces où sa manière tombe dans une affectation décidée, comme *Judith*, *La Résurrection*. En résumant les figures de madone, dont il a laissé tant d'études variées, on trouve que sa Vierge a toujours des airs de fierté et de coquetterie inconvenables ; que son Christ est trop souvent, ou Adonis mourant, ou Apollon posant dans un flot de lumière. Il a pris trop de libertés dans *Adam et Ève* et dans *La Chasteté de Joseph* ; mais qui ne ferait taire toute sévérité, devant ces figures héroïques, aux mouvements si hardis et si élégants : *Polymnie*, dont le type n'a peut-être pas la grandeur de Marc-Antoine, mais respire une grâce pleine de pureté ; *Vénus* s'essuyant à la sortie du bain, la même étude que Marc-Antoine a gravée avec toute sa science, ici traitée dans une manière plus preste et montrant parfaitement la différence de l'idéal cherché par les deux maîtres !

Les biographes parlent de la beauté du peintre, admiré à Parme dès l'âge de 16 ans, de son visage, qu'il avait peint lui-même à l'aide d'un miroir et qui paraissait plutôt d'un ange que d'un homme, de la grâce et de l'amabilité de toute sa personne. Plus tard, son portrait traditionnel est une longue figure aux yeux doux, à la barbe soyeuse ; ces traits sont bien en harmonie avec le type que nous avons vu. Nous savons aussi, sans ajouter une foi entière aux bizarreries dont Vasari a chargé la fin de sa vie, qu'il tomba dans la mélancolie et mourut, comme Raphaël et Corrège, prématurément en 1540.

Le duché de Parme et de Plaisance, dans la plus riante partie de la Lombardie, au moment où paraît Mazzuoli, appartient au Saint-Siége ; mais il y tient si peu, que le pape a voulu un instant le céder à François Ier, vainqueur du Milanais. Là ne règne pas comme à Rome la poésie latine ; le règne d'or des Médicis a pris fin ; Clément VII est plus occupé de politique que de beaux-arts ; le Berni et le Bembo ont détrôné Politien

et Sannazar : Berni, ce rimeur badin, qui eut la gloire de laisser son nom
à un genre si goûté en Italie; Bembo, ce cardinal amant de Lucrezia, de
Morosina et de tant d'autres, le plus éminent des *cinquecentisti*, qui avait
adopté après mûr examen le dialecte toscan comme le plus pur de la
langue italienne, pour écrire ses amours et ses gloses en vers pétrarquistes
et en périodes cicéroniennes. Ces poètes, dans leurs délicatesses étudiées,
portaient, comme le peintre de Parme, les signes d'une verve subtile et
d'une décadence prématurée.

2. Les sectateurs ne manquent jamais aux manières prononcées; le
Parmesan en eut beaucoup. Le premier, ANDREA MELDOLLA, fut si fidèle
et si habile, que ses ouvrages ont pendant longtemps grossi l'œuvre du
Maître. Mariette le signala ; et si je ne savais que la notice qu'il en donne
sera bientôt imprimée, je ne me dispenserais pas de rapporter ici cette
excellente appréciation. On ne peut pas mieux dire sur la manière de
Meldolla : la grâce et la légèreté avec lesquelles il a rendu Parmesan, son
dessin strapassé et les variations étudiées de son travail de gravure, les
retouches à la pointe sèche, qui donnaient à ses estampes la valeur de
dessins, les tirages ménagés, comme fit plus tard Rembrandt, pour piquer
la curiosité des amateurs, les épreuves à fond bleuâtre, les retouches
au burin qui finissaient par alourdir ses ouvrages et laisser trop paraître
l'incorrection naturelle de son dessin ; « un tour et un esprit qu'il avait
puisés dans les ouvrages de Parmesan, dont il s'était tellement approprié
le goût, qu'il le mettait dans ce qu'il gravait d'après Raphaël ou de sa
propre invention [1]. »

Mariette, qui avait trouvé le nom d'Andrea Meldolla avec la date de
1540 sur l'estampe de *L'Enlèvement d'Hélène*, avait été conduit à penser
que c'était le nom de famille d'Andrea Schiavone, peintre assez connu de
l'École vénitienne, appelé l'Esclavon, du lieu de sa naissance, Sebenico en
Dalmatie. En effet, Ridolfi rapporte que Schiavone s'était formé dans sa

---

[1] *Notes manuscrites* de Mariette, dont M. de Chennevières poursuit la publication dans
l'*Abecedario*, qui accompagne les *Archives de l'art français*, éditées par M. Dumoulin.

jeunesse sur les dessins et sur les estampes de Parmesan, et Mariette trouvait dans ses tableaux les mêmes tours de figures et les mêmes incorrections que dans les estampes de Meldolla ; de plus, le précieux recueil rapporté d'Italie par Inigo Jones et appartenant alors à lord Pembroke, était intitulé : *Estampes d'André Schiavone.* Cette opinion avait été généralement adoptée ; Heinecken y ajouta même que l'Esclavonien possédait les planches de Parmesan et qu'il les fit imprimer [1].

Zani cependant crut avoir fait la découverte de Meldolla, qu'il appelle dans son enthousiasme *valorosissimo maestro, grand'uomo.* Il connaissait de lui, disait-il, plus de cent estampes, toutes gravées à l'eau-forte le plus spirituellement qu'on puisse imaginer, avec des changements multipliés dans les diverses épreuves, quelquefois travaillées, quant au mécanisme, dans le goût de celles d'Ugo da Carpi et d'Antoine de Trente. Du reste, il se refusait à le confondre avec Schiavone, qu'aucun des auteurs qui l'ont le mieux connu, ni Vasari, ni P. Aretino, ni Ridolfi, ne donnent pour graveur. Il pense qu'il était de Viadana ou de Casal-Maggiore, où mourut le Parmesan, et qu'il fut son disciple [2].

Bartsch, qui nous aurait donné une meilleure notice de ce maître, s'il eût connu tout ce qu'en ont écrit Mariette et Zani, se borne à relever, dans le premier écrit de l'iconologiste italien qu'il a seul connu, la comparaison avec Ugo da Carpi. Il n'a décrit, dans son catalogue en 86 articles, aucune pièce de lui tirée en clair-obscur, il mentionne seulement des épreuves auxquelles les brocanteurs ont ajouté les ombres avec une teinte d'encre de Chine, pour leur donner un air de fraîcheur. Les estampes de Meldolla lui paraissaient d'ailleurs gravées sur des planches d'étain, non à l'eau-forte, mais à la pointe sèche et au burin. Il faut s'en tenir à l'avis de Mariette, qui donne une liste de plus de 70 pièces. Je ne trouve à y ajouter que l'indication de deux estampes pour localiser toutes ces remarques : *Rebecca au puits,* tendant sa cruche élégante avec une pudeur mignarde, et montrant sous ses vêtements transparents un corps gracile d'une élégance prolongée ; Eliézer

---

[1] *Idée d'une collection d'estampes*, pag. 134.

[2] *Materiali* ; pag. 207, 1801. *Enciclopedia*, passim.

buvant à même ; les serviteurs, les chameaux et le cheval, tous d'une tournure également affectée, nous donnent le paroxisme de la manière de Parme. Regardons-la bien, pour la mieux suivre ensuite dans les pays où nous la verrons se propager, en se transformant suivant le goût local. La pointe délicate du Maître n'a pas moins réussi dans ces têtes profilées, que le parmigianisme affectionne, et *Le Médaillon du Christ*, *Jesu Christo figliuol di Dio*, malgré son dessin hasardé, en est un modèle plein de finesse et d'expression.

Les clairs-obscurs de Meldolla sont de la plus grande rareté ; mais il n'est pas permis d'en nier l'existence, constatée par des iconologistes du mérite de Mariette et de Zani, qui n'auraient certainement pas été trompés par des retouches à la main. Ce dernier les décrit d'une manière très-précise, comme imprimées sur fond obscur ou bleu azuré, avec des rehauts blancs ou dorés. Dans ces épreuves, qui peuvent être appelées justement des clairs-obscurs, règne un esprit, une intelligence et une distribution de lumières inimitables [1]. Il est donc intéressant de constater dans l'École de Parmesan, où le clair-obscur en bois a été pratiqué avec tant de distinction, la pratique ou du moins l'essai d'un clair-obscur à l'eau-forte. La douceur des effets ainsi obtenus répondait parfaitement à l'idéal du Maître. Meldolla, strapassé dans son dessin, coquet dans sa gravure, est donc le plus fin interprète de Parmesan. Bien qu'il ait gravé quelques morceaux d'après d'autres, il est tout entier absorbé dans ce maître, et il n'est plus permis de croire que cet œuvre nombreux et tout parmigianesque soit sorti des mains du Schiavone, élève de Titien et de Giorgion, connu surtout pour les nombreuses et agréables peintures qu'il avait exécutées à Venise, principalement dans les bâtiments et sur les meubles. La question a été, du reste, tranchée par la rencontre des estampes certaines du peintre vénitien, suite de figures d'après Titien, et de petites scènes mythologiques disposées dans des panneaux d'ornements : c'étaient les études de ses peintures habituelles, faites d'une pointe carrée, nette et exercée, qui diffère notablement du travail subtil et estompé de Meldolla.

---

[1] *Enciclopedia ;* part. II. tom. III, pag. 31.

3. L'École parmesane eut encore deux autres graveurs à l'eau-forte qu'il faut citer, moins pour ce qu'ils ajoutent à son lustre, que pour les trouvailles qu'on pourra faire encore sur leur compte :

Il cavaliere VINCENZO CACCIANEMICI, ancien peintre dessinateur et graveur, venu de Bologne chez le Parmesan, et mort peu de temps après lui, en 1542, à qui Zani était tenté d'appliquer deux vers trop flatteurs du *Viridario*, n'est connu que par trois ou quatre estampes citées par Zani et par Brulliot, et marquées de ses initiales [1]. *L'Adoration des bergers* est, suivant Zani, une eau-forte spirituelle et pittoresque tout à fait dans le goût de Parmesan ; *Diane à la chasse*, pièce au burin plus petitement traitée, souvent attribuée à Bonasone, et rapprochée par Zani d'une estampe fort peu connue d'un maître de Bologne, dont j'aurai à dire un mot, indique bien encore l'étude de Parmesan, mais refroidie par la lenteur d'un buriniste plus minutieux qu'exercé. Il aura pu la faire à Bologne, avant sa complète accointance avec Parmesan.

GIACOMO BERTOJA, appelé aussi *Jacques de Parme*, *Jacobus Parmensis*, peintre, verrier, dessinateur, a été graveur à l'eau-forte, d'après le témoignage d'un auteur de Parme presque contemporain [2]. Mariette est embarrassé sur le compte de cet artiste, parce qu'il avait trouvé dans Lomazzo et dans d'autres auteurs, quelques faits contradictoires [3] ; mais il paraît réellement appartenir à la manière de Parmesan et avoir travaillé vers 1550. Zani, qui a disserté sur les rares indices que l'on a de ce maître, non sans divaguer un peu, s'est arrêté à ces conclusions, en décrivant une estampe de *L'Ensevelissement (La Pieta)*, copie avec quelques différences de celle de Parmesan, et copiée à son tour, à ce qu'il croit dans des ouvrages de Corneille Matsys, de Guido Reni et de François Perrier. Cette pièce de Bertoja est, suivant lui, très-belle, travaillée d'une eau-forte pittoresque et magistrale, digne certainement de Mazzuoli lui-même, bien qu'elle n'ait pas toute la légèreté de l'original [4].

---

[1] *Enciclopedia*; part. I, tom. V, pag. 308 ; part. II, tom. IV, pag. 375 et tom. II, pag. 252.
[2] *Ibid.* ; tom. IV, pag. 262.
[3] *Abecedario* ; tom. I, pag. 128.
[4] *Enciclopedia*; part. II, tom. VIII, pag. 245 et suiv.

4. L'école de Parmesan avait la passion des effets de lumière ; Ugo da Carpi y avait déjà réussi avec ses camaïeux ; le Maître, volontiers novateur, *parendoli haver l'arte per li capelli* [1], eut bientôt parmi ses disciples un habile graveur en clair-obscur : essaya-t-il lui-même ce genre de travail, comme le dit Vasari? on doit en douter ; mais les plus anciennes pièces, les meilleures, sont anonymes, reproduisant souvent les mêmes compositions qu'il avait traitées à l'eau-forte ; et, s'il n'a pas mis la main à l'impression, on peut croire qu'il a participé aux dessins et indiqué les rehauts. Quoi qu'il en soit, ANTONIO DA TRENTA résume les clairs-obscurs immédiats de l'École. Il nous donne la manière et les types du Maître, traités avec une grandeur de dessin et une largeur d'effets qui n'ont pas été dépassés. Ils ne sont pas faits à teintes plates, comme ceux de Ugo, mais gravés tantôt sur cuivre, tantôt sur bois, en tailles plus ou moins fines, toujours très-assurées, et les contours toujours précisément indiqués. Par là, le graveur montre une grande habileté et une grande énergie de dessin ; il se distingue visiblement des autres graveurs en clair-obscur italiens, pour se rapprocher un peu plus, du moins quant au mécanisme, des clairs-obscurs allemands.

Antoine de Trente, plus rapproché du Maître que Meldolla et plus correct, garde dans sa manière plus de modération ; je parle ici seulement de ses premières pièces, dont une est datée de 1535 : *La Vierge accompagnée de sainte Catherine, Saint Pierre et saint Paul guérissant les boiteux*, traitées avec la distinction et l'effet mérités par ces admirables compositions, nous donnent les types connus dans toute leur élégance et sans abus. *La Sibylle tiburtine*, plus rudement faite, est pleine de grandeur dans ses formes antiques ; *Le Torse d'homme et le buste d'une femme dans un paysage*, montrent une telle *maestria* de dessin et de gravure, qu'on a voulu y voir l'ongle de Parmesan lui-même.

On sait l'anecdote rapportée par Vasari sur cet Antonio, qui un matin aurait décampé de l'atelier de Parmesan, emportant ses dessins, ses bois et ses cuivres, et serait allé on ne sait où. Bartsch a cru le retrouver à Paris,

---

[1] Lomazzo; *Idea del tempio della Pittura*, pag. 9, Milano, 1590.

réfugié dans l'École de Fontainebleau, et gravant, sous le nom d'*Antoine Fantose*, traduction de son nom propre *Fantuzzi*, les nombreuses pièces connues avec un monogramme qui se rapporterait en effet aux initiales d'*Antonio Fantuzzi Tridentino*. L'explication est acceptée généralement aujourd'hui, sans qu'on y ait ajouté d'autre preuve. Le dernier auteur qui déclare avoir fait d'infatigables recherches sur les deux principaux graveurs, disciples de Parmesan, Antoine de Trente ou Fantuzzi et Nicolo Vicentino, n'a rien trouvé de plus[1].

Sans contredire ces autorités, je ne classerai pas à côté des clairs-obscurs savants et larges, dont je viens de parler, les eaux-fortes rudes et souvent peu correctes de l'École de Fontainebleau. Nous les rencontrerons en leur lieu, et j'aurai à parler plus explicitement alors de Fantose, qui, s'il est l'Antoine de l'atelier de Parmesan, avait si bien changé de peau en passant chez le Primatice, qu'il est devenu comme un autre artiste très-légitimement dévolu à l'École française. Si l'on répugnait à admettre une aussi brusque transformation, on peut se ranger à l'avis de Zani[2], qui était à la piste de plusieurs Antoine, de Trente ou d'ailleurs, *Antonio Cavalli*, graveur élève de Parmesan en 1530 et d'autres, sans compter *Antonio Campi* de Crémone, *Antonius Cremonensis*. Zani le qualifie de peintre, architecte, modeleur, cosmographe, et non de graveur; mais Papillon le donne comme graveur en bois. Mariette a connu plusieurs estampes gravées en bois et en clair-obscur dans la manière de Parmesan, et entre autres un enfant couché sur la croix, marqué d'un monograme approchant de celui de Fantuzzi[3]. Les anciens volumes de clairs-obscurs du Cabinet déjà mutilés, conservent encore *Un Repos en Égypte*, marqué ANTONIVS CREMONENSIS, 1547, camaïeu très-affaibli où ressort, qualités en diminutif, défauts en saillie, la manière de l'École.

---

[1] Giam Batista Baseggio. *Intorno tre celebri intagliatori in legno vicentini;* in-8°, pag. 17, Bassano, 1844.

[2] *Enciclopedia*; part. I, tom. VI, pag. 311, et tom VIII, pag. 272.

[3] Les amateurs des beaux-arts, éditeurs de Vasari, Florence 1852, se sont rangés à l'opinion de Bartsch, qui n'est pourtant pas celle de Zani, comme ils l'affirment.

5. GIUSEPPE NICOLO ROSSIGLIANI VICENTINO, confondu quelque temps avec un graveur postérieur, Giuseppe Scolari, ou avec un graveur d'une autre École, Nicolo Boldrini, est un peu mieux connu depuis qu'on s'attache au style des estampes et aux documents originaux ou rapprochés des temps de l'artiste, plus qu'aux assertions des auteurs futiles qui ont enchevêtré l'histoire de l'art. Zani, qui a si bien fait d'ailleurs, s'est ici doublement fourvoyé. Ce n'était pas une raison, pour les nouveaux iconologistes italiens, de relever ces contradictions, si excusables dans un homme qui avait tant vu, avec une suffisance qu'un savoir fort supérieur au leur ne justifierait même pas [1]. Bien que l'on n'ait pas de document direct et que l'auteur de la monographie sur les graveurs en bois de Vicence n'ait pu arriver qu'à des conjectures sur les dates et les lieux précis de ses travaux, Nicolo Vicentino peut être tenu certainement pour un disciple de Parmesan, son contemporain, travaillant en divers lieux comme lui, lui survivant peut-être de quelques années, et gravant alors quelques pièces d'après d'autres peintres. Il n'a gravé que des camaïeux, suivant dans son travail un système différent de celui d'Antonio da Trenta, pour se rapprocher de celui de Ugo da Carpi; il accuse peut-être un peu plus les contours de ses figures, sans les arrêter et les ombrer à la pointe, et il en détermine les plans et les lumières au moyen de teintes plates par des planches successives. L'attribution qu'on lui fait de planches plus travaillées de hachures reste douteuse. Il n'est pas impossible cependant qu'il ait fait quelques essais dans le genre de ceux de son condisciple; mais sa manière propre reste bien déterminée par les estampes capitales de *L'Adoration des Mages* et des *Dix lépreux*; il s'y montre dessinateur plus sûr que Ugo da Carpi, coloriste plus habile que Antoine de Trente, et il rend avec tout l'effet possible la grandeur du Maître, sans éviter ce qu'il a de théâtral.

---

[1] *Le premier siècle de la calcographie*, pag. 23.

5

IV.

Les graveurs partagés entre les Écoles romaine et florentine.

1. Vers les dernières années de Marc-Antoine, un Véronais, GIOAN IACOPO CARAGLIO, échappa de son atelier. Moins discipliné que les autres élèves de l'École romaine, lié avec des Florentins, élèves émancipés aussi des grands maîtres, il Rosso et Perino del Vaga, d'après lesquels Baviera lui fit graver *Les Divinités dans des niches* et *Les Amours des dieux*, en contact avec le Parmesan dont il grava une *Adoration des bergers* en 1526, alors que celui-ci n'avait encore que 22 ans, Caraglio altéra par beaucoup d'alliances étrangères la sévérité de l'École romaine : mais le talent qu'il déploya dans sa manière lui valut bientôt une célébrité de premier ordre. L'Arétin le cite dans sa *Cortigiana*, publiée en 1534, comme le plus habile graveur au burin depuis Marc-Antoine : il grava avec beaucoup d'intelligence en effet les dessins de Raphaël, et l'on compte au nombre de ses meilleurs ouvrages, une *Sainte famille*, traitée d'un burin large dans le caractère des premières Écoles, et l'*Éclipse du Calvaire*. Cette composition singulière avait été prise par Heinecken et par Bartsch pour une étude de l'École d'Athènes ; Zani l'a très-ingénieusement expliquée, et tous s'accordent à vanter l'excellence de la gravure : l'iconologiste de Dresde, sans en deviner l'auteur, allait jusqu'à dire que si jamais Raphaël avait gravé, il croirait cette pièce de sa main. Mais Caraglio ne s'en tint pas toujours à cette sage manière ; il avait quitté Rome probablement à l'époque du sac ; il était allé à Parme, à Venise, et, suivant les maîtres qui y régnaient, avait modifié son dessin. Élancé avec le Parmesan dans *Le Mariage de la Vierge*, plus large et plus naturel avec Titien dans *L'Annonciation*, facile et mou avec Perino del Vaga, affecté et tourmenté avec Rosso, il conserve cependant dans ce mélange un style grand et pittoresque, bien qu'inférieur aux premiers maîtres, tant pour la correction que pour l'effet. L'inconstance poussant toujours Caraglio, il s'adonna à l'architecture, à la gravure des médailles et des gemmes, qu'il avait peut-être apprise dans sa jeunesse à Vérone, chez Gian

Francesco Carotto. La gravure en creux comptait alors à Vérone plus d'un maître : Gian Francesco Carotto, le peintre capital de l'École véronaise, s'en était occupé ; GIAN MARIA POMEDELLO le Maître à la pomme, dont on a quelques estampes de 1531 et 1534, qui ne peuvent compter qu'en appendice et comme dénotant à la fois un burin habitué au métal et un compatriote de Caraglio, s'était fait un renom comme graveur en médailles et comme sculpteur en bronze. Caraglio fut porté vers ces arts plus aristocratiques que la gravure, par son séjour à la cour de Pologne, où nous savons qu'il était en 1539 ; il y fut attiré avec d'autres véronais, par Sigismond Ier, qui avait pris le goût des arts italiens en épousant la fille du duc de Milan, Bona Sforza, et il avait exécuté le médaillon de la reine, ainsi que celui d'un de ses officiers, Alessandro Pesente [1]. Caraglio revint, dit-on, chargé d'honneurs et de richesses, mourir dans son pays vers 1551 ; mais il n'y comptait plus depuis longtemps comme graveur.

L'œuvre de Caraglio, où l'on trouve les signatures IOAN IACOPO CARAGLIO, CARAIO, IACOBVS CARALIVS VERONENSIS, les marques IA et IAV, arrangées de manière à former un A chevauchant un Y, et beaucoup de pièces sans marques [2], présente, dans son total de 66 pièces, une assez grande inégalité : on y cherche vainement un type uniforme. La belle estampe de son invention, *La Vierge et sainte Anne entre saint Sébastien et saint Roch*, offre pourtant une figure distinguée par ses yeux brillants et bien nommée *stella cœli*. *La Fortune*, dans ses formes solides, peut aussi donner un parangon du maître. Mariette voyait les commencements imparfaits de sa manière dans la petite estampe du *Christ au tombeau*, et son goût de dessin perfectionné, sa gravure la plus légère et la plus spirituelle, dans *Les Amours de Mars et Vénus*, d'après un dessin fait pour l'Arétin. On ne peut pas trop décrire cette estampe, non plus que celles des *Amours des dieux*, énumérées fort exactement par Mariette dans leurs divers états [3] ; mais il faut dire que dans ces sujets

---

[1] Lettres de l'Arétin citées par Zani ; *Enciclopedia*, part. I, tom. V, pag. 363.

[2] Les marques I C., K dans un G, et K S l'un sur l'autre, les signatures *Iacobus Parmensis*, *Justinianus*, sur des copies ou sur des originaux, lui ont été mal à propos attribuées.

[3] *Notes manuscrites*. Les notes sur Caraglio, éparses dans plusieurs volumes, n'ont point

mythologiques, où le maître trouvait tant de motifs de nudités, il garde une fierté de composition et un idéal dans les détails qui les laissent dans le domaine de l'art.

Somme toute, Caraglio eut, dans son style, à la fois de la largeur et de la délicatesse, du brut et de la grâce ; le succès de cette manière, qui en résumait plusieurs autres, fut grand, même hors de l'Italie : il a été copié par Binck et par beaucoup d'anonymes ; en France, nous le verrons imité avec un soin tout particulier.

2. GIULIO BONASONE, bolonais, travaillant dans son pays et à Rome, eut, plus encore que Caraglio, un caractère métis dans sa manière. On a voulu le faire élève de Marc-Antoine, en supposant que ce graveur était revenu s'établir à Bologne après le sac de Rome ; on l'a fait aussi avec plus d'à-propos élève de Lorenzo Sabbatini, peintre agréable, qui avait porté à Bologne la facture des Saintes familles, soit de Raphaël, soit de Parmesan, imitées d'une manière très-délicate, et Lanzi cite de lui des tableaux qui en approcheraient ; mais presque rien n'est connu sur les commencements comme sur la vie de Bonasone. Nous le voyons nommé seulement, en 1576, dans un acte notarié, comme membre *della Società dei bombasari e dei pitturi mediante* de la ville de Bologne, où sont nommés aussi Lorenzo Sabattini, Prospero Fontana, etc.[1] Il nous arrive avec son œuvre de 354 pièces, sous les dates de 1531 à 1574, des inventions des maîtres les plus divers et beaucoup de compositions originales, montrant toutes les inégalités d'un travail libre et rapide, n'indiquant aucun développement réglé et successif de manière.

Mariette, dans un jour d'indulgence, trouvait que Bonasone s'était tellement approprié la grâce et le bon goût de Raphaël, l'esprit et la légèreté de Parmesan, que la plupart de ses ouvrages, ceux même de son invention, paraissent être d'après l'un de ces peintres. On voit, d'un autre côté, qu'il affectionnait Michel-Ange, exécutant d'après lui plus d'estampes qu'on n'en

---

été imprimées à l'article C de l'*Abecedario* publié par M. de Chennevières, et seront rétablies sans doute aux articles Perino del Vaga, Rosso, etc.

[1] *Memorie originali risguardanti le belle arti*; série IV, pag. 156, in-8°; Bologne, 1842.

avait encore fait, entre autres le premier Jugement dernier qui ait été
gravé : *Iulius Bonasonius Bonon. e propria Michel Angeli pictura quæ est in
Vaticano, nigro lapillo excepit, in æsque incidit;* et gravant deux fois son
portrait, le plus vrai peut-être que l'on possède du grand florentin dans
sa vieillesse. Michel-Ange, qui n'eut pas, comme Raphaël, de graveur affidé
et de traducteur sévère, exerça une influence scabreuse sur les artistes
de la seconde formation, en les excitant à la recherche du grand. Bonasone
le tempéra plutôt, dessinateur trop faible d'ailleurs pour suivre le maître
dans ses difficultés musculaires. Il grava encore quelques compositions
des élèves immédiats de Raphaël : Jules Romain, Perino del Vaga et Po-
lidoro Caldara ; il ne fut pas sans quelque accointance avec les maîtres
de Venise, Titien dont il grava une Sainte famille, Prospero Fontana
auquel il emprunta des sujets pour les emblèmes de Bocchius ; il dessina
aussi d'après des bas-reliefs antiques ; mais, dans toutes ces traductions,
il garde une grande liberté, modifiant souvent la composition d'après
laquelle il travaille, ce qu'il a eu soin même de publier quelquefois, en
signant à la suite du nom du peintre : *Bonasonis imitando pinxit et celavit.*
Là, comme dans ses propres compositions, Bonasone se montre inventeur ingénieux. Son dessin, plus prompt que correct, sans avoir la
pureté d'Augustin Vénitien auquel on l'a comparé, ni même l'adresse
de Caraglio, est facile et agréable, souvent négligé, surtout dans les
fonds et les accessoires, mais spirituel dans les figures. Bartsch, qui le
traite mal pour sa promptitude et sa négligence, avoue que dans *Le Lever
du soleil*, une des plus belles pièces de son œuvre, il a réuni le grand
goût de dessin de Michel-Ange au gracieux de Raphaël. Le travail de
Bonasone, qui se servait également de la pointe et de l'eau forte, est
aussi fort inégal : quelquefois d'un soin et d'une douceur extrêmes,
d'autres fois mesquin et sale, mais toujours pittoresque. Zani, qui avait
un faible pour ce maître et qui a relevé justement Bartsch copiant souvent des jugements tout faits sans s'inquiéter de la contradiction [1], loue

---

[1] On a déjà dit que Bartsch avait profité des notes de Mariette sans les citer ; le catalogue
de Bonasone fournit une preuve irrécusable de ce plagiat. Voici une note de Mariette prise dans
ses manuscrits et malheureusement omise dans l'édition imprimée de l'*Abecedario* ; on la trou-

à plusieurs reprises la légèreté et la douceur de sa taille, la conduite et l'effet de son clair-obscur, particulièrement à propos de l'estampe de *Jésus-Christ en croix*, dont on remarque surtout la figure expressive. Il fut le premier à faire voir le coloris au moyen des tailles; mais il ne faut le juger, fait-il bien observer, que sur de bonnes épreuves, tirées, comme celles de Marc-Antoine, sur un papier fin, fort et assez transparent pour laisser voir toute l'impression par derrière[1]. Mariette déplorait déjà la rareté et la mauvaise condition des estampes de Bonasone, que l'usage des peintres avait détruites.

Il n'est pas nécessaire, après les autorités que j'ai citées, de porter un autre jugement sur Bonasone : il plaira si on le considère avec quelque indulgence. Graveur de seconde formation, original et aventureux, il dépasse volontiers dans ses Madones la simple dignité des premiers graveurs : le type en est pris un peu partout et la grandeur en est théâtrale. Ses Vénus, frelatées, pour ainsi dire, avec des formes ou longues ou molles, sont choisies avec moins de scrupule et moins d'idéal. Pour connaître l'artiste, il ne faut pas les prendre isolément, mais les voir au milieu de son œuvre nombreux et nuancé. Si ce grand homme n'avait pas abusé des dons qu'il avait reçus du ciel, dit le bon Zani, par vilenie de lucre ou par tout autre motif que je ne saurais dire, s'il n'avait pas éparpillé son talent en une multitude de pièces, et n'en eût entrepris qu'un petit nombre, exécutées avec le goût de celles qui sont appréciées des vrais connaisseurs, son œuvre serait au-dessus de toute critique. Fort bien dit ; mais les artistes qui font vite et beaucoup ne sont pas de la même pâte que ceux qui font peu et qui finissent. Le don de Bonasone fut le talent facile et peu châtié ; il ressemblait à quelques poètes de son temps plus féconds que purs, à Firenzuola, esprit vif et licencieux,

---

vera copiée, à deux ou trois mots près, au N° 175 de l'œuvre de Bonasone décrit par Bartsch : *Des vieillards vêtus de longs manteaux, les yeux tournés vers une étoile......* Il est assez difficile de rendre raison du sujet que le peintre a représenté : aurait-il voulu exprimer le vœu des patriarches dans l'attente de l'étoile de Jacob, c'est-à-dire du Messie, et donner une idée de l'estime que l'on portait alors aux femmes fécondes?

[1] *Enciclopedia*, part. I, tom. IV., pag. 297 ; part. II, tom. II, pag. 312 ; part. II, tom. VII, pag. 120.

continuateur élégant de Boccace, qui écrivit des *Ragionamenti d'amore* et un *Dialogo della bellezza delle donne* avec un succès qui gagna même la France.

3. Un autre bolonais, plus jeune peut-être que Bonasone, et comme lui membre de la société *dei Bombasari*, CESARE REVERDINO, entra plus résolument dans les voies libres que s'ouvrit la gravure italienne après Marc-Antoine. Il est, en général, mal connu et injustement apprécié : Bartsch l'a traité succinctement et a omis beaucoup de pièces dans son catalogue de 39 numéros ; le catalographe du cabinet Cicognara ne lui a pas épargné le coup de sa critique, et prononce qu'il mérite peu qu'on s'occupe de lui. Je l'ai trouvé inventif, varié et spirituel. Comme graveur, soit au burin, soit à la pointe, il est sans doute inférieur aux bons élèves de Marc-Antoine et de Parmesan, rapproché peut-être du Maître au dé sans avoir sa correction, et de Bonasone sans avoir sa légèreté et sa douceur ; mais il prend une place à part pour avoir traité les scènes en petit dans des fonds d'architecture. Nous avons des compositions semblables en Allemagne chez les Petits Maîtres, en France chez les graveurs de Lyon ; il les a traitées, lui, avec assez de distinction dans l'ordonnance, l'expression et l'effet, pour paraître réellement créateur dans ce genre. Ses estampes portent les dates de 1531 et 1554 [1].

Un savant iconologiste de Berlin, M. Sotzmann, a cru le reconnaître dans un maître cité à côté d'Holbein, par Nicolas Bourbon, dans ses *Nugæ poeticæ*, imprimées à Lyon chez Griphe, en 1538 : *De Hansio ulbio et Georgio Reperdio pictoribus* [2] : *videre qui vult Parrhasium cum Zeuxide,— accersat e Britannia, — Hansium Ulbium, et Georgium Reperdium, — Lugduno ab urbe Galliæ.* Je croirais plutôt qu'il est ici question de George Pencz, le prénom étant ordinairement plus connu et moins souvent

---

[1] Bartsch nie cette dernière date, qui est réellement sur *Une Vierge debout*, avec son chiffre, au Cabinet des estampes de la bibliothèque nationale.

[2] *Deutsches Kunstblatt*, 22 avril 1850 ; M. Sotzmann juge les estampes de Reverdino, d'un bon dessin, quoique pas toujours correct, moins fines et moins semblables aux miniatures que celles des Petits Maîtres, mais dans la manière italienne plus libre et moins péniblement gravée.

estropié dans la Biographie des artistes ; quoi qu'il en soit, je signale une
singulière coïncidence entre certaines estampes de Reverdino et celles du
Maître de Lyon aux initiales J G accolées : il serait à désirer que des recherches nouvelles faites à Lyon, vinssent éclairer le fait d'une relation précise entre ces deux maîtres.

L'Adoration des bergers est la pièce capitale dans cette manière toute
nouvelle pour la gravure italienne, également remarquable par la disposition des figures, par l'expression et la correction, par les effets de lumière
et d'ombre habilement ménagés ; le burin en est gros, mais ferme
et savant. *La Nativité*, *L'Adoration des rois* et plusieurs pièces petites et
de sujets variés, sont faites dans le même genre. Sans être à même de
les confronter avec les sujets semblables, traités par le Maître de Lyon,
l'analogie m'a paru évidente ; on y trouve jusqu'à ces tronçons de colonnes
et ces chapiteaux renversés, sur lesquels il aimait à placer son monogramme.

Moins distingué dans ses grandes pièces, où le dessin et le burin lui
font défaut, Reverdino y marque pourtant assez vivement sa manière :
Judith, *La Madeleine*, *La Mission de saint Pierre*, et surtout *La Vocation
de Jésus*, dans les sujets religieux : *Mars et Vénus*, *Léda*, *Les Deux nymphes couchées*, dans les sujets profanes, en sont les types les plus carac-
térisés. La beauté en est contestable : le dessinateur manque de noblesse,
d'idéal et même de régularité ; mais il étudie d'assez près la nature,
tout en la maniérant suivant les modes de son temps. Quelques pièces
plus élémentaires laissent beaucoup à désirer pour la correction, comme
Le Massacre des innocents, *Le Jugement dernier*; elles peuvent être attribuées aux commencements du Maître, et montrent tout au plus la verve
qui le tourmentait en griffonnant ses sujets, sans suivre les traces des
maîtres sublimes qui les avaient comme consacrés. Sa manière la plus
avancée et la plus habile paraît au contraire dans une pièce singulière,
qui tranche dans l'École italienne, dont la poétique admettait difficilement
les sujets en charge : *Dix alchimistes vus de face et soufflant un brasier;*
ils sont traités à l'eau-forte, d'une pointe grasse pleine de caractère et
d'effet ; pour trouver à cette pièce quelque analogie, il faut venir jusqu'à
Goya. Reverdino a traité fort librement aussi quelques sujets familiers,

et familièrement quelques sujets mythologiques ; malheureusement il ne l'a pas fait avec la même distinction : il déshabille ses figures plus que la fable ne l'exige ; c'est ce qui aura nui à son nom. Sans relever ces pauvretés, on doit tenir compte au graveur de Bologne de ce qu'il a pu ajouter à l'école de son temps.

4. MICHEL-ANGE, qui vécut assez longtemps pour voir le déclin des grandes Écoles et le passage de plusieurs générations de manières, a été, selon l'expression de Mariette, malheureux aux graveurs ; nous en avons vu plusieurs s'y essayer, nous en rencontrerons d'autres dans diverses Écoles : aucun ne s'est rendu maître de cette beauté qu'il fit si grande et qu'il imagina plus grande encore:

> *O donna sovra l'altre belle bella,*
> *Come puo, chi t'onora, adora e serve,*
> *Farti schiva, fugace, altera e fella?* [1]

L'artiste universel, qui fut aussi un grand poète, adressait ces vers à la marquise de Pescara, Victoria Colonna, également honorée en Italie par sa beauté, par ses poésies et par l'amour de Michel-Ange. Qui ne connaît cet air sombre, furtif, altier et félon qu'il a donné à la Nuit du tombeau de Médicis, comme à l'Ève de la chapelle sixtine et dont on retrouve quelques souvenirs dans *La Judith* de Bonasone et dans *La Léda* de Vico ? Le portrait de la *Diva Vettoria* a été aussi gravé par Vico ; c'est une figure large et sévère, la bouche boudeuse, le front couvert, les formes robustes toutes dérobées sous la guimpe ; mais Michel-Ange seul en tenait l'idéal, il nous en révèle la poétique dans ce dialogue :

> P. *Dimmi di grazia, Amor, se gli occhi miei*
> *Veggono'lver della belta ch'io miro,*
> *O sio l'ho dentro il cor, ch'ovunque io giro,*
> *Veggio piu bello il volto di costei......*
> A. *La bella che tu vedi e ben da quella;*
> *Ma crese poi ch'a miglior loco sale,*
> *Se per gli occhi mortali all'alma corre.*

---

[1] *Le rime di Michelagnolo il vecchio*, capitolo I.

6

Sans le chercher dans des régions aussi élevées, les dessinateurs épris de
Michel-Ange saisissaient ce qu'ils pouvaient de ce type, dans les sculptures
et dans les fresques du Maître ; il leur était même facile d'en voir de vivants
modèles dans les femmes de Florence et du Val d'Arno, où ces modèles
robustes et sombres, *altere e felle*, courent quelquefois les chemins.

.5. BATTISTA FRANCO, appelé le *Semolei*, vénitien ou udinois, venu à
Rome au moment où les peintures de la chapelle sixtine agitaient tous les
jeunes peintres et même les élèves de Raphaël, en fut le plus fervent
sectateur ; il ne laissa pas, dit Vasari, une seule esquisse de Buonarotti
sans la copier. Il était allé à Florence, dessiner à la sacristie neuve de
Saint-Laurent ; mais il se fixa à Rome, et y exécuta de grands travaux
de peinture pour les arcs de triomphe, en concurrence avec le flamand
Martin Hemskerck, autre sectateur du style florentin ; il fit aussi des dessins
pour les vases fabriqués à Castel-Durante, que Vasari met en parallèle avec
ceux de Faenza; il eut dès-lors la réputation d'un grand dessinateur. Vasari
parle de ses dessins comme gravés par d'autres ; on n'a point hésité
pourtant à lui donner les nombreuses pièces au burin et à l'eau-forte
qui sont marquées de son nom ou de ses initiales B. F. V. F [1].

Les estampes de Franco exécutées à l'eau-forte, d'une pointe légère
mais grasse, plus ou moins renforcée de travaux au burin, présentent
une diversité qui rend l'appréciation de l'œuvre difficile ; chaque pièce
devrait avoir son histoire et sa critique, et Zani seul aurait eu le courage
de l'entreprendre. Bartsch a pensé que le travail à l'eau-forte était l'œuvre
seul du Maître, et que ses planches avaient été terminées au burin par
un graveur anonyme fort médiocre, qui s'est dans quelques pièces
désigné par un monogramme où l'on trouve les lettres D M V F à jam-
bages unis. Mais il est à croire plutôt que les pièces ainsi signées sont
des copies faites par un anonyme qui en a laissé plusieurs autres d'après
d'autres maîtres. Ce qu'il y a de certain, c'est que Franco, gagnant
peu à Rome, vint à Venise vers 1550, y exécuta de grands travaux

---

[1] Bartsch a décrit 96 pièces; Huber, qui comptait les pièces gravées d'après lui, portait son
œuvre à 136. Catal. Winckler.

en peinture et en stuc, et y mourut en 1561. Ces planches portent souvent une adresse de Venise ; elles passèrent dans le fonds de Giacomo Franco son parent, graveur au burin, qui les publia avec des retouches obscurcissant encore le travail primitif. Je laisserai à de plus perspicaces l'appréciation exacte de ce travail, que Bartsch a beaucoup décrit sans le faire connaître, et qui se rapproche de Bonasone plus que d'aucun autre maître , pour me borner à quelques mots sur le dessin qui a été aussi diversement jugé.

Vasari parle des liaisons de Franco avec Ridolfo Ghirlandajo et avec le sculpteur Ammanati. Mariette, en disant, dans un endroit, qu'il s'était approprié la manière florentine, dans un autre, qu'il avait étudié sous Perino del Vaga, ajoutait que tout maniéré qu'il est, il plaît par les tours agréables et heureux qu'il a su donner à ses figures. Bartsch lui trouve un dessin particulier, des figures trop longues, des têtes trop petites ; malgré cela, des formes élégantes et des extrémités soignées. Franco est avant tout un compositeur fécond et original ; son dessin est grand, sévère dans ses gestes et dans l'expression de ses têtes , mais plus mou et plus épaissi de formes qu'on ne l'attendrait du dessinateur de Michel-Ange que fait connaître Vasari. Je ne suis pas surpris qu'on le classe ordinairement à l'École de Venise ; il en a le gras et le lumineux, malgré l'énergie de ses contours et l'élévation de son style. Il faut l'étudier dans ses bonnes pièces : *L'Ensevelissement du Christ* qui passe pour son chef-d'œuvre ; *L'Annonciation*, *Le Calvaire*, grandes estampes faites de peu, mais aussi habiles de facture que d'ordonnance, quoique modérément imprégnées de la manière florentine ; enfin les miracles de *La Manne* et du *Rocher d'Horeb*, où l'on trouve ces beaux vases de Castel-Durante, dont il dessinait les sujets. Les travaux ajoutés aux estampes de Franco, telles qu'on les rencontre le plus souvent, les ont sans doute altérées ; mais je croirais volontiers que Franco n'a gravé qu'à la fin de sa vie, principalement à Venise ; je ne me souviens d'aucune pièce qu'on puisse croire contemporaine de ses études sur Michel-Ange, à Rome et à Florence. Les figures que j'aurais à placer ici, *Le Christ dans les nues*, *La Sainte famille*, où l'enfant Jésus s'allonge sur sa mère, *Les Médaillons des loges*, associent la morbidesse de l'École vénitienne à la dignité de l'École florentine, et prennent une

grâce décente qui leur est particulière, bien qu'elle dérive encore du
Maître qui la consacrait dans ses fresques et dans ses vers :

La grazia che da voi divina piove.

V.

Les graveurs de Titien et de Tintoret.

1. Lorsque *L'Apocalypse*, *La Vie de la Vierge* et *La Passion* d'Albert
Durer arrivèrent à Venise et obtinrent ce succès que l'on connaît, la
gravure en bois italienne, encore tributaire de l'imprimerie, était
travaillée sans recherche d'aucun effet pittoresque qui lui fût propre,
sans esprit d'imitation des dessins à la plume ou au crayon. Au trait nu
des estampes primitives, on ajoutait sans doute des ombres quelquefois
intenses, mais le plus souvent en hachures diagonales et non croisées,
celles-ci présentant des difficultés toutes particulières aux tailleurs des
bois. J'ai déjà parlé des planches qui sortirent des ateliers de Jean
Andrea et de Jean de Brescia, qui laissent voir ou l'imitation directe
des ouvrages de Durer, ou l'air de contrainte des maîtres du XVᵉ siècle.
JACQUES DE STRASBOURG, *Argentinensis germanus Jacobus*, *archetypus
solertissimus*, qui était établi à Venise, y publia en 1503 des estampes
sur bois très-travaillées, *La Vierge dans une niche accompagnée de saint
Sébastien et de saint Roch, avec plusieurs petits sujets de la Passion* d'après
Benoît Montagna, *Le Triomphe de Jules César* en douze planches, etc.[1] ;
il imitait dans ses tailles toute la manière de graver de Mantegna.

Ces ouvrages sont peu dignes de la grande École où Titien inaugurait
son type de beauté expansive et sereine, sa facile représentation de la
nature colorée et réjouie. Quelque inaccessibles à la gravure que paraissent ces dons, elle en ressentit bientôt l'influence, notamment dans les

---

[1] Je trouve la description de ces pièces dans le *Dictionnaire d'Heinecken* (*Manuscrit de la
Bibliothèque de Dresde*, tom. X), et je dois croire que le travail en est le même que dans l'estampe plus connue : *Historia romana opus Jacobi.* Zani et Malaspina citent encore de lui une *Nativité.*

bois où la taille plus large se prêtait facilement au dessin abondant du Maître.

Titien ne grava pas en bois, comme l'ont cru Papillon et les anciens auteurs, mais il dessina sur le bois, selon la version très-précise de Ridolfi ; et les graveurs qui suivirent ses dessins dans leurs tailles y contractèrent une manière toute nouvelle. Il est difficile d'en marquer les commencements ; Titien, dans sa longue vie, assista, comme Michel-Ange, à la jeunesse et au déclin de l'art *sécentiste* ; ses graveurs appartiennent plus souvent à la seconde période. Papillon parle des planches du *Triomphe de Jésus-Christ* avec la date de 1505, et du *Mariage de sainte Catherine* marqué *Titianus Vecellius inventor lineavit,* où les champs de la planche incomplètement vuidés, indiquaient un travail primitif ; mais les informations de Papillon sont sujettes à caution. Mariette qui avait vu une ancienne épreuve de ce triomphe, n'hésitait point à la donner au Titien, quoiqu'elle ne portât aucun nom : « Elle est dessinée d'un grand goût, disait-il ; les hachures qui forment les contours et les ombres y sont données avec un grand art, et produisent un moelleux qu'il n'y a guère que le Titien qui ait connu[1]. » Mariette retrouvait encore la marque d'un tableau de la première manière de Titien, dans une estampe fort mal exécutée mais singulière, représentant une image miraculeuse du *Christ portant sa croix,* d'après un capitello de l'Église Saint-Roch. Ailleurs cependant, retrouvant les mêmes estampes, ainsi qu'un *Saint Jérôme* avec la date 1515, il les croit l'ouvrage d'un Allemand, bien que conservant dans leur exécution grossière la manière de Titien, mieux que la copie qu'en fit plus tard Andreani.

Bartsch décrit encore huit pièces, *Vierges* ou *Figures diverses dans des paysages,* qu'il croit dessinées par Titien, mais gravées par quatre ou cinq artistes différents ; il y en a un bien plus grand nombre dans les catalogues. Le nom du peintre, étalé sur ces estampes quelquefois avec des termes d'apothéose : *ex divino Titiani exemplare exemplum,* aussi bien que l'exécution lâchée de la plupart de ces bois, indique qu'ils sont faits

---

[1] *Notes manuscrites,* tom. IX.

loin de son atelier, et même après sa mort, par des marchands qui exploitaient sa grande renommée.

2. Le seul nom recueilli parmi ces marchands et ces graveurs inconnus, est celui de Domenico dalle greche, qui s'intitula *depentore veneziano* dans l'estampe de *La Submersion de Pharaon* en six feuilles, publiée par lui en 1549. Il ne faut pas le confondre comme Heinecken avec Dominique Campagnola, ni croire avec Lanzi qu'il fut cet élève de Titien passé dans l'École espagnole, Theotocopuli il greco; tout au plus peut-on penser qu'il est le même que *Domenico veneziano*, élève de Julio Campagnola, nommé pour quelques peintures domestiques exécutées à Venise; mais là se borne tout ce qu'on en sait. Son estampe est un remarquable spécimen de l'ampleur et de la liberté avec lesquelles furent rendus les dessins les plus fougueux du Maître : nulle part on ne taillait le bois avec cette rondeur; nulle part on ne lui donnait sans addition de planches tant de lumière. On place ordinairement dans cette partie de l'œuvre de Titien une pièce, *Le Déluge universel*, gravée avec beaucoup de *maestria;* si l'on acceptait les dernières observations de Mariette, il faudrait la reporter à l'École florentine. Cet excellent iconologiste, après avoir longtemps suivi l'opinion commune, se ravisa, en lisant dans le P. Orlandi que le Pontormo avait fait un déluge. Il trouvait ici « la manière de composer qui a été en usage chez les Florentins; le Titien n'aurait point isolé ainsi ses groupes, il les aurait liés et leur aurait fait produire de l'effet. » Oserais-je ajouter que la femme, dans ce déluge, a trop de force et trop d'action pour être une créature de Titien. La tranquillité dans l'abondance des formes est le caractère constant de ses Madones comme de ses Vénus; mais elle peut être d'un de ces vénitiens qui, même avant le Tintoret, avait porté à Venise l'imitation du style florentin.

3. Le Titien eut un autre graveur en bois dans Nicolo Boldrini. Il était de Vicence, comme le Nicolo de l'École de Parmesan, et il a été confondu avec lui; mais il s'en distingue parfaitement par sa manière. Ses tailles, moins pittoresques que celles de Domenico, sont plus larges et

plus grasses que celles de Nicolo Rossigliani et d'Antonio da Trenta,
avec qui on le confond encore[1]. Il ne pratiqua pas d'ailleurs comme
eux la gravure en clair-obscur; il cherchait l'effet de lumière dans ses
estampes et les tirait quelquefois sur papier teinté; mais il n'a imprimé
que très-rarement à deux planches[2]; encore même peut-on croire que
les épreuves que l'on rencontre ainsi proviennent de tirages postérieurs.
Quant au style, Boldrini se modela constamment sur Titien, dont il
donne la traduction la plus serrée. Les types bien connus du grand
coloriste de Venise, une Madone et une Sainte, ayant pour tout idéal
l'aisance de leurs gestes, l'amplitude de leur corps et le jet heureux de
leurs draperies, une Vénus à l'attitude indolente, aux chairs d'ivoire, y
sont rendues de plus près que par l'essaim des brillants burinistes qui se
sont attachés plus tard à la gloire du Maître.

Mariette, qui trouve notre graveur excellent, lui attribue aussi les
nombreux paysages au nom de Campagnola, dont j'ai parlé précédemment; il a dû graver de même ceux qui sont au nom de Titien, et
beaucoup d'autres anonymes que l'on range à l'œuvre de l'un ou de
l'autre.

4. De cette école vinrent les meilleures planches anatomiques; un
élève de Titien, JEAN CALCAR, peintre très-habile dans les portraits et
les figures, sculpteur en cire, dessina les gravures pour le livre d'anatomie de Vésale, publiées à Venise en 1538 par l'imprimeur B. Vitalis[3],
puis portées à Bâle chez Jean Oporin en 1543. Mariette, en parlant

---

[1] Bartsch n'a pas réussi à les distinguer et ne donne que quatre pièces à Boldrini; l'article
du *Manuel de l'amateur d'estampes*, qui en donne trente-quatre, contient des pièces ne lui
appartiennent point, et ne lui applique pas la marque B traversé par un I horizontal.

[2] Baseggio avance même qu'il n'a jamais gravé que sur une seule planche. J'ai sous les
yeux *L'Adoration des bergers* à la marque de Boldrini, sur fond bistré avec des rehauts de
lumière, qui est d'un effet très-harmonieux. Cette marque se trouvant sur un portrait d'après
Durer à la date de 1540, quelques personnes ont pensé qu'on pouvait la donner à Burgmair;
mais il est impossible que Burgmair soit l'auteur d'une pièce dans cette manière. Baseggio
ne parle dans sa monographie, ni de la marque, ni de *L'Adoration des bergers*. (*Intorno
tre celebri intagliatori Vicentini;* pag. 24.)

[3] Rudolph Weigel's *Kunst catalog*, N° 24, A. 1852; N° 18707.

du frontispice qui représente Vesale faisant la dissection du corps devant une assemblée nombreuse, le trouve digne du grand maître de Venise, auquel on attribuait généralement toutes ces planches. La marque du libraire Oporin, qui se trouve sur ce frontispice, a été prise long-temps pour celle du graveur; on voit par la première édition, que ce graveur était de Venise et travailla sous la direction de Jean Calcar. Ni en Flandre, ni en Allemagne, on ne taillait alors le bois de cette façon. Quant au dessin, il est tel qu'on pouvait l'attendre de l'école qui s'at-tachait avec tant de succès à la vie réelle; la nature dans sa plénitude en constitue la principale manière. Pour mesurer les changements du dessin comme de la gravure de Venise, dans l'étude immédiate de la figure humaine, amenés par un intervalle de 40 ans, il suffit d'ouvrir à côté de l'effigie de Calcar suivant Vesale, la maquette des livres de méde-cine de Jean Ketham et de Pierre de Montagnana, imprimés par les frères de Gregoriis [1] : l'art ne manque pas à l'une plus qu'à l'autre; la moderne, pour être plus près de la nature, n'est pas plus exempte de manière que l'ancienne; on reconnaît aussi bien dans celle-là le type de Titien, qu'on reconnaissait dans celle-ci le type de Mantegna.

5. Les graveurs au burin arrivèrent tard à l'École vénitienne, et ils n'y furent jamais très-distingués. On comprend que les moyens con-cis dont ils disposent, durent paraître longtemps disproportionnés aux splendeurs et aux hardiesses de ses peintures; ni Giorgion, ni Sébastien del Piombo n'eurent de graveurs. Je ne sais si une estampe citée par Bartsch, *La Vierge, Madeleine, saint Jean et Nicodème pleurant sur le corps du Christ*, marquée du nom de Marco Rocco, peintre qui avait étudié les anciennes écoles et qu'on rapproche de Palma le vieux, en pourrait donner quelque idée. Avec les peintres de la seconde époque, comme le Tintoret, et dans les eaux-fortes, les graveurs furent plus hardis. L'École vénitienne avait, comme l'École romaine, suivi sa pente. Le Tintoret avait répudié l'heureuse tranquillité de Titien, pour prendre un style prompt

---

[1] *Fasciculus medicinæ*; Venetiis, 1491.1500.

et à grand machinisme. Le burin, naturellement grave, ne pouvait pas trop le suivre, mais la pointe s'y prêta mieux, et l'on vit des graveurs obéir aux mêmes goûts, en exécutant des eaux-fortes, non plus délicates et chatoyantes comme celles de Parmesan, mais promptes, claires, et rendant, par les moyens les plus faciles, les grandes compositions de l'École. Quelques-uns ont pensé que Tintoret avait gravé le portrait du doge Paschalis Cicogna ; Zani lui attribue même *Une Piété* à cinq figures. Ces pièces sont gravées à l'eau-forte avec beaucoup d'art et portent la marque I TENTORETO, mais il n'y a pas l'ongle du maître ; il faut croire plutôt, comme y était arrivé Mariette, qu'elles sont de Fialetti, qui avait étudié chez le Tintoret.

BATTISTA DELL'ANGOLO VÉRONÈSE, surnommé *Battista del Moro*, parce qu'il était l'élève et le gendre de *Francesco Torbido il Moro*, peintre et miniaturiste, rival de Paul Véronèse, travaillant en 1540, a laissé trente-six estampes à l'eau-forte, d'après ses propres compositions, ou d'après des peintres de Venise et d'ailleurs. Elles sont d'un travail varié, libre, bien que quelquefois alourdi de travaux au burin, dessinées correctement, et remarquables surtout par la disposition large et naturelle des figures, des groupes et de la scène entière : ce sont les habitudes de l'école à laquelle il faut de l'espace et de l'air, et nous les avons trouvées aussi dans ses gravures en bois. *La Nativité de saint Jean-Baptiste* montre de saintes femmes, amplement drapées, posées avec une majesté qui se tient toujours plus près de la nature que dans les Écoles de Rome ou de Mantoue ; *Les Saisons* d'après Jules Romain, quatre figures sur la même feuille, ont plus d'étrangeté dans le dessin, cependant la gravure y garde beaucoup de sobriété. Dans d'autres morceaux du Maître, comme *La Renommée*, pièce vive et spirituelle, signée *Batta. cognom. del Moro*, elle fut entraînée, par la facilité de l'eau-forte, à des recherches plus pittoresques ; ce changement paraît marqué surtout dans les estampes du fils même de Battista del Moro, qui doivent être soigneusement distinguées de celles du père.

MARCO ANGOLO DEL MORO, peintre et miniaturiste, travailla d'abord à Vérone avec son père, puis à Venise et gagna enfin Rome, où il mourut jeune. Un auteur de 1564 traite ses gravures sur cuivre de

rares et divines, et le qualifie peintre consommé, miniaturiste, le plus
excellent de ce temps à Venise, et de plus mathématicien [1]. Ses estampes,
tant à l'eau-forte qu'au burin, sont moins nombreuses que celles de son
père, mais plus considérables et d'un travail plus soigné et plus artiste, la plupart de son invention, les autres d'après Titien ou Meldolla;
une seule de ces estampes est datée 1565. Ce sont la plupart, des compositions titianesques dont les figures se groupent dans de beaux paysages.
La Sibylle tiburtine montrant à Auguste la Vierge dans le ciel, est traitée
avec une vive et forte intelligence des moyens de la pointe, expressive,
sans sortir de la manière tout extérieure de l'École vénitienne, et pittoresque malgré la rapidité de ses travaux. Marco Angolo est moins heureux
dans les pièces plus terminées; mais il ne faut pas le confondre, comme
on l'a fait quelquefois, avec un graveur incertain que j'ai déjà indiqué,
dont on a des estampes d'après Battista Franco, Battista del Moro, et
d'après Marco del Moro lui-même, et que Zani croyait être Giacomo
Franco ou Gaspare Patavino.

SEBASTIANO DE VALENTINIS D'UDINE, peintre de la même École, travaillant en 1555 et 1558, a signé de son prénom suivi d'initiales expli-
quées par Zani, quelques estampes qui ne sont pas sans mérite. *Le
Repos en Égypte* est une eau-forte spirituelle, faite d'une pointe libre,
allongée, et d'un dessin qui rappelle plutôt Parmesan que Titien; *Pro-
méthée* enchaîné sur le Caucase est aussi savamment traité. Bartsch,
qui ne connaissait l'auteur de ces deux pièces que sous le nom de Sébastien, les a décrites avec éloges; Zani en cite une autre relative à l'histoire
turque, que je n'ai pas rencontrée.

6. Un artiste dont on a fait peu d'état, pratiqua à Venise vers le même
temps la gravure au burin, d'une façon que son médiocre talent a laissée
incertaine. GIULIO SANUTO, travaillant en 1540, selon Bartsch, et dont
les estampes sont datées de 1559 et 1569, paraît se proposer pour

---

[1] Fioravante; *Lo specchio di scienza universale*; Venetiis, 1564. Cité par Zani; *Enciclopedia*,
part. I, tom. II, pag. 291.

[2] *Enciclopedia*; part. I, tom. XIX, pag. 255; part. II, tom. VI, pag. 57.

modèle, tantôt les élèves de Marc-Antoine, tantôt les Mantouans ; mais il reste incorrect dans son dessin, hésitant dans son travail. Il a gravé avec la marque R et comme de l'invention de Raphaël, *Le Mariage de la Vierge*, où il n'y a plus rien de la beauté romaine. Plus satisfaisant avec les maîtres de son pays, il a fait *Adonis s'arrachant des bras de Vénus*, *Saint Jean-Baptiste dans un paysage*, pièces restées inconnues à Bartsch, et *Une grande Bacchanale*, qui n'ajoutent pas, il est vrai, au lustre de l'École vénitienne, mais qui en donnent des traductions immédiates, précieuses par leur ton, sinon par leur beauté.

Deux véronais établis à Venise, Gio Battista Fontana et Iulio Fontana son frère, mirent au service de cette École une assez grande pratique de burin, qu'ils avaient acquise dans la patrie de Caraglio, où la gravure avait toujours fleuri. Dans les pièces assez nombreuses qu'on leur donne et qui sont datées de 1559 à 1579, il n'y a ni beaucoup d'accord ni beaucoup d'originalité ; Mariette y trouve une manière, à peu près la même chez les deux frères, un peu sèche et petite. Ce défaut est d'autant plus saillant, en effet, qu'il s'applique à de grandes compositions disposées souvent dans des paysages d'après Titien ou dans son genre, qui auraient demandé plus de largeur ; aussi me bornerai-je à citer, plutôt pour leur intérêt que pour leur mérite intrinsèque, *La Vision d'Ézéchiel* et *La Bataille de Cadore* gagnée par les Vénitiens sur les Impériaux. Mariette leur attribue encore les figures d'escrime pour les livres de C. Agrippa et d'Ach. Marozzo.

Quelques autres burinistes se firent encore connaître dès ce temps ; mais ils appartiennent à une autre période, comme placés sous une autre influence et entraînés par l'imitation de C. Cort, qui va venir à Venise comme à Rome inaugurer un métier de gravure tout nouveau.

VI.

Les graveurs antiquaires et les marchands d'estampes à Rome.

1. Si l'École de Parmesan n'était pas exactement déterminée par le travail à l'eau-forte et par la constance au type du maître, on aurait pu y placer

Æneas Vico, né à Parme, qui put jeune encore travailler chez Mazzuoli, dont il grava toujours de prédilection les ouvrages ; mais venu à Rome vers 1540, à 21 ans, il s'y trouva livré à des influences diverses. Dès les premières années de son séjour, on le voit graver à la fois d'après Marc-Antoine, Parmesan, Perino del Vaga, Vasari, et d'après des bas-reliefs ou des peintures antiques ; il subit la direction du marchand d'estampes qui édite les noms en vogue : son dessin déjà assez sûr et son burin ferme avaient les qualités requises pour le commerce. «Sa gravure, dit Mariette, était faite pour tirer nombre d'épreuves sur la même planche ; je ne doute nullement que Vico n'ait appris à graver chez Salamanca. » Ses premières estampes sont imprimées cependant chez Tomaso Barlacchi. En suivant l'ordre de ses publications et quelques indications données par Vasari, qui parle de cet artiste avec complaisance, on trouve qu'il passa à Florence vers 1545, où grâce à la libéralité du duc Cosme II de Médicis, il grava les estampes les plus importantes d'après Francesco Rossi, Salviati, Bandinelli et Michel-Ange. Son talent était dès-lors dans toute sa force ; c'est à propos de l'estampe de *La conversion de saint Paul* d'après Salviati, que l'Arétin écrivait au peintre : *La diligentia del Bolognese Marco Antonio e vinta dal sicuro e gagliardo stile del Parmigiano Ænea* [1]. L'Arétin avait raison : la gravure nette et assurée l'emportait sur la gravure pittoresque, et Vico est celui qui l'a le plus solidement inaugurée. Ce n'est peut-être pas un progrès, mais c'est la marche des choses souvent boiteuse : le métier avance, l'imagination recule ; à d'autres moments nous verrons le métier clocher quand l'imagination prévaudra.

Vico, courant après la fortune, quitta Bandinelli qui ne rétribuait point assez ses ouvrages, passa à Venise vers 1550, où il trouva des Mécènes plus généreux : Charles-Quint y recevait alors des hommages triomphants auxquels Vico prit part. Le portrait qu'il grava du roi d'Espagne, traité en grand comme avait fait Augustin Vénitien, et de plus encadré de grandes figures allégoriques posant dans des motifs d'architecture, fut présenté au roi en grande pompe et paraît avoir fait sensation : on

---

[1] Zani ; *Enciclopedia*, part. II, tom. IX, pag. 231.

en imprima des descriptions (*dichiarazione e espositione*), on en fit des copies. A Venise, Vico s'occupa surtout d'antiquités ; la Renaissance avançant , l'érudition gagnait l'art ; il publia , de 1545 à 1560 , plusieurs recueils de médailles, de pierres gravées, de figures et d'ornements antiques. La gravure en bois s'était emparée, dès le commencement du siècle, des effigies caractéristiques que présentaient les médailles des empereurs romains, alors recueillies avec avidité. Vico, les traitant au burin, en vulgarisa mieux encore les types, même dans le domaine de l'art ; non qu'il les rende avec plus de fidélité que Fulvio , la Renaissance n'a pu voir l'antique qu'à son point de vue ; mais il y met une finesse et une énergie que n'auront plus au même degré les antiquaires graveurs que nous rencontrerons dans diverses Écoles. Il quitta Venise vers la fin de sa vie , et mourut à la cour de Ferrare , en 1563.

Sans aborder l'examen de l'œuvre entier de Vico , qui contient plus de cinq cents morceaux, des suites nombreuses publiées à Venise chez Paul Manuce et Gabriel Giolito, et une centaine d'estampes isolées, on trouve, si l'on cherche l'artiste dans notre graveur, qu'il varia beaucoup dans sa manière, copia d'abord Marc-Antoine et ses élèves, offrit ensuite de l'analogie tantôt avec Caraglio, tantôt avec Bonasone, mais qu'il n'eut jamais leur originalité. On peut le voir dans *L'Annonciation* , *La Forge de Vulcain* , *Isaïe* , *Le Combat des Lapithes* , prendre pour modèle, Michel-Ange, Parmesan, suivre plus volontiers ce dernier dans la recherche de son dessin , mais effacer un peu les saillies de tous ces types dans une sorte de convenu. Son burin, assez souple pour se plier à toutes ces imitations , sans y perdre sa solidité naturelle, mais souvent sec, finit par acquérir une netteté et un brillant qui marquèrent sa manière propre. Il fit très-peu de sujets religieux , et je ne trouve pas de Vierge à citer dans son œuvre. Dans les sujets mythologiques, qu'il a traités avec complaisance, plusieurs figures, comme *La Femme à la chouette* , *La Léda* de Michel-Ange, ont une précision aisée et une noble expression, où l'habileté du burin ne laisse pas trop regretter la chaleur du peintre.

Mais Vico doit être plus remarqué pour ses portraits. Mieux qu'aucun de ses devanciers, il sut les dessiner avec la précision exigée des modèles, sans sécheresse et sans lourdeur. Ses médaillons, enrichis d'encadrements cossus et même de petits sujets agréables, donnent des têtes pleines d'accent et de finesse. Ils étaient faits d'après la collection de Francesco Doni, le fondateur de l'Académie de *Peregrina*, dont Vico était membre. J'y noterai seulement, pour mon propos, une tête de Christ, à figure jeune et pleine de douceur.

2. L'esprit de la Renaissance se propageant, faisait refluer vers l'Italie les artistes de tous les pays. Venise d'abord les avait attirés; depuis Raphaël, c'est à Rome qu'ils venaient. J'ai déjà parlé des Allemands qui fréquentèrent l'École romaine; voici maintenant un Lorrain qui y prend droit de cité. NICOLAS BEATRIZET travailla, dès 1540 et jusqu'en 1560, chez les marchands d'estampes, comme Vico, et fut même quelque temps imprimeur. Moins bon dessinateur que Vico, et buriniste moins assuré, il a toutefois la main ferme, le travail net, et il satisfit amplement le goût public, alors plus sensible à la vigueur qu'à la mesure. Il grava d'après les peintres qu'on lui demandait, principalement Michel-Ange et son imitateur Girolamo Muziano; il fit des portiques, des portraits, des madones de dévotion, des planches anatomiques et des vues de monuments. Son dessin, toujours grand, conserve la pratique des maîtres, refroidie seulement et appesantie par le métier, avec des attitudes plus théâtrales qu'idéales, des têtes faites avec plus de pratique que d'expression. Son burin, vigoureux et large, mêlé quelquefois de travaux pointillés assez heureux, a traité même les planches de commerce avec une largeur peu commune. On comprend qu'il est difficile de trouver un type déterminé dans un tel graveur; en mettant de côté les figures michelangesques qu'il a vaillamment rendues, je ne vois rien qui sorte de ligne. Un Christ debout tenant le globe, dans un portique d'architecture flamande, signé de son chiffre et de l'adresse de Lafreri 1577, commun de type, pauvre de pose et petit de draperies, prouve qu'il se laissait aller à la dérive, plus attentif aux nouvelles manières que les Flamands apportaient à Rome, qu'aux exemples de l'École romaine, alors entièrement déchue.

A côté des estampes de Beatrizet, dont le chiffre, composé des lettres

N B diversement accolées, est assez connu, on trouve quelques pièces signées N. D. LA CASA *lotaringus f.*, dont le travail assez différent permet de croire à l'existence d'un autre graveur, vivant à côté de Beatrizet. La manière en est moins habile, mais empreinte d'une rudesse qui n'est pas sans mérite ; la date ne permet pas d'en faire des ouvrages de la jeunesse de Beatrizet. Leur parfaite distinction apparaît surtout dans les groupes du Jugement de la chapelle Sixtine, qu'ils ont l'un et l'autre gravés ; il faut donc admettre près de Beatrizet un élève venu avec lui de Lorraine, que son insuffisance dans l'art de la gravure a laissé dans l'ombre. Les érudits qui s'attachent aujourd'hui à l'histoire des artistes, à Nancy comme à Rome, la dissiperont peut-être un jour par quelque document sur Nicolas Beatrizet et sur cet autre nom lorrain italianisé.

3. Les marchands, dont le nom sert si bien à la connaissance des estampes dans leurs différents états, ont eu leur influence dans l'émission et la propagation des types. Inconnus pendant le XV° siècle, lorsque les graveurs impriment et vendent eux-mêmes leurs ouvrages, ils commencent vers 1540, en Italie, à placer leur nom et leur adresse au bas de leurs planches. Le goût de la gravure s'étant alors considérablement répandu, les épreuves et les copies devinrent tellement multipliées, que la publication et le commerce des estampes exigèrent des connaissances particulières, souvent des qualités d'artiste. Ils étaient d'ailleurs, dans un art tout populaire, les Mécènes, les patrons des graveurs, quand ils n'étaient pas graveurs eux-mêmes ; Zani a eu raison de faire ressortir les services qu'ils ont rendus aux arts par leurs nombreuses publications. Sous le rapport esthétique ces services sont quelquefois fâcheux ; ils ont vulgarisé les types, les ont mêlés et confondus par les relations qu'ils ont établies entre les pays et les Écoles, et ils ont déconsidéré souvent l'art par le grand nombre d'estampes médiocres anonymes, copiées et retouchées, dont ils ont inondé le commerce ; mais là encore, il y a un enseignement : dans les conditions plus difficiles qui ont été faites à l'art, c'est à la critique à savoir démêler le bon grain de l'ivraie.

Baviera, dont le nom a été accepté sur l'autorité de Vasari, ne mit jamais son nom sur les estampes de Marc-Antoine. Après lui, ce sont des étrangers qui, à Rome, tiennent le commerce des estampes : Tomaso Barlacchi, grec (de Salonique) ou dalmate (de Salone), Antonio Salamanca, d'une famille originaire d'Espagne, et Antoine Lafreri de Salins en Franche-Comté. Ont-ils eux-mêmes manié le burin ? On a pu le conjecturer, en voyant la formule ordinaire de leur adresse subir quelquefois des modifications qui indiquent une coopération directe à plusieurs planches. Mais, ce qui est certain, c'est qu'ils employaient bon nombre de jeunes gens à graver les divers ouvrages de leur commerce, qui embrassait le tirage et la retouche des anciennes planches dont ils faisaient l'acquisition, la commande de la gravure des dessins d'après les peintres contemporains, et l'émission des nombreuses planches d'architecture, d'antiquités et d'ornement que l'on demandait partout.

Le plus célèbre des marchands romains, SALAMANCA, d'une famille de sculpteurs espagnols, paraît établi à Rome en 1541, d'abord comme éditeur des planches de Marc-Antoine. Son nom est de mauvais augure, selon l'expression de Mariette, dans un grand nombre d'estampes anciennes, qu'il publia ou usées ou retouchées ; mais dans d'autres, mieux conservées ou gravées de son vivant, il paraît avec plus d'honneur. Il fit faire beaucoup de gravures dont les auteurs anonymes ne travaillaient pas pour la gloire, mais qui avaient leur bonne part de l'intelligence qui échauffait tous les artistes à cette heureuse époque. On y trouve la reproduction de tableaux capitaux dont les peintres n'avaient pas eu de graveur : comme *La Visitation* d'André del Sarto, *cujus typum ab..... formis Æneis concussum Antonius Salamanca imprimi publicarique curavit Romæ* 1561. Il se signala aussi par les planches des monuments de sculpture et d'architecture de l'ancienne Rome ; aussi Beatrizet le qualifie dans le portrait qu'il a gravé de lui : *orbis et urbis antiquitatum imitator*. On ne peut guère douter qu'il n'ait été graveur lui-même, en voyant l'estampe de *La Vierge de pitié*, qu'il signe : *Ant. Salam., quod potuit imitando exculpsit* 1547, et les médaillons des femmes de renom, signés A. S. ; bien que le travail en soit pesant, elles acquièrent quelque intérêt de la position de leur auteur.

LAFRERI, dont les presses commencent à fonctionner quelques années

après celles de Salamanca, publie comme lui les produits anciens et nouveaux de l'École romaine, retouchant les planches dont il faisait l'acquisition, les faisant copier ; mais, du reste, bornant ses prétentions au rôle
de bon reproducteur : *Antonii Lafrerii sequani formis exactissime delineata
diligentissime expressa.* Il paraît à la fin, vers 1570, acquéreur de la
plupart des planches de ses prédécesseurs, qu'il transmet à son neveu
Claude Duguet, d'où elles passent chez Rossi et chez P. de Nobilibus,
de plus en plus affaiblies et contrefaites, mais, comme ces rejetons abâ-
tardis de noble souche, portant dans leur dégradation les linéaments
de leur distinction première.

Au nombre des graveurs employés par ces marchands, on doit nommer
Maria l'Abacco, fils de l'architecte Antonio l'Abacco, graveur des dessins d'architecture et des vues de monuments romains que son père avait
exécutés d'après Bramante et Antonio di San-Gallo, comme nous l'apprend
la préface du *Libro dell'Abacco*, publié chez Salamanca et Lafrery en
1548, 1557 et 1559. Zani est tenté d'attribuer au même artiste deux
pièces fort connues : *Adam et Ève dans leur misère*, et *Adam et Ève
pleurant la mort d'Abel*, dont la composition trop dramatique a été donnée à Michel-Ange, à Périno del Vaga, et aussi à Rosso. La manière
de ces estampes, attribuées précédemment à Philippe Soye et à d'autres,
rappelle celle de Vico, et Zani inclinait à croire que l'Abacco avait été
son élève.

VII.

Les Mantouans.

1. Le plus célèbre des élèves de Raphaël, appelé à Mantoue par les
Gonzagues, pour embellir de monuments et de peintures la ville où ils avaient
déjà ramassé une grande quantité de ces fragments antiques dont toute
l'Italie se parait alors, avait exécuté au palais du T ces peintures puis-
santes qui fondèrent une École. Jules Romain était déjà bien éloigné des
douces et sages qualités de ses premiers ouvrages ; jeté vers l'antique,
qui passionnait tant d'esprits, il y avait moulé son type et contracté

une manière forte, hardie, dont le matérialisme dépassa les bornes permises. L'École de Mantoue fit au loin des prosélytes non moins ardents
que ceux de l'École de Parmesan ; elle eut aussi des graveurs immédiats.

Parmi les nombreux artistes, architectes stucateurs et peintres que
Jules Romain employa aux décorations du palais du T, GIOAN BATTISTA
SCULTORI MANTOVANO fut le premier qui s'exerça dans la gravure [1].
Il fut longtemps confondu avec un Jean-Baptiste Bertano, architecte
et peintre de la même École ; Mariette et Bartsch en firent le chef d'une
famille de Mantoue du nom de *Ghisi;* son nom, restitué par Zani d'après
les inscriptions de plusieurs estampes, a été retrouvé sur les livres nécro-
logiques de Mantoue, qui nous ont appris en même temps sa naissance
et sa mort, 1503–1575, auparavant hypothétiques [2]. Le mérite de
ses estampes est assez grand pour nous faire regretter qu'il n'en ait laissé
qu'une vingtaine, datées de 1536 à 1539. M. Marco d'Arco, dans le
mémoire que je viens de citer, lui attribue une grande partie des ouvrages en sculpture exécutés à Mantoue au palais du T, à Marmirolo, aux
églises de Saint-Benoît et de Saint-Barnabé, qui respirent dans leur
exécution tout l'esprit et tout le feu du Maître sous la direction duquel
il travaillait. Comme graveur, on le classe ordinairement parmi les élèves
de Marc-Antoine ; Mariette conjecturait, en examinant de près ses
ouvrages, qu'il pouvait être l'élève de George Pencz, et Bartsch le
rapprochait plus spécialement du Maître au Dé. Ces comparaisons ont
leur sens : Jean-Baptiste a des formes ramassées qui rappellent les deux
maîtres cités, mais il n'est pas précis comme Pencz, ni rabougri comme
le Maître au Dé ; il a dans le dessin un goût, et dans le burin un brut
et un effet qui lui appartiennent. Il donne à Jules Romain, dont les
compositions lui ont presque toujours servi de modèle, une distinction
qu'aucun autre graveur n'a su lui conserver; enfin il est le plus pur mo-

---

[1] Jules Romain, *superior general delle fabriche,* nomme souvent *maestro Baptista* dans les
lettres où il rend compte de ses travaux au duc Frédéric Gonzague. *Carteggio d'artisti*, tom. II,
pag. 232.

[2] *Di cinque valenti incisori Mantovani del secolo XVI, Memoria di Carlo d'Arco.* Mantova,
1840, pag. 13, in-8°.

dèle, dans la gravure, d'un style où l'on trouve non pas l'inspiration de Raphaël, mais une aspiration héroïque qui a aussi fait époque.

Le morceau le plus cité du maître est *Le Combat naval*, donné comme un modèle du genre par Lomazzo, et apprécié par Mariette comme le plus parfait de l'œuvre : « Il a pris un soin extraordinaire à exprimer le bon goût et l'habileté de dessiner de Jules Romain, principalement dans la recherche des armures et des autres coutumes antiques étudiées dans les bas-reliefs de la colonne Trajane [1]. » *L'Incendie de Troie* en deux feuilles, est aussi fort vanté pour l'excellence du dessin, la beauté et la vérité des costumes, l'attitude grande et noble des figures.

Je recommanderai, pour ma part, *La Vierge dans une gloire* et *Le Guerrier et la jeune fille*. La Vierge tenant l'enfant Jésus suspendu à son cou est d'une beauté supérieure, le visage éclairé d'un rayon, le corps fièrement posé sous un ample manteau vivement soulevé par deux anges. Les deux figures de l'autre estampe, le visage dans l'ombre, marchent d'un pas pressé, éclairées par les flammes d'un incendie ; la jeune fille, les cheveux dénoués, sous le bras du guerrier qui la protège, est d'un style vraiment héroïque. Les iconologistes l'avaient bien senti en appelant ce groupe *Pâris et Hélène*. Le grand goût qu'on y remarque relève sans doute du peintre de Mantoue ; mais ce qui est bien du vieux graveur mantouan, c'est cette exécution serrée et vive, aux effets soudains de lumière, qui ne se rencontrent dans aucun graveur au burin de ce temps.

Les enfants de Jean-Baptiste Scultori, furent graveurs et non pas sans mérite, comme nous allons voir ; mais ils ne purent hériter de leur père cette fleur des premiers types, qui s'échappe toujours trop tôt.

2. DIANA SCULTORI MANTUANA se montra appliquée à la gravure dès l'âge le plus tendre, ainsi que le rapporte Vasari : *e che è cosa piu maravigliosa una figliuola chiamata Diana intaglio anch'ella tanto bene*, etc. Elle travailla d'abord, pendant la vie de Jules Romain et sous la direction de son père, dans un style assez sévère ; elle suit alors les dessins du maître de Mantoue, études souvent différentes des compositions exécutées au palais

---

[1] *Notes manuscrites*, tom. V.

du T, et les exécute avec une carrure, une expression, qui la rapprochent de Battista, bien que son dessin soit moins correct, son burin plus court et son exécution moins pittoresque. On a avancé qu'elle avait été la maîtresse de Jules Romain : quelques-unes des pièces qu'elle a gravées, indiquent qu'elle n'avait pas plus de scrupules dans son dessin que n'en comportait l'École; mais cette époque de la vie et du talent de Diane est la moins connue. Les auteurs n'ont compté ses ouvrages que de 1576 à 1588, de sa maturité à sa vieillesse; cependant, toutes les estampes qu'elle a gravées d'après Jules Romain sont antérieures à cette date : *La Prière au temple de Jupiter*, *Les Deux femmes en voyage*, *Le Charlatan aux serpents*, peuvent être pris pour modèles de sa première manière, supérieure par le style à ce qu'elle fut depuis. La date de 1542, trouvée sur le second état de *La Continence de Scipion*, à l'adresse de Salamanca, prouverait, d'après M. d'Arco, que plusieurs pièces sont antérieures à cette année-là [1].

Vers 1575, Jean-Baptiste mort, la peste ravageant Mantoue, Diane mariée depuis quelques années à Francesco da Volterra, architecte et sculpteur en bois, que le duc Don César Gonzague avait appelé pour embellir Guastalla et exécuter un médailler d'ébène, était allée à Rome ; là, elle avait abandonné les errements de l'École de Mantoue, voulant même être appelée la Voltérane, et elle grava plusieurs belles pièces d'après Raphaël. Mais Raphaël ne vivait plus depuis un demi-siècle et elle tomba dans les peintres de la troisième époque, Raphaellino da Reggio, les Campi, et même les Zuccari; sa manière s'acoquine alors dans la pratique et remplace sa première sévérité par tous ces mouvements agréables que l'on recherchait alors à Rome. Je n'ai pas vu dans ces derniers ouvrages l'analogie avec Carrache, dont parlent Bartsch et Ferrario, mais tout au plus le métier de gravure introduit par C. Cort et accepté par tant d'autres graveurs. Les grandes estampes produites par le talent achevé de la Mantouane, avaient un grand succès, en 1575; un admirateur écrivait à son mari : *L'opere di madonna Diana*

---

[1] *Memoria di Carlo d'Arco*; pag. 27.

vostra sono mirabilissime e quel convivio degli dei è cosa stupenda. Il
s'agit de la grande estampe en trois pièces : *Les Noces de Psyché*, *Le
Festin des dieux* et *Le Bain de Mars et Vénus*, qui résume, en effet, le
talent de Diane ; dessinée d'après une des plus belles fresques du palais
du T, et dédiée, en 1575, au duc Claude Gonzague, elle fut l'adieu de
l'artiste à la grande École qu'elle quittait. Pour comprendre cette admiration, il ne faut pas voir seulement ces grands et derniers ouvrages,
mais les études plus sérieuses qu'elle a faites à l'École de Mantoue.
On n'y retrouve pas précisément *la molto gentile e graciosa fanciulla*, qui
avait ravi Vasari, mais bien la femme solide et clairvoyante qui convenait
à l'art sévère de la gravure et que nous montre le portrait contemporain
qui nous est resté de la Mantouane.

3. ADAM SCULTORI, frère de Diane, fut mis aussi de bonne heure
à la gravure par son père ; à onze ans il copiait *La Vierge allaitant* de
Jean-Baptiste, qu'il a signée *Adam Sculptor An*. XI ; ce devait être vers
1540, mais il lui est arrivé comme à sa sœur : ces dernières estampes
étant faites à Rome, quelques-unes portant les dates de 1566 et 1570,
on n'a pas mis à leur place les pièces antérieures qui appartiennent à
l'École de Mantoue. Il ne suffit pas de dire, avec Bartsch, qu'il a une
manière approchant de celle de George Ghisi ; il est plus rapproché
encore de Diane, avec plus de précision dans le contour et plus de
variété dans le burin, mais avec moins de verve et de fécondité. Son
œuvre de cent ving-neuf pièces contient des morceaux moins capitaux
que celui de Diane, qui n'en a que quarante-six. Mieux qu'aucun des élèves
de Jules Romain, il a fait ressortir le côté antique du Maître, son style de
bas-relief romain dans *Le Mariage de sainte Catherine* et dans *La Délibération*,
son expression criarde dans *Endymion*. Plus tard, Adam essaya de varier
sa manière ; il grava *La Servitude* de Mantegna, d'un burin fin et accentué,
très-bien inspiré par le Maître ; mais je ne saurais dire avec le biogra-
phe des Mantouans que j'ai déjà cité, qu'il alla jusqu'à imiter Albert
Durer et Rembrandt. L'École de Mantoue dispersée, Adam gagna Rome,
grava quelque peu Raphaël et Michel-Ange, mais sa manière ramassée
et surannée n'y pouvait avoir de succès ; il se fit marchand et grava des

frontispices et des livres de dévotion. Il vécut jusqu'en 1581, réduit à publier, lui, le graveur de Jules Romain, des estampes anonymes copiées de Cort, d'après Zuccharo ou Martinelli.

4. GEORGIO GHISI est le graveur le plus considérable de l'École de Mantoue ; il n'était point parent des Scultori, mais sans doute, élève de maestro Baptista, avec Diane et Adam, d'où il prit, comme eux, le surnom de Mantouan. Un peu plus âgé peut-être [1], il a pu leur servir d'exemple, étant dès le début, dessinateur sûr et buriniste exercé ; mais il eut, dans sa carrière de graveur, plus d'indépendance. Quoique discipliné aux principes de Jules Romain, il ne se confina point dans les fresques du palais du T; il grava, dès ses premiers temps, les compositions capitales de Michel-Ange et de Raphaël, et on le voit travailler à Rome bientôt après la mort de Jules Romain. Là, il suivit la pente irrésistible, passa aux œuvres des Romains de deuxième et de troisième formations, et enfin aux Flamands qui avaient envahi Rome. Vasari lui a fait un titre de gloire d'avoir pu lutter avec Jérome Cock dans la gravure d'une *Nativité*.

Sa manière eut aussi des phases successives : d'abord sobre et délié (*La Victoire* d'après Jules Romain, *Les Muses* d'après Primatice), il devient ensuite plus compliqué et plus savant (*Le Parnasse* d'après Lucas Penzi, *l'Hercule Farnèse*), et il tombe enfin dans la recherche et la pesanteur (*Diane portée sur les épaules d'Orion*) ; il fut amené à ces dernières façons par l'exercice de la damasquinure, où nous savons qu'il excella. « Quand George a gravé légèrement, dit Mariette, il a mieux réussi que quand il a chargé et appesanti son ouvrage ; il gravait les fonds avec un grand soin, mais de petite manière : lorsqu'il finit trop ses ouvrages il les rend secs et pesants [2]. » Des critiques plus modernes lui ont plutôt fait gloire de cette minutie, et l'ont loué d'avoir été un des premiers à introduire le pointillé dans son travail de burin. Suivant Bartsch, il est assez savant dans le dessin, mais il a moins réussi dans les têtes, dont les

---

[1] Il mourut en 1582, à l'âge de 62 ans, selon le nécrologe de Mantoue. *Memoria di Carlo d'Arco*, pag. 41.

[2] *Notes manuscrites*, tom. V.

airs sont désagréables et souvent plats. Le critique de Vienne se souvenait alors plutôt de quelques estampes à sujet religieux, traitées dans la dernière manière du Maître, *La Vierge couronnée par Jésus*, *Le Mariage de sainte Catherine*, où les types sont en effet rapetissés et dégradés, que des belles pièces de son bon temps. Malgré le mérite des dessins qu'il prenait pour modèle, Ghisi a toujours été peu inspiré dans les sujets religieux; et pour trouver toute la grandeur de son type, il faut voir les sujets pris de Jules Romain ou des peintres qui travaillaient avec lui à Mantoue : *Le Bateau*, *Vénus et Vulcain*. Plus loin et après une appréciation technique trop vague, Bartsch revient à la ressemblance de Ghisi avec Marc-Antoine. L'éloge, comme le blâme, manque, il me semble, également d'exactitude.

Le type des Mantouans est loin de l'idéal mesuré de Marc-Antoine, comme Jules Romain est loin de Raphaël. J'en ai indiqué la distance en commençant leur notice. La cour des Gonzagues, où il s'installa, menait de front la passion des antiquités, des vers de l'Arioste et des décorations pittoresques. La marquise Isabelle aimait à retrouver dans les fresques de ses palais, les camées et les statues, comme le duc Frédéric y aimait les grandes estocades; et l'artiste, à l'affût de leurs goûts, y façonnait sa nature, y pliait son idéal de beauté :

> *Fermossi in atto c'havria fatto incerto*
> *Chiunque havesse visto sua figura,*
> *S'ella era donna sensitiva e vera,*
> *O sasso colorito in tal maniera.* VIII, 38.

L'Angélique de l'Orlando a fait aussi le sujet de l'une des plus belles estampes du graveur, *Angélique et Médor*. Dans les conditions matérielles et mouvementées où l'art s'était alors placé, les Mantouans ont bien tenu leur place; on admirera longtemps leurs figures, divinités ou héroïnes, dont les têtes impérieuses, les membres vigoureux, composent une beauté sculpturale. Ces premiers graveurs de Jules Romain ont gardé d'ailleurs, dans l'expression de cette beauté un peu brutale, une contenance que n'auront pas leurs successeurs; ils sont démesurés quand on les compare à Marc-Antoine; ils seront calmes auprès des graveurs de l'École de Fontainebleau.

ÉCOLES DE L'ALLEMAGNE.

VIII.

Albert Durer et ses contemporains à Nuremberg et à Ratisbonne.

1. L'Allemagne, étrangère aux trouvailles antiques, mais plus sympa-
thique à la nature, n'en eut pas moins son mouvement de renaissance
au commencement du XVIe siècle; le génie même qui l'anima se personnifia dans un artiste, le plus grand qu'ait jamais produit ce pays,
exercé dans l'orfévrerie, la peinture, la sculpture, l'architecture, et montrant surtout dans la gravure toute sa qualité. ALBRECHT DURER, homme
bon, réfléchi et énergique, tient à la fois au moyen-âge simple et
fantastique, au temps moderne savant et libre-penseur : gothique encore
et confrère des sculpteurs de Saint-Sébald et de Saint-Laurent, Adam
Craft et Peter Vischer, il est en même temps réformateur, ami d'Érasme
et de Mélanchton, enthousiasmé de Luther qu'il appelle l'homme pieux,
le représentant de la véritable foi chrétienne [1].

Les critiques, depuis Vasari, ont coutume de regretter qu'Albert Durer
n'ait pas eu Florence pour patrie, qu'il n'ait pas étudié à Rome et n'ait pas
connu l'antique : Lambert Lombard en faisait des doléances, et Mariette,
au milieu de ses excellentes observations [2], n'a pu s'empêcher de payer
ce tribut aux préoccupations du goût moderne. Les Velches (l'artiste allemand appelle ainsi les Vénitiens) ravalaient aussi ses ouvrages, en disant
que ce n'était pas de l'antique; mais ils n'en étaient pas moins estimés

---

[1] Mémoires autographes publiés dans le *Cabinet de l'amateur* ; 1842, tom. I, pag. 499.
[2] Elles ont été soigneusement recueillies dans l'article de l'*Abecedario*, publié par MM. de Chennevières et de Montaiglon. Paris, Dumoulin, 1854.

du vieux Jean Bellin et copiés souvent. Durer avait visité l'Italie, du moins Venise et Bologne; il avait vu des ouvrages antiques et ils lui parurent même fort supérieurs à tout ce qui se faisait de son temps; il connut les estampes de Mantegna et reproduisit dans son Calvaire le saint Jean de *La Déposition au tombeau;* il vit plus tard, par des échanges de dessins et de gravures, par les importations faites en Flandre, certains ouvrages de Raphaël et de Michel-Ange, tels que les cartons des tapisseries apportées par Bernard Van Orley et une Vierge en albâtre envoyée à Bruges. Mais heureusement ces connaissances étrangères ne firent qu'effleurer son génie, qui est resté tudesque. Il eut des relations plus intimes avec les artistes flamands; il avait étudié à Bruges les précieux ouvrages des Van Eyck, Roger Van der Weyde, Hugo Van der Goes et Memling; il entretint des communications fréquentes avec Quentin Matsys et Lucas de Leyde; on a même attribué à l'influence de l'art flamand, les modifications que sa manière éprouva vers la fin, lorsqu'il devint graveur plus simple et plus harmonieux, moins sec et moins travaillé; mais, dans tout ce commerce il resta original : sans regretter chez lui les dons des autres, occupons-nous donc de ceux qu'il eut. Il étudia minutieusement la nature; il exprima énergiquement la passion; il eut une puissance extraordinaire de représentation. Le secret de son originalité est dans un mélange de précision et de grandeur, de réalité et d'idéal; ses figures formeront, tant que durera notre civilisation, un type de beauté que nul autre ne peut suppléer.

Albert Durer avait les principales qualités du dessinateur : richesse d'invention, science de composition, force d'expression, précision des formes, distribution des plans, agencement des draperies; Mariette n'en peut pas faire de plus grand éloge que de dire que les plus grands peintres, André del Sarto, le Pontorme, le Guide, ont fait à ses ouvrages des emprunts qui n'ont pas peu contribué à embellir leurs tableaux. On a constaté, par exemple, que dans la fresque de l'Aurore au palais Rospigliosi, le Guide avait emprunté plusieurs figures du *Char de Maximilien.* Toutes ces qualités furent servies par un burin qui, dans sa finesse et dans sa force, atteignit les limites de l'habileté. Ce burin, sans avoir précisément plusieurs manières, subit des modifications marquées.

J'ai admis, dans la notice de Wolgemuth, son maître, qu'il en avait
d'abord copié plusieurs pièces : c'était l'opinion d'Ottley. Mariette, qui
ne lui connaissait pas de maître, ne doutait pas non plus qu'il n'eût
commencé par des copies, principalement d'Israël Van Mecken. Depuis
que j'ai pu voir, au Cabinet de Berlin, les pièces signées W, ou Israël,
il m'a paru impossible que ce fussent là des originaux et des modèles
de Durer ; on ne peut les prendre que pour des copies, dont les négligences et les hésitations ont paru des signes de gothicisme et d'originalité.
Il n'y a rien d'étonnant, d'ailleurs, à voir Durer, à vingt-six ans, passé
maître et copié par de vieux graveurs qui faisaient métier de copistes.

Albert Durer avait terminé son apprentissage de graveur chez Wolgemuth dès 1490 ; pendant ses années de voyage, il avait visité Colmar et s'é-
tait marié en 1494. Dans ses premiers ouvrages, il a le travail sec et dur
des orfèvres, se rapprochant assez de Martin Schoen, qui paraît seul son
véritable prédécesseur. Son dessin est alors gothique, ses figures vulgaires. Après ses excursions en Italie et en Flandre, il eut le travail plus
agréable et plus varié, le dessin plus large et plus pur ; ses types prirent
alors aussi plus d'idéal et d'expression.

Quelques pièces de cette seconde époque, 1512-1516, sont d'un travail particulier, fait de coups de pointe plus rapides et plus pittoresques, obtenus sur des planches de fer ou d'étain, croit-on, et avec l'eau-
forte. Les Allemands s'en autorisent, pour croire que Durer a essayé ce
procédé plusieurs années avant le Parmesan ; il remonterait, suivant Christ
et Meerman, à Wolgemuth ; et M. Duchesne a cité une *Figure satyrique de
Rome*, au british-Museum, portant la marque W 1496, attribuée à Wen-
ceslas d'Olmutz, qui serait faite à l'eau-forte. Tout en montrant dans ces
essais la force et la dextérité de son exécution, Durer ne s'y arrêta pas ; ils
n'ont rien de commun d'ailleurs pour la manière, avec les eaux-fortes
pratiquées en Italie ; il semble plutôt que le graveur essayait d'obtenir avec
la pointe les effets des gravures sur bois, où il eut tant de succès. Mais
le travail de burin le plus fini ne refroidissait nullement son génie ; et
dans les pièces les plus accomplies de sa dernière époque, comme *Saint
Eustache*, où l'exécution a toute la patience et toute la pratique possibles,
où il lutte de finesse avec Lucas de Leyde, on le voit garder encore
sa naïveté d'expression et sa fleur d'originalité.

Les types de Durer sont de véritables créations ; le Christ, d'un âge mûr, d'un corps robuste, les traits accentués, les yeux chargés de leurs paupières et ombragés de cils épais, le front vaste, la chevelure abondante et ordonnée, est un composé puissant de réalité et de pensée ; l'expression en est calme, grande, pleine en même temps de douleurs et de misères. L'empreinte qui en est tracée sur *Le Sudarium de la Véronique porté par des anges*, restera comme un modèle auquel toutes les Écoles d'Italie n'ont rien de comparable. La Vierge est une bonne mère, à l'attitude grave, aux traits peu réguliers, souriant à l'enfant qu'elle tient pressé sur son sein ; elle est marquée toujours d'une majesté qu'on peut appeler bourgeoise dans son vêtement à la mode de 1503, beguin à cornes, robe à corsage étroit, et jupe en étoffe raide à plis amples et boudinés. Mais l'inspiration ne manque jamais à cette représentation naturelle ; la vie affectiv ect ma ternelle s'y développe avec une expression aussi profonde, sinon aussi céleste que dans les Vierges de Raphaël. Plus heureux aussi Durer, qui put en multiplier lui-même les images et les mettre dans toutes les mains ! On comprend le succès de ces estampes, qui rendaient d'une manière si vive les moments les plus touchants de la vie de Marie ; on en peut suivre toutes les phases dans les Vierges de Durer, depuis la figure précieuse de *La Vierge au chardonneret*, en 1503, jusqu'à *La Vierge couronnée par un ange*, en 1520, la plus forte expression de son burin.

Les reproches des critiques modernes s'adressent surtout aux figures nues de Durer ; il est certain, l'antique étant pris pour le beau, qu'elles ne sont point belles. *Vénus*, *Ève*, *Amymone*, *La Fortune*, ont les bras maigres, le ventre saillant, les jambes cagneuses ou arquées ; ce sont des formes prises sur le fait avec une finesse et une hardiesse rares, mais ayant trop d'accent, trop de goût de terroir, comme dit Mariette, pour être jamais recommandées dans une académie ; elles n'en ont pas moins une belle place dans l'histoire. M. Charles Blanc, dans une bonne Notice sur Albert Durer, semble lui faire un reproche de n'avoir pas su et de n'avoir pas dit où était le beau [1]. Il me paraît résulter de la lecture du livre *De Syme-*

---

[1] *Histoire des Peintres de toutes les Écoles*, accompagnée de gravures sur bois, in-4° ; Paris, Renouard, 1850.

tria partium, que Durer cherchait la beauté dans la diversité. Il voulait établir géométriquement les proportions les plus harmoniques dans des corps divers de dimension, d'âge, de constitution : le grand, le long, le gros, le trapu, le gracile, le gras, le maigre, le pesant, le léger, et leurs variétés infinies. Il ne plaçait pas le beau plutôt dans les uns que dans les autres, et laissait le goût de chacun choisir entre les extrêmes : « L'homme qui cherche le beau, dit-il, rencontre le multiple et le divers, et il y a plusieurs voies pour atteindre à la beauté. » Durer a entrevu l'accord et l'agrément de la nature jusque dans ses difformités, et il a deviné la beauté des diverses races. Il avait vu des corps d'Éthiopiens où la nature avait mis une telle convenance, une telle harmonie, qu'on ne pouvait, disait-il, rien concevoir d'aussi parfait.

Pour expliquer certains aperçus du livre des proportions en désaccord avec les exemples, on a supposé qu'Albert Durer pouvait avoir eu connaissance de quelque traité antique. Sans faire de supposition gratuite, il suffit d'admettre chez l'auteur la connaissance des principes et des pratiques de tradition chez les artistes gothiques, qui ne furent pas écrits et qui se perdirent, à la Renaissance, dans des acquisitions d'une autre portée. Albert Durer avait pour la géométrie la vénération traditionnelle des corporations de maçons ; il disait qu'en dehors de la géométrie il n'y avait pas de véritable artiste. Il en a fait, il est vrai, une application arbitraire, sans autre guide que son imagination ; mais la condition de son originalité est dans sa filiation gothique. Il s'est trompé dans la manière d'obtenir le beau divers ; malgré ses canons de sept à dix têtes de hauteur, ses machines de renflement et d'allongement de corps, il n'a jamais produit qu'un même type, mais son erreur est dans la nature même : un artiste, quelque grand qu'il soit, ne peut donner que le beau de son temps et de son pays.

Albert Durer étudia la nature à Nuremberg, du temps du puissant et romanesque empereur Maximilien, et la rendit d'une manière si vive, qu'elle ne s'efface plus de la mémoire une fois qu'on l'a connue ; cette manière constitua une beauté qui a longtemps dominé l'Allemagne où les artistes l'ont prise pour la nature même. Aujourd'hui encore, après un long oubli, cette beauté obtient sa renaissance. En regardant le Christ de Durer, on ne peut s'empêcher de penser au portrait même du graveur, qui a un si grand caractère : le front et les joues carrées, les yeux épais et doux, le nez accentué, la chevelure et la barbe arrangées avec noblesse. L'analogie est frappante, si l'on veut bien ne pas accepter le premier portrait venu parmi tous ceux qui en ont été faits, ni la figure de *L'Enfant prodigue*, qui a été arbitrairement affublée de ce titre, mais prendre une moyenne entre la tête jeune et élégante du portrait de Florence fait en 1498, et la tête vieillie du portrait sur bois de 1527, avec les armes parlantes de Durer, une porte ouverte, et la rapprocher de l'effigie du sudarium. On sait, du reste, que Durer était assez naïvement fier de sa beauté, et son historien Camerarius nous en a laissé une description fort naïve aussi, qu'on trouvera dans la notice que je citais tout-à-l'heure. Pour se rendre compte du type de Durer, on aurait à chercher dans la vie de l'artiste, que je n'ai point à faire ici, la physionomie des femmes qui l'entourèrent de plus près : sa mère Barbara qu'il peignit, les maîtresses de Maximilien à la cour duquel il fut appelé, Anne Jagellon, la femme de Ferdinand roi de Bohême, dont il fut le familier, les bonnes-mauvaises dont il parle dans ses lettres à son ami Pirkheimer, auprès desquelles il était doux et modeste, dit-il, et qui demandaient souvent de ses nouvelles quand il était à Venise. Il faudrait surtout chercher les véritables traits de sa femme Agnès Frey, qui était d'une beauté extraordinaire et d'un caractère violent et inquiet, dont la biographie de l'artiste est fort assombrie. Les portraits que j'en ai vus n'ont rien d'authentique ; je la retrouverais plutôt dans cette femme aux épaules chargées d'ailes de plomb, qu'il a intitulée *Melencolia*, l'œil sinistre, appuyant sa tête pensive sur son poing contracté, et assise au milieu d'attributs géométriques. C'est ainsi que l'imagination fantastique de l'artiste a représenté sans doute l'altière beauté qu'il appelait sa maîtresse de calcul, et qui pesa si tristement sur sa vie.

On n'aurait qu'une notion insuffisante du dessin d'Albert Durer, si on ne le considérait pas dans les gravures sur bois qui enrichissent son œuvre. Il est généralement reconnu aujourd'hui, qu'il n'en est pas lui-même le graveur ; leur nombre, l'inégalité de leur exécution, la patience manuelle qu'elles supposent, enfin des textes positifs indiquent qu'il confia à des manœuvres

la taille des bois sur lesquels il avait tracé ses dessins. JÉRÔME RESCH, tailleur
en bois et graveur de médailles, travaillant en 1516, est cité par un historien des artistes de Nuremberg, comme ayant gravé la plus grande partie
de ces bois et particulièrement *Le Char triomphal de Maximilien.* Cependant on ne saurait affirmer que Durer, en apprentissage chez Wolgemuth
au moment où ce peintre était déjà occupé des dessins de la Chronique
de Nuremberg, n'y ait pas appris toutes les pratiques de son atelier, et
qu'il n'ait pu mettre la main à quelques-unes des planches à sa marque,
les plus anciennes peut-être et les plus remarquables par la rapidité et
la maîtrise de l'exécution. Quoi qu'il en soit, il fit des dessins très-terminés
sur les planches de bois, de façon à diriger complètement le manouvrier,
et il en eut d'excellents : *L'Apocalypse* de 1498, *La Vie de la Vierge* de 1511
et plusieurs autres pièces isolées entre ces deux dates, toutes marquées de
son chiffre, inaugurent une ère dans la gravure en bois, dont il est bien
le créateur. La fécondité et l'énergie de sa manière paraissent avec plus de
liberté dans ses tailles larges, qui émancipent le métier monotone des xylo-
graphes et rendent tous les caprices du dessin à la plume.

Leur exécution a, du reste, satisfait les plus difficiles, et Mariette les
loue avec autant de goût que de savoir. C'est surtout par la richesse
et la nouveauté de la composition, que les dessins d'Albert Durer ont
donné l'essor à la gravure en bois. Au fatras de figures hébétées ou grimaçantes des Heures et des Bibles, il donne de l'ordonnance et de l'expression, au point d'en apprendre aux maîtres italiens, si riches de leur
propre fonds ; dans ce monde tout nouveau, si amusant et si savant,
il y a même quelquefois des créations plus belles et plus idéales que dans
les ouvrages au burin ; la crânerie du travail y prête peut-être ; mais
on ne saurait imaginer dans un bois plus de grandeur et de sentiment.
Cette manière eut de nombreux sectateurs, aussi bien parmi les dessinateurs que parmi les graveurs sur bois.

2. LE MAITRE A LA CRUCHE, qui a marqué quelques estampes au burin
d'un pot à une anse entre un L et un K, aux dates de 1516 et 1525, était,
à ce que l'on croit, d'une famille d'orfèvres du nom de Krug, cités par
Dolpelmayer comme travaillant à Nuremberg à la fin du XVe siècle, et

s'appelait LUDWIG KRUG. Sandrart et Heinecken l'ont suffisamment établi.
Selon Brulliot, qui s'appuie sur une note de M. de Jongh, ajoutée à la Vie
des peintres flamands de Van Mander, il faudrait donner ces estampes à un
flamand, Lucas Cornelis dit Cock, mais l'examen des pièces ne peut qu'appuyer la première opinion.

La manière de Krug est allemande, dans le goût sec et joli, quoique
tudesque, des sculpteurs de Nuremberg. Son *Christ de douleur* est
une figure aux membres grêles, respirant la pitié; sa *Madone sur
le croissant*, a une expression pieuse et une attitude qui ne manque
ni de majesté ni de grâce dans sa naïveté; elle s'approche de celle
d'Albert Durer, mais ne se confond pas avec elle, et reste moins
originale mais plus naïve. Dans *L'Adoration des rois et des bergers*, il
montre des physionomies pleines d'ingénuité, un burin aussi habile dans
les détails que dans l'effet général de la composition. Comme tous les
artistes gothiques, il traite le nu avec moins de bonheur, et ses *Deux Sorcières*, avec leurs formes à la fois grêles et rebondies, sont d'un modèle
trop singulièrement choisi dans le canon le plus gracile et le plus allongé
d'Albert Durer. On trouve encore le monogramme du Maître à la cruche
sur une estampe en bois, d'une taille assez pittoresque quoique propre;
elle représente *Adam et Ève*. La femme qu'il affectionna, de formes petites,
assez gracieuses, y ressort avec beaucoup d'art sur un fond ombré.

3. ALBERT ALTDORFER [1], de la petite ville d'Altdorf près de Landshut
en Bavière, vécut et travailla à Ratisbonne, où il était membre du Sénat
intérieur, architecte de la ville et peintre de grande réputation. Ses
tableaux ne le cèdent guère à ceux d'Albert Durer, dit Bartsch, mais il ne
l'a pas atteint dans la gravure. Par esprit d'antithèse, on a appelé le peintre de Ratisbonne le petit Albert; on l'a fait de plus élève du Maître de
Nuremberg, par cette habitude trop commune dans l'histoire des artistes de
tout donner aux riches, mais rien n'établit le fait; il connut certainement
les ouvrages de Durer, mais il connut aussi ceux de Marc-Antoine, car

---

[1] Né en 1475, suivant Zani, en 1488 suivant Bartsch, mort en 1536. Ses estampes portent
des dates de 1507 à 1519.

il en copia plusieurs pièces, et, quoique naturellement plus rapproché du
Maître allemand, il eut sa manière personnelle. J'aimerais mieux, s'il
fallait absolument lui trouver des accointances, les chercher dans Mair
de Landshut. Il eut, comme ce Maître bavarois, le type assez laid, les
formes tudesques, le goût des édifices gothiques dans ses estampes, et
nonobstant, beaucoup de mérite : son burin a de la finesse et de la fermeté,
sans la sécheresse ordinaire des Petits Maîtres, à la tête desquels on le
place quelquefois ; il garde dans ses ouvrages les plus travaillés, les effets
pittoresques de l'eau-forte ; il est obtus dans ses contours, pesant dans
ses draperies, mais ses têtes sont expressives et ses compositions con-
çues avec beaucoup d'intelligence et de sentiment.

Le Sauveur du monde, enfant, debout sur l'arc-en-ciel, vêtu d'une robe
flottante, tenant le globe et bénissant, est une figure pleine d'expression
et même de style, gravée dans une manière précieuse, mais en même
temps libre et pittoresque. La Vierge debout tenant l'enfant Jésus près du
berceau préparé par sainte Anne, montre mieux encore dans ses petites
dimensions, la qualité prédominante d'Altdorfer, l'effet et l'expression
dans la petitesse du burin. La Vierge assise dans un paysage, est d'un modèle absolument laid, avec un nez camus, que la liberté pittoresque du
burin n'autorisait pas ; mais les graveurs, particulièrement en Allemagne,
n'ont jamais eu les scrupules des peintres : c'est par là qu'ils amorcent
souvent les curieux ; ils ont pris la nature telle qu'elle est. Il rencontra
mal surtout dans ses modèles mythologiques qui pèchent souvent par la
correction ; il n'a représenté une Muse auprès d'Hercule, et La Courtisane
de Virgile à laquelle les Romains viennent allumer leur feu, qu'avec des
formes rustaudes. Le pays où travailla Altdorfer est-il pour quelque
chose dans ce mauvais choix ? je ne sais ; il m'a bien semblé que l'antique
métropole de la Bavière n'offrait pas au dessinateur les beaux modèles
qu'on trouve à Nuremberg ; mais je n'insiste pas, pour ne pas m'attirer
quelque affaire du côté du Danube.

Altdorfer fut plus distingué dans ses paysages enrichis de montagnes
crénelées et de sapins branchus, et dans les édifices romans ou ogivaux,
qu'il rend avec tout le pittoresque de leur style. Ces beaux motifs paraissent surtout dans les gravures en bois à son monogramme ; quel qu'en

soit le tailleur, elles indiquent un dessinateur hardi et cherchant l'effet, se rapprochant quelquefois de Durer par la vigueur des hachures, et quelquefois de Cranach par le hérissé du travail.

IX.

Lucas Cranach et les graveurs de la Saxe.

1. Lucas Sunders Cranach, *le Maître au dragon ailé et à l'écu de Saxe,* était d'une famille d'artistes vivant dans la petite ville de Kronack voisine de Leipzig, et il devint seul célèbre ; ses papiers établissent qu'il avait appris chez son père le dessin, *artem graphicam* [1]; contemporain d'Albert Durer, dont on peut croire que les exemples ne lui furent pas inutiles, il resta plus gothique. Ses tableaux, assez nombreux dans les musées de la Saxe, ont un caractère puéril, singulier et grimaçant, propre à effaroucher les goûts classiques, plus encore que ceux de Durer ; dans ces gravures, compositions plus libres et plus originales, il a montré mieux la fantaisie et la naïveté de sa manière. Ami intime de Luther, peintre en titre des Électeurs de Saxe, bourguemestre de Wittemberg, il fut l'artiste de la Réforme ; il consacra les figures de ses apôtres et de ses princes : la tête ronde de Martin Luther, sa femme Catherine Bora, Mélanchton au profil amaigri, Frédéric le Sage, qu'il représenta couronné par un ange. C'est lui qui composait les figures satiriques qui accompagnaient les pamphlets du réformateur saxon contre le pape [2].

Cranach a gravé quelques pièces au burin, mais sa manière capricieuse s'y accommodait mal ; un travail aigre y fait ressortir défavorablement les formes accentuées de ses figures. Il faut le juger surtout par ses pièces en bois, dans lesquelles il dépasse en verve tous les autres graveurs. On ne peut pas admettre sans doute qu'il ait lui-même

---

[1] *Lucas Cranach*, von Chr. Schuchardt ; Leipzig, 1851, in-12.

[2] Voy. au Cabinet de Dresde, *Une Prédication de Luther ;* d'un côté de la chaire les fidèles communient sous les deux espèces, de l'autre le pape est précipité en enfer.

taillé les bois ; leur nombre, la diversité du travail, prouvent qu'il eut plusieurs graveurs ; mais souvent il a si bien dessiné tous les traits nécessaires à l'effet, que la taille a été réduite à l'opération manuelle, dont il importe moins de rechercher l'auteur. Les plus intéressantes pièces de son œuvre sont toujours celles où le métier du *Formschneider* se cache le mieux, et néglige les pratiques difficiles des hachures croisées, des fonds réguliers, pour laisser paraître toute la soudaineté du dessin : sous ce rapport, les bois de Cranach sont plus satisfaisants encore que ceux de Durer ; la main du Maître y est plus immédiatement marquée.

Les types de Cranach sont petits et vulgaires ; son Christ, chétif et mal peigné, inspire la pitié jusqu'à l'exagération ; sa Vierge engoncée et camuse, exprime pourtant une tendresse profonde. Quant à la beauté en général, il la chercha beaucoup, non pas comme Durer dans les secrets de la géométrie, mais sur le naturel, ainsi qu'il paraît aux nombreux exemplaires de son modèle, qui s'étale sous les noms d'Ève ou de Vénus, dans tous les musées de l'Allemagne. Ce modèle se reproduit dans tous ses sujets mythologiques : *Le Jugement de Pâris*, *Vénus à côté de l'Amour*. Des yeux modernes n'y sauraient guère trouver que les grâces piquantes d'une laideron ; l'on en jugeait autrement en Saxe, vers 1510 ; les épaules déclives et les hanches élargies, constituaient un idéal fort goûté. Les Propos de table de Luther indiquent même que cet idéal était conforme à la pensée du réformateur, qui vante chez les femmes les cheveux tombant sur le dos, les seins petits et nerveux ; il remarque aussi la poitrine étroite et les hanches larges comme prouvant qu'elles ont moins d'entendement que les hommes et qu'elles doivent rester sédentaires dans leurs maisons. Mais il faut voir l'esprit plutôt que la ligne dans notre graveur. Nul autre ne saurait offrir des compositions plus fougueuses que *La Tentation de saint Antoine*, où le pauvre ermite est enlevé par tous les démons du genre coléoptère, et *Le Repos en Égypte*, où des anges exécutent un branle autour de la Sainte famille. Si cet esprit a une touche bouffonne, c'est un trait de plus à ajouter à la physionomie de la Renaissance et de la réformation saxonne, où les meilleures armes contre la superstition et l'ignorance étaient toujours l'ironie et la satire.

Cranach, qui vécut jusqu'en 1553, fournit des dessins aux graveurs en bois de Wittemberg : les *Passionales*, les *Apocalypses*, les *Enchiridion* et les *Hortuli* selon la nouvelle liturgie, publiés par les libraires George Rhau, Jean Lufft, sont décorés de frontispices et de vignettes qui rendent sa manière dans des tailles inégales mais expressives. Ces gravures se distinguent souvent par la crudité des représentations bibliques, et il est impossible de ne pas y reconnaître des intentions de secte ou du moins des brusqueries de caractère, quand on les compare avec les gravures de Nuremberg et d'Augsbourg, où florissait une autre École, que l'on pourrait nommer l'École impériale. L'École luthérienne, on peut bien donner ce nom à celle de Cranach, sans briller du même éclat, eut aussi sa lignée.

Cranach est aussi considéré comme un graveur en clair-obscur. Plusieurs de ses estampes, *Saint Christophe*, *Vénus*, etc., sont tirées sur des fonds jaunâtres et verts, avec des rehauts de blanc semés d'une manière piquante ; en prenant même pour bien appliquée la date de 1506, qui s'y rencontre, on devrait les considérer comme les plus anciens essais dans ce genre. De bons connaisseurs inclinent à croire que ces clairs-obscurs, comme beaucoup d'autres du même temps, sont postérieurs à la date écrite : cette date appartiendrait aux bois, tirés d'abord à une seule teinte en noir, auxquels des éditeurs ajoutèrent plus tard une autre teinte et des rehauts ; cependant, on voit parmi ces estampes des épreuves si nettes, qu'il est difficile de supposer un long tirage antérieur, et les éditeurs ne sont pas sujets généralement à antidater leurs publications ; il y a donc lieu de douter.

2 LE MAITRE AUX INITIALES H L ou H I L sur une tablette fichée, séparées par un F, traversées ou soulignées d'un style, a laissé, sous cette seule enseigne, un certain nombre de pièces datées de 1522 à 1533, que leur manière distingue des estampes à monogramme analogue, appartenant à Lautensack, à Luczelburger, et que leur mérite doit recommander vivement aux chercheurs d'inconnues. Cette manière est recherchée, forte, aigre quelquefois, mais habile et originale, d'un dessin volontiers extravagant et d'une gravure savante mais sans mesure. On y voit *L'Homme de douleurs, couronné de feuillages épineux*, avec des membres mamelonnés,

des jambes tendues et la face plutôt d'un triton que d'un Dieu; *Saint George victorieux du dragon*, la tête empanachée et dans le plus bizarre accoutrement; *Saint Pierre*, d'une stature toute déjetée, cheminant sur des rochers, le manteau enflé par tous les vents, et appuyé sur sa clef comme sur un bâton. Mais l'artiste n'est pas toujours aussi excentrique; dans de petites scènes de la Bible, gravées en double médaillon sur chaque planche, et dans de petits sujets profanes, il montre de l'invention, de l'expression et le développement intéressant d'un talent qui a sa sève, intelligent déjà dans ses ouvrages rudimentaires, et qui dans quelques pièces ne le cède à aucun Petit Maître. *L'Amour en rut*, sur un globe voguant dans une pièce d'eau remplie de nageurs et de nageuses, est un petit chef-d'œuvre de burin.

A l'adresse dans les ornements, comme à la dureté de l'œil, on croirait volontiers que le Maître H L était orfèvre. Le pays qui lui convient le mieux est la Saxe; Wittemberg, où les idées réformatrices portèrent à la tête des artistes, fut pour les allemands, comme Parme pour les italiens, l'école du mouvement et de l'effet; Nuremberg représentant, toute différence gardée, la Rome des Écoles allemandes.

3. Hans Brosamer, travaillant à Erfurt et à Fulde en Thuringe, de 1537 à 1554, tient à l'École saxonne par la recherche assez fantasque de ses types, et aux Petits Maîtres par la gentillesse de plusieurs compositions; mais c'est un dessinateur timide, fort éloigné de l'originalité de Cranach, et un graveur pesant, fort inférieur à l'esprit d'Alde-Grave avec qui Hubert voulait le comparer; ce fut, du reste, un éclectique portraitant Martin Luther et l'abbé de Fulde. Son Christ est déjà tout de pratique; sa Vierge, d'une expression triste, paraît accablée sous un pesant manteau; *Adam et Ève* ne présentent qu'une expression niaise et une nudité crue. Le soin extrême de travail qu'on y remarque, n'arrive pas à leur donner la distinction qui manque. Le maître obtient plus d'agrément dans de petits sujets de mythologie et de mœurs: *Le Jugement de Pâris*, *Le Baiser*, où, à défaut de mieux, on trouve des expressions mignardes et de curieux ajustements.

Brosamer travailla beaucoup pour la gravure en bois. Son monogramme

se rencontre dans les bibles de Wittemberg et de Francfort, de 1550 à
1560, sur des planches très-variées, qui ne sont guère que des copies
de Cranach, d'Albert Durer ou de Holbein. Il n'en est guère que le
dessinateur, comme on peut le reconnaître aux autres monogrammes qui
sont marqués sur ces planches, souvent accompagnés d'un canif, signe
ordinaire du tailleur de bois; mais ce canif se trouvant aussi au-dessous
de ses initiales, et son nom entier étant même écrit avec la qualification
de *Formschneider zu Erfurt*, on peut être certain qu'il a aussi quelquefois
pratiqué la gravure en bois, où il n'a pas plus d'originalité que dans
la gravure au burin.

4. MELCHIOR LORCK, de Flensbourg, dans le duché de Holstein, le
plus septentrional des artistes que nous ayons encore rencontrés, montre
dans sa biographie plus de parade et d'agitation que n'en ont d'ordinaire nos
modestes graveurs. Peintre, antiquaire, courtisan de l'empereur Ferdinand I⁰ʳ, et son ambassadeur auprès du sultan Soliman, il travailla, depuis
1545 jusqu'en 1582, à Leipsig et à Vienne, et voyagea en Hollande, en
France, en Italie; il rompit, comme on peut croire, le cercle des types
où se renfermait l'École allemande. Dessinateur sec et buriniste précieux,
il tient par là aux graveurs de la Saxe.

Aux débuts, il montre ses tendances dans *Le Portrait du docteur
Martin Luther* écrivant devant un pupitre, et dans les caricatures contre
Rome, qu'il faisait à 18 ans. On connaît *Le Basilic en tiare;* j'en citerai
une autre plus importante parce qu'elle n'est pas décrite, et qu'elle
est exécutée avec plus de talent et d'esprit qu'on n'en mettait d'ordinaire
dans des pièces qui s'adressaient plutôt aux passions qu'au goût des
curieux : *Le Pape*, figure hybride et gigantesque, affublée des attributs
pontificaux, vomissant des reptiles par toutes les issues, se dressant au
milieu des flammes où nage la foule cléricale. L'estampe porte le chiffre de
Lorck, l'année 1545, et plusieurs citations de Luther.

L'œuvre au burin de Melchior Lorck n'a qu'un petit nombre de pièces, études plutôt que compositions suivies, entre lesquelles on cite
surtout la figure michelangesque de *L'Homme au tronc d'arbre*, gravée avec un modelé si fin ; mais il se distingue par des portraits faits avec

plus de douceur, de force et d'expression à la fois, qu'on n'en trouve chez la plupart des portraitistes. On a fait des œuvres plus magistrales ou plus finies, on ne saurait donner plus de modelé à des têtes qu'on dirait photographiées ; le burin de Lorck prend là une solidité et un moelleux que je n'ai rencontrés dans aucun des sujets qu'il a traités.

Il a laissé de nombreux ouvrages sur bois, et il y en a de si bien exécutés, qu'on a pu lui en attribuer aussi la gravure. Jackson cite particulièrement *Une Dame en habit de gala*, estampe marginale d'une pièce de vers de Hans Sachs imprimée en 1551, que je n'ai pas vue. J'ai le regret de ne pas connaître non plus *Le Déluge universel*, estampe en deux feuilles que Hubert appelle prodigieuse [1] ; *La Déesse Ops* est une figure toute magistrale, faite sans doute à Rome, comme les derniers et les plus beaux portraits du Maître, et dans cette manière grandiose où les artistes de toutes les Écoles venaient confondre alors leurs manières locales. On grava en Allemagne, même après la mort de Lorck, beaucoup de bois sur les dessins qu'il avait rapportés de ses voyages ; mais ils sont en général trop pauvrement taillés pour rien ajouter à ce qu'on sait du mérite supérieur de l'artiste.

X.

Les Petits Maîtres de Nuremberg.

1. La Renaissance eut à Nuremberg de vaillants artistes, particulièrement dans la sculpture glorieuse des ouvrages d'Adam Kraft, de Peter Vischer, de Veit Stoss, mais toujours ces artistes eurent un caractère marqué de petitesse ; la gravure, malgré la portée exceptionnelle d'Albert Durer, devait suivre les mêmes tendances. C'est à bon droit, pour la dimension de leurs estampes aussi bien que pour les habitudes de leur style, et nonobstant leur mérite, que le nom de Petits Maîtres est

[1] *Catalogue Winckler.* Zani soupçonnait que la pièce citée ici par Hubert, n'était autre que *Le Déluge* d'après Titien, estampe anonyme, copiée ensuite par Andreani ; cependant Jackson la donne encore à Lorck.

donné aux graveurs de Nuremberg qui, venus après Durer, eurent pour rôle principal de vulgariser son type et d'en répandre la monnaie.

BARTHELEMI BEHAM, peintre de mérite, quoiqu'il n'y ait rien d'italien dans ses tableaux, grava à Nuremberg, de 1520 à 1535, avec une grande distinction. Inventif dans ses compositions, correct, choisi même quelquefois dans son dessin, il montre une grande habileté et une grande finesse de burin, bien que ses tailles ne soient pas d'une régularité minutieuse. Cette habileté toute magistrale a fait croire à son éducation italienne, et a donné crédit à la version de Sandrart, dont j'ai parlé. Il est, selon Mariette, le plus habile des Petits Maîtres, et l'on ne s'aperçoit presque pas, dit-il, à sa manière qu'il fut allemand. Zani va jusqu'à l'appeler le Marc-Antoine de l'Allemagne. Bartsch, qui ne pouvait se dissimuler le rapport immédiat de ses estampes avec celles des autres graveurs de Nuremberg, et qui pourtant ne voulait pas repousser une assertion flatteuse pour les allemands, a conjecturé que Beham avait dû aller en Italie deux fois, avant 1520 [1] et après 1535. On n'en a pourtant aucune trace. Vasari ne nomme pas Beham à côté des artistes qu'il désigne par les initiales G. P. et I. B., parmi les imitateurs d'Albert Durer. L'inspection de son œuvre témoigne d'un peu plus de choix dans le dessin, de formes moins maigres, d'expressions plus sérieuses que chez la plupart de ses compatriotes; mais il n'y a aucun rapport direct avec l'École italienne, si ce n'est le fait que j'ai cité. Augustin Vénitien a copié de lui les portraits de Charles V et de Ferdinand; mais ici, dans un genre où la réalité veut être servie par le burin le plus précis, c'est l'Allemagne qui donne des leçons à l'Italie.

Les types de Beham sont pris d'ailleurs dans la nature allemande. Ses Vierges, figures replètes, aux vêtements étoffés et actuels, ont des gestes vrais, des attitudes heureuses mais non grandes, une expression sérieuse mais non idéale. *La Vierge assise à une fenêtre* est peut-être la plus poétique de ses créations. Dans le nu, où le maître a laissé beaucoup d'études pleines de distinction, on retrouve le même fond allemand : qu'il prenne des

---

[1] Il est né en 1496, suivant Zani, Wagen, etc., et mort en 1540.

sujets dans la Bible, *Ève*, *Judith*; dans la mythologie, *Les Déesses devant Pâris*, *Daphné*, *Flora*; dans l'histoire, *Lucrèce*, *Cléopâtre*; ou dans sa fantaisie, *Les Baigneuses*, *Les Sorcières*, ce sont toujours des figures aux formes courtes et replètes, où le goût de l'artiste tempère seul la crudité de la nature et les données locales.

2. SEBALD BEHAM, neveu et élève de Barthélemi, travaillant à Nuremberg et à Francfort, de 1519 à 1549, suivit la manière de son Maître, le copiant souvent, le vulgarisant et le rapetissant. Graveur plus fécond, plus régulier et plus joli, il est moins original, bien qu'il fût aussi peintre. Il a fait, lui aussi, une madone très-étoffée de corps, aussi bien que d'habits, et il en a fait une figure d'un agrément entièrement mondain. Pour représenter la Religion, il a imaginé une femme portant les ailes de la Victoire, la couronne étoilée, le sceptre cruciforme, tenant un cœur surmonté de la lumière éternelle et écrasant le démon; il lui a donné des traits qui veulent être expressifs et qui ne sont que bizarres.

On chercherait en vain, dans les innombrables sujets de sainteté, de mythologie, d'allégorie ou d'histoire qu'il a traités, quelque figure distinguée autrement que par la singulière netteté de son burin. Il y a peu de souci de la vérité locale, ce qui lui est commun avec tous ses contemporains, et de plus, oubli des plus simples convenances, comme dans *La Chasteté de Joseph*, *Le Meurtre de Judith*, et dans beaucoup d'autres sujets de fantaisie : cette licence de l'artiste, qui avait trouvé des exemples dans l'œuvre de son Maître, est peut-être la seule cause de la biographie peu honorable que lui a composée Sandrart. Pour s'en tenir à ce qui regarde le dessinateur, on le voit, moins choisi que Barthélemi Beham dans ses modèles, représenter plus volontiers la femme puissante, *crassula*, *valentula et agrestis*, des canons d'Albert Durer. Mieux disposé pour les sujets vulgaires, Sébald Beham a rendu aussi avec une gentillesse toute particulière, les noces de village, les danses et les gogailles des paysans. Dans ce genre, où tant de graveurs le suivront, en Allemagne et surtout en Flandre, il est même primesautier; je ne connais pas avant lui d'artiste qui ait mieux exprimé avec son burin, la finesse basse et le geste rustaud. Il en faut conclure, non pas comme Sandrart, qu'il fut un ivrogne, mais tout au plus qu'il ne fréquenta pas les cours; il n'a pas laissé, comme son maître, de portraits des grands personnages de son temps, mais son œuvre est assez considérable (deux cent soixante-dix pièces sur cuivre et presque autant sur bois) pour faire de lui un artiste des plus laborieux, passant certainement plus de temps dans son atelier qu'au cabaret.

Il a été suffisamment apprécié comme graveur par Mariette, qui distingue les modifications apportées à sa manière, toujours très-allemande, mais en premier lieu, sèche; ensuite, plus empâtée et de meilleur goût; enfin, froide et appesantie par la régularité du travail. On peut regretter cependant que cet excellent homme ait accepté sans contrôle la biographie de Sandrart. Pour s'assurer que la seconde partie de la vie de Beham fut aussi bien employée que la première, il n'y avait qu'à considérer encore le grand nombre de pièces en bois qui portent son monogramme : Livre à dessiner, Bible, Suites de l'ancien et du nouveau testament, Pièces historiques, et toutes sortes de sujets, publiés la plupart à Francfort, ce n'est point là l'œuvre d'un cabaretier. Ces planches ont des tailles assez différentes et dénotent souvent une si grande facilité du métier, qu'on doit penser qu'il n'en a fourni que le dessin. Les tailleurs de bois s'étaient si fort multipliés vers le milieu du XVIᵉ siècle et avaient acquis une si grande pratique, qu'il devient bien difficile de les suivre dans les originaux sur lesquels ils travaillaient. J'avoue que la marque est souvent le seul point où j'ai pu retrouver l'artiste dont il est ici question ; or, on sait que cette marque n'est souvent qu'un leurre.

3. JACOB BINCK, de Cologne, célébré dans la galerie de Lampsonius comme peintre et comme graveur, désigné sous les initiales I B, par Vasari, qui s'émerveille de la petitesse de ses estampes, est le plus mal connu des Petits Maîtres, et Bartsch n'est point parvenu à élucider sa notice, en lui attribuant seulement les pièces marquées I c B, pour donner à un anonyme les pièces marquées I B. Il paraît avoir travaillé à Nuremberg, puis à Rome; on sait, par un document publié par Barstch, qu'il était à Copenhague en 1526, peintre du roi de Danemarck, et qu'il se retira ensuite à Kœnigsberg, à la cour du roi de Prusse, où il mourut, vers 1560.

Si l'on acceptait même une estampe citée par Brulliot : *Mostra della Giostro fatta nel Teatro di Palazzo.... di Pio 4°*, publiée par Lafrery, avec le monogramme I c B, il aurait séjourné encore à Rome après 1559. Cette vie errante comporte un œuvre disparate ; l'inégalité se fait voir même dans les seules pièces à la marque I c B, et je ne vois pas de raison suffisante pour en séparer les pièces à la marque I B, qui ne font qu'ajouter à la preuve d'un fait déjà marqué par les premières : le changement de manière du Maître. Je m'en tiendrai donc, jusqu'à nouveau document, au parti pris par Mariette et par Huber, avec cette réserve que, dans les estampes à la marque ordinaire de Binck, il y en a de si pauvres, qu'on ne saurait les imputer à un artiste de mérite, même en acceptant l'opinion de Mariette, qui y trouvait les commencements du graveur. La part des imitateurs et des contrefacteurs doit toujours être faite dans la revue de l'œuvre d'un graveur.

Dessinateur moins sûr, graveur moins habile que Sébald Beham, Binck a une manière dont j'ai peine à saisir le côté positif dans la variété de ses allures. Il s'essaya d'après plusieurs maîtres allemands et italiens : Schoen, dont il copia *Le Calvaire* ; Albert Durer et Sébald Beham, d'après lesquels il fit *Adam et Ève*, *La Vierge couronnée par deux anges*, etc. Il copia *Le Massacre des innocents* de Marc-Antoine (sans le chicot), dans les mêmes dimensions et d'une manière tout-à-fait semblable au Maître, selon Zani ; il reproduisit enfin *Les Divinités* de Caraglio, dont Mariette a fait l'éloge. Dans ces copies, toujours assez fidèle au Maître qu'il traduit, il montre tantôt de la sécheresse et de la finesse, tantôt de la largeur et de la fermeté. Dans les pièces qui lui appartiennent davantage, comme *Le Christ et la Samaritaine*, *La Vierge adorant l'enfant Jésus*, *La Vierge sur un trône à dais italien, entourée d'anges*, *Le Christ tenant dans ses mains l'évangile, et le globe à ses pieds*, toutes marquées du monogramme I c B, je trouve le goût propre aux allemands, des formes plus abondantes que choisies, et des expressions plutôt vulgaires qu'élevées, avec un travail toujours varié. Une des plus jolies, *Bethsabée* qui se baigne à la fontaine d'un courtil orné d'édifices dans le goût de la Renaissance allemande, a même des figures d'une expression mignarde. *La Vierge allaitant l'enfant Jésus*, sur un trône orné d'un dais en coquille, de volutes et de vases dans

le goût italien, est d'une beauté peu réussie, malgré quelque intention
de grandeur. On voit qu'il n'est pas besoin, pour trouver le fond très-
décidément allemand de Binck, de s'attacher aux figures de lansquenets
et de paysans, qu'il a gravées en grand nombre avec la propreté ordinaire
aux Petits Maîtres. Binck était un grand peintre de portraits, et il en grava
plusieurs, pris dans divers pays, avec la précision et l'accent d'un
maître allemand : François Ier, Luther, Luc Gassel, Christiern II. Les pièces
où se montre le mieux une manière italianisée, sont celles à la marque I B.
Il paraîtrait donc avoir pris ces lettres en Italie ; cependant Brulliot cite des
portraits peints, de 1521, où elles se trouvent. *L'Emblème d'un cœur ver-
tueux*, *Vénus marchant entre les signes de la Balance et du Taureau*, offrent
des figures où le dessin, naturellement ferme et correct de l'artiste, prend
du style et même de l'expression italienne, sans cesser d'être allemand par
la fermeté du contour et l'épaississement des formes.

Ainsi considéré, Binck est donc un Petit Maître tournant plus que les
autres le dos à l'École de Nuremberg, modifié par l'influence italienne,
sans être pour cela l'élève immédiat de Marc-Antoine, comme l'a fait
Sandrart ; ses pièces allemandes portant les dates de 1525 à 1529, ses
pièces italiennes celles de 1529 à 1530, il n'a été à Rome qu'après le
siége, alors que l'École de Marc-Antoine était dissoute.

4. GEORGE PENCZ [1], peintre de Nuremberg, élève d'Albert Durer, cité
par Vasari comme imitateur de sa manière dans la gravure, a montré,
dans beaucoup d'estampes, l'invention, le naturel, la propreté des Petits
Maîtres ; il s'en distingue dans d'autres, par sa composition plus grande
et l'expression plus noble de ses figures. On en peut conclure certainement
qu'il alla étudier en Italie. Est-ce une raison pour en faire un élève de

---

[1] Il s'appelait bien *Georgius*, ainsi qu'on le lit sur l'estampe de *La Prise de Carthage*, d'après
Jules Romain 1549, et non Gregorius, comme on l'appelle souvent ; je le propose dans un autre
endroit comme étant le peintre désigné par Borbonius sous le nom de Georgius Reperdius.
Cependant ce Zeuxis de Lyon, interprété Reverdino par M. Sotzman, rapproché du Maître de
Lyon J. G., inconnu, mais gravant quelques pièces analogues à celles de Reverdino, me paraît
être encore un rébus indéchiffrable. Voy. plus haut Reverdino.

Raphaël et de Marc-Antoine? Mariette retrouvait dans son œuvre quelque
chose de la manière de Raphaël et des meilleurs Maîtres, Giorgion entre
autres, et en conjecturait qu'il était passé à Venise. On ne connaît pas précisément l'année de sa naissance, placée ordinairement entre 1500 et 1510;
mais ses estampes ne portent de dates que de 1537 à 1547, et cela nous
rejette loin déjà de l'École de Marc-Antoine, où Bartsch veut encore
qu'il ait travaillé. Pour en finir avec le récit de Sandrart, on peut
admettre que Pencz et Binck, dans leur séjour en Italie, qui n'eut lieu qu'a-
près le sac de Rome, ont beaucoup profité des gravures de Marc-Antoine,
au point même de supporter dans certaines de leurs estampes la confron-
tation avec les ouvrages du Maître : on peut conjecturer de plus qu'ils
furent employés par les marchands de Rome à faire quelques-unes de ces
copies trompeuses et anonymes que signalent tous les catalogues et dont
on ne connaîtra jamais les véritables auteurs ; mais cela ne fait pas qu'ils
n'appartiennent bien à leur école indigène.

Deux parts peuvent être faites des estampes de Pencz : l'une, des pièces
empreintes de germanisme et souvent de trivialité ; l'autre, des pièces plus
savantes et d'un style plus relevé. Son dessin a toujours été d'ailleurs
très-correct, et son burin plus large et plus moelleux que celui des autres
Petits Maîtres. Dans la première manière, si l'on a de l'indulgence pour
les formes replètes et les compositions naïves, on trouvera beaucoup à
louer. L'estampe de *Jésus faisant venir à lui les petits enfants*, dont
on ne peut méconnaître la composition tout allemande, est pleine de
détails heureux ; la mère agenouillée devant le Christ, lui tendant sur un
coussin son dernier né, en se retournant pour amener l'autre qui se hâte
sur son cheval de bois, est d'une attitude superbe ; quelques-uns la trouveront raphaélesque, parce que Raphaël est devenu synonyme de noble
et de vrai ; mais je crois que Pencz l'avait naturellement trouvée. Il y a
dans son œuvre beaucoup de femmes bibliques et historiques ; ce sont des
modèles d'une beauté forte et massive, dépourvus d'élégance et d'expression, bien que pris dans la nature italienne. L'influence ultramontaine
a pris beaucoup plus de distinction dans les compositions allégoriques
des *Triomphes* qui ont surtout recommandé le nom de Pencz. On y trouve
les lignes, les airs de tête et les costumes des Écoles italiennes, et des

réminiscences directes de Maîtres vénitiens, qui viennent à l'appui de l'opinion de Mariette. Venise, toujours plus que Rome, a prêté de son fonds aux maîtres allemands.

5. HENRI ALDE-GRAVE, de Soest en Westphalie, vint à Nuremberg, où il travailla en 1522, et ne quitta cette ville que pour revenir dans son pays, où il cessa de travailler en 1555. « Il n'y a aucun graveur, dit Mariette, qui ait si bien imité la manière d'Albert Durer; il ne lui manque qu'un meilleur goût de draperies. » C'est, avec Sébald Beham, le plus déterminé des Petits Maîtres, mettant tous ses soins aux plus petites pièces, et gravant pour les imagiers, les curieux et les orfèvres, une multitude de sujets avec toute la gentillesse, la propreté et le relief désirables.

Ses types ne sont que ceux d'Albert Durer en diminutif : un Christ, de vénérabilité pratique, à longue barbe et à long manteau ; une Vierge, d'un costume cossu et d'une expression minaudière. Dans les figures nues principalement, il tombe dans l'affectation ; mais je n'insisterai pas davantage sur des estampes d'un succès si répandu.

Ce n'est pas seulement par la dimension que les Petits Maîtres réduisent le chef de l'École de Nuremberg ; on peut les voir, même avant 1528, année de sa mort, livrer ses types à toutes les minuties du burin, à tous les enfantillages de la composition; les graveurs en bois ont mieux compris sa grandeur et sa puissance ; mais, dans leur domaine, les Petits Maîtres nous offrent aussi une peinture animée de la société de leur temps. Moins officiels que les graveurs en bois et moins occupés des diètes d'électeurs, des prédications protestantes et des marches militaires de la ville impériale, ils travaillent pour le foyer domestique, montrant à sa curiosité, sous l'objectif de leur microscope, toutes les marionnettes de la mythologie et de l'histoire, toutes les divinités de l'imagination. Plus attentifs aux mœurs familières, observateurs du peuple qui, dans ce temps de révoltes et de sectes, fait aussi beaucoup parler de lui, ils emploient dans l'art, les types, les gestes, les costumes des paysans. Si tout ce microcosme se dessine dans leurs estampes avec des saillies de talent que l'Allemagne ne retrouvera plus, avec un esprit de liberté que les mœurs modernes ne comportent pas, c'est que la Renaissance, à Nuremberg comme à Rome, est une de ces heureuses époques d'expansion qui ne se renouvellent qu'à de longs intervalles.

XI.

Les graveurs sur bois à Augsbourg et à Nuremberg.

1. HANS BURGMAIR, peintre d'Augsbourg en Souabe, contemporain et ami d'Albert Durer, avait séjourné en Italie, à Venise probablement, où se rendaient alors de préférence les artistes allemands, et il prit quelque teinture du style des maîtres qui y florissaient, Mantegna et Jean Bellin ; ses tableaux en portent les traces. Dans la gravure, qu'il pratiqua assidûment, nous lui trouverons une manière foncièrement tudesque, modifiée ensuite par quelques emprunts italiens, et se distinguant, principalement par ces emprunts, des manières des graveurs de la Saxe, de la Franconie et de l'Alsace.

Le baron Rumohr a remarqué le goût italien des motifs d'architecture qui se rencontrent quelquefois dans les gravures de Burgmair ; et en les comparant avec les ornements des livres vénitiens, il conjecturait que l'artiste allemand, dont le nom ne se rencontrait point dans les archives d'Augsbourg de 1498 à 1506, avait été, pendant son séjour à Venise, employé aux gravures des livres, principalement par Alde Manuce. En examinant même les gravures de l'*Hypnerotomachia* de 1499, il s'était persuadé que la lettre b qu'on y rencontre pouvait indiquer Burgmair, et il trouvait aux figures de ce livre une analogie avec celles de certaines planches du *Wiess Kunig*, particulièrement reconnaissable à la flaccidité des chairs, qui est le vice propre de Burgmair dans tous ses ouvrages, et qui n'a jamais été certainement usitée par les peintres italiens[1] ; le rapprochement me paraît forcé. Nous avons vu que les figures de l'Hypnérotomachie sont bien italiennes, les graveurs de l'École de Mantegna

---

[1] Lettera del barone de Rumohr : *Memorie originali italiane risguardanti le belle arti;* série II, pag. 135, 1841.

ne sont nullement ennemis de la flaccidité des chairs; et les gravures que nous allons voir, tant des premiers que des derniers ouvrages de Burgmair, réduisent à de plus étroites proportions ses rapports avec l'Italie.

On trouve des gravures en bois à la marque de Burgmair, depuis 1506 jusqu'en 1530; il n'y eut que la part ordinaire du dessinateur, laissant à d'autres mains la manœuvre de la taille. JOBST DE NEGKER d'Augsbourg, est, entre plusieurs autres, le *Formschneider* de ses bois, et il les a quelquefois signés de ses initiales ou de son nom en toutes lettres à côté de la marque du dessinateur. Dans la plupart de ces gravures, son dessin est moins correct et son style moins sévère que celui de Durer; il est plus petit dans ses expressions, plus tourmenté dans ses attitudes, partant, d'un aspect plus gothique, et on peut croire ces ouvrages antérieurs au voyage en Italie. Le Christ est d'une expression piteuse, la Vierge richement attifée à la mode allemande. Ses compositions sont aussi fort inférieures en invention et en verve à celles de Durer et de Cranach, mais elles se font remarquer par leur décence, même dans les sujets scabreux, comme dans *Bethsabée, Le Jardin d'amour*. Il a traité d'ailleurs fort peu de sujets nus, il était sans doute catholique; c'est un point à noter dans l'étude de l'École d'Augsbourg. On cite de lui deux ou trois pièces à l'eau-forte ou au burin : *La Madone à la palme*, essai dans le goût des pièces à la pointe de Durer ; *Vénus et Mercure,* d'un travail pittoresque quoique gros, où le type n'échappe point aux modèles tudesques que nous avons déjà vus; mais dans d'autres pièces, les figures de Burgmair prennent une tournure différente.

Je ne connais point *La Vierge* de 1507, citée par Rumohr comme rappelant les madones d'Antonello et de Jean Bellin ; mais je citerai *La Mort surprenant un jeune couple;* ces figures, d'un mouvement, d'une grandeur et d'un effet inconnus à l'Allemagne et aux premières pièces du Maître, attestent une accointance italienne mieux encore que le costume et le fond vénitien que l'on y a remarqués. Cette estampe est en clair-obscur et Burgmair se distingue encore par là des graveurs en bois allemands. Le baron Rumohr suppose qu'il a eu connaissance à Venise de la manière de Ugo da Carpi, et qu'il l'a importée à Augsbourg, où les artistes, plus habiles que les italiens dans le mécanisme des presses, ont pu mettre en pratique l'impression des estampes à plusieurs planches, avant même que Ugo ne fût en état de publier son procédé. On a vu plus haut la date et la manière des clairs-obscurs de Ugo ; Burgmair en a de 1511, antérieurs, par conséquent, de quelques années ; mais le travail en est si différent, si bien adapté à la manière des bois allemands et à l'imitation des dessins à la plume, qu'il est inutile de supposer une relation des uns aux autres. *Le Portrait de Jules II*, daté de 1511, fait en Italie, selon Rumohr, d'après un médaillon de Francia, *La Vierge et l'enfant Jésus entourés d'anges*, et les autres estampes de Burgmair à deux ou trois planches, sont des tailles de bois ordinaires, enrichies de fonds variés, rehaussées de hachures en blanc, maigres, détachées, distribuées avec beaucoup d'adresse, mais sans effet d'ensemble ; l'habileté mécanique y est grande, le sentiment pittoresque nul ; le dessinateur y est pour peu de chose, tout au plus pour l'indication des traits au crayon blanc sur son dessin à la plume ; aussi paraît-il que, dans bien des cas, les secondes et les troisièmes planches, portant les rehauts, ont été ajoutées à des estampes simples, postérieurement et après que la mode des clairs-obscurs se fut répandue. C'est ainsi que se présentent plusieurs pièces aux marques d'Albert Durer, de Cranach et d'autres, avec des dates qui ne sont nullement celles du tirage nouveau en clair-obscur.

2. HANS SCHAUFLEIN, *le Maître à la pelle*, peintre à Nuremberg, ensuite à Nordlingen, en Souabe, plus jeune que Durer et passant pour son élève, a marqué de son monogramme parlant, une pelle avec ses initiales, plusieurs gravures en bois isolées et un grand nombre de planches pour les livres de 1510 à 1535, dont il ne fit probablement que le dessin. Il y paraît travaillant plus négligemment et dans un style plus petit que Burgmair, chiffonnant ses draperies, découpant ses feuillages, plus attentif aux costumes et aux accessoires qu'aux expressions de ses figures. Il eut affaire à des graveurs inégaux ; ses planches présentent des tailles tantôt baveuses et empâtées, tantôt sèches et plates ; mais, à le juger sur les meilleures, il ne manqua pas d'esprit

dans ses compositions et de prestesse dans sa plume. *L'Annonciation*, *La Résurrection de Lazare*, *Sainte Véronique* dans un cadre cintré, entourée d'anges se jouant dans les feuillages, présentent des figures accentuées, des arrangements pittoresques ; *L'Opération chirurgicale*, *Le Triomphe des femmes sur les sots*, en quatre feuilles, offrent des sujets satyriques traités avec verve.

Schauflein est particulièrement cité comme le dessinateur du livre des aventures de *Theuerdanck*, poème allégorique et moral de l'empereur Maximilien et de son secrétaire Melchior Pfintzing, imprimé par Schonsperger à Nuremberg et à Augsbourg, en 1517 et 1519 ; on ne rencontre sa marque que sur cinq à six des planches de ce livre, mais la similitude du style le désigne suffisamment comme auteur de la plupart des vignettes taillées sur le bois par différentes mains. Son nom se trouve aussi sur quelques-uns des blocs de bois gravés des Triomphes de Maximilien, seul ou accompagné du nom du tailleur de bois, Cornelius Liefrinck. On y voit, comme dans les autres livres que nous allons connaître, à un diapazon moins élevé que celui de Dürer et même de Burgmair, des scènes et des caractères représentés avec esprit.

Il est certain, malgré ce qu'en dit Bartsch, qu'il mourut en 1539, mais il laissa un fils du même nom, peintre aussi, qui continua de fournir des dessins plus médiocres que ceux de son père, aux livres illustrés de Steiner et de plusieurs autres libraires d'Augsbourg.

3. Hans Springinklee, peintre miniaturiste de Nuremberg, était, au témoignage de Doppelmayer cité par Bartsch, l'élève d'Albert Durer ; Huber rapporte qu'il logeait dans la même maison que lui. Ses ouvrages, dans la manière de Nuremberg, gardent une physionomie assez particulière. Il travailla, avec Burgmair et Schauflein, aux planches du *Roi sage*, où l'on rencontre son monogramme ; il dessina, en outre, d'assez nombreuses pièces isolées ; Bartsch en décrit soixante et une, et Brulliot dit en avoir vu d'autres. *La Nativité*, où la Sainte famille, les anges et les bergers sont disposés devant une belle ruine d'une antiquité peu classique, est une composition expressive, d'un dessin un peu tourmenté. La plupart de ses bois sont de petites pièces à grandes figures, mesquinement trai-

tées, pauvrement dessinées et souvent gravées d'une manière plus négligée que pittoresque ; les expressions, quelquefois naïves, n'ont le plus souvent que la puérilité des images vulgaires. On pourrait nommer Springinklee plus particulièrement le Petit Maître sur bois ; il est le dessinateur ordinaire des livres de prières de Nuremberg. Les vignettes qu'il exécuta pour les Bibles, et les *Hortuli animæ* des libraires Koberger et Peypus, de 1516 à 1540, paraîtront bien épaisses si on les compare aux Heures de Paris ; mais les guirlandes de fleurs, de fruits et de feuillages naturels dont elles sont encadrées, font leur distinction. Les graveurs modernes, qui se passionnent aujourd'hui pour l'art du XVI⁰ siècle, trouveront plus d'un motif charmant dans ces cigognes et ces moineaux, perchés et picorant au milieu des fleurs, des papillonacés et des légumineuses.

4. MAXIMILIEN fut le plus puissant promoteur de la gravure en bois, au commencement du XVI⁰ siècle ; sa grande figure domine principalement dans les Écoles de Nuremberg et d'Augsbourg. Ce n'est plus le jeune électeur que nous avons vu dans l'œuvre de Martin Schoen, pleurant à chaudes larmes sa bonne Marie, mais l'Empereur dans sa maturité, remarié avec Bianca Sforza : corps robuste et accentué, esprit remuant et romanesque, chasseur téméraire, aimant à revêtir les pesantes armures, à monter les grands chevaux de bataille, mais procurant à l'Allemagne la paix publique, et donnant le plus brillant essor aux arts du dessin. Quatre livres de figures, les plus grands qu'on eût encore vus, devaient être comme l'épopée, le miroir, la légende de son règne, écrits par lui ou sous sa dictée, représentés par les plus excellents artistes de son temps.

Le premier de ces livres fut *Der weiss Kunig*, le roi blanc, le roi sage, récit en prose des gestes de l'empereur, de son éducation, ses amours, ses épousailles, son gouvernement ; il est dans un beau langage, disent ceux qui l'ont lu, qui dénote un esprit sagace, exercé aux sciences, aux arts et aux affaires du monde, mais qui est mêlé d'allégories et d'allusions aujourd'hui énigmatiques ; nous n'y regarderons, pour notre part, que les deux cent trente-sept grandes planches, la plupart dessinées par Burgmair. Malgré l'inégalité du travail provenant de différents graveurs qui y ont été employés, et la part faite à la médiocrité et à la négligence de plusieurs d'entre eux, on y saisit de l'esprit dans la composition, du pittoresque dans la mise en scène, de la vérité dans le caractère des figures, un tableau vivant de la foule qui s'agitait autour de l'empereur.

Maximilien avait eu une intention plus épique en composant le *Theuer-danck*; il avait satisfait à sa foi traditionnelle, en commandant à Burgmair la suite des *Saints et saintes de la famille impériale*; mais *Le Triomphe* fut le plus recommandable des recueils ordonnés par lui pour porter au loin la représentation figurée de son pouvoir, de ses victoires, de toute sa cour. Nous avons déjà vu les suites exécutées par Albert Durer : *Le Char de triomphe*, en huit feuilles, et *L'Arc de triomphe*, en vingt-quatre feuilles. Burgmair fut principalement chargé de la Procession triomphale ; l'ordre, la description des personnages et des caractères, le costume et les armes, les inscriptions en vers et en prose, pour les bannières et les tablettes, avaient été tracés par l'empereur lui-même et par son secrétaire Treitzsaurwein, l'auteur en titre du Roi sage. Bien qu'inférieur à Durer, tant pour la correction des figures que pour leur ordonnance et pour leur expression, le dessinateur exécuta cette pompe avec intelligence et prestesse ; il montra une singulière habileté à rendre les chevaux, leur structure, la variété et la vivacité de leur allure, l'aisance et la fermeté des cavaliers dans leur splendide accoutrement ; quand on ne tiendrait pas compte du mérite du dessin, qui, par endroits, n'est pas mince, cette procession restera, comme une grande tapisserie historique, la plus curieuse exhibition des allures et des costumes de la cour impériale. Durer et Burgmair avaient vu à Venise *Le Triomphe de César* en neuf feuilles, par Mantegna, et l'imitation qu'en avait publiée maître Jacques en 1503, le Triomphe de Jésus-Christ, gravé aussi sur bois en 1505, d'après les dessins de Titien ; ils y puisèrent, on peut le croire, de bonnes leçons d'ordonnance et d'attitudes, mais ils exécutèrent, d'ailleurs, le Triomphe de Maximilien dans des données toutes nationales : les têtes, les gestes, aussi bien que les habits et les armures, y sont tracés avec cette puissance de réalité qui est le propre de l'art allemand.

Les livres de Maximilien n'étaient point achevés, quand il mourut en

1519; *Le Roi sage*, *Les Saints d'Oesterreich*, et *Les Triomphes*, restés inédits ou tirés seulement à quelques exemplaires d'essai, n'ont été publiés qu'à la fin du siècle dernier, à Vienne [1]. Les bois originaux étaient restés enfouis jusque-là au château d'Ambras en Tyrol, et au collège jésuite de Gratz en Styrie. Ce sont des monuments d'un intérêt rare, que ces blocs en bois de poirier, rongés des vers, aujourd'hui conservés à la bibliothèque de Vienne ; une circonstance ajoute encore à cet intérêt : les bois des Triomphes portent au dos les noms des artistes qui les ont gravés ; et nous connaissons par là les tailleurs qui ont été les collaborateurs de Durer, de Bugmair et des autres dessinateurs de Nuremberg et d'Augsbourg ; ce sont : *Jérome Resch*, *Jan de Bonn*, *Cornelius Liefrinck*, *Willelm Liefrinck*, *Alexis Lindt*, *Josse de Negker*, *Vincent Pfarkecher*, *Jacques Rupp*, *Jan Taberith*, *Hans Franck*, *Saint-German*, etc.

5. Si l'on voulait connaître à fond les ateliers de Nuremberg et d'Augsbourg, et faire la part de tous les graveurs restés obscurs ou anonymes, il faudrait éplucher les gravures sur bois isolées que Bartsch a décrites confusément, et les planches innombrables des livres publiés par *Ottmar* et *Steiner* à Augsbourg, par *Schœnsperger* et *Stuchs*, à Nuremberg ; je ne puis que les indiquer d'après le catalogue de M. Rud. Weigel [2], qui les a soigneusement désignés. Je me bornerai à noter encore quelques estampes isolées et quelques artistes qui m'ont paru sortir de ligne.

On trouve deux autres noms, CLAS MELDEMAN et STEPHAN HAMER, écrits tout au long sur des estampes en bois ; elles méritent d'être citées, moins pour leur manière, sans prétention magistrale, que pour montrer le lot personnel de ces tailleurs de bois, ordinairement cachés dans leur rôle de manœuvres : placés à l'opposite des Petits Maîtres, par la dimension et le grossoyement de leurs planches, ils en ont la puérilité et la licence ; sans s'adresser précisément à un public artiste, ils montrent le côté le plus populaire de l'École. On trouve le plus sou-

---

[1] *Der weisse Konig*, en 236 pl. in-folio ; Vienne, 1775. — *Kaiser Maximilians Triumph*, en 135 pl. ; Vienne et Londres, 1796. — *Die Heiligen von Oesterreich*, en 119 pl. ; Vienne, 1799.
[2] *Kunts-Catalog* ; Leipzig, 1836-1854.

vent leurs ouvrages rehaussés d'une enluminure qui ajoutait au succès.

Clas Meldeman zu Nuremberg a signé une grande scène, *La Mort surprenant une jeune femme dans le lit nuptial*, traitée d'un façon dramatique et tapageuse. Ce n'est point son seul ouvrage, il travaillait en 1530 et on lui attribue les pièces signées du monogramme NM. Bartsch a décrit deux planches où deux sujets ordinaires, *Jonas vomi par la baleine*, *La Femme, le mari et l'amant*, sont traités dans un griffonnage qui les tourne en parodie incongrue; la première est signée *Stephan Hamer zu Nuremberg*, 1538. Je ne trouve pas qu'il soit fait ailleurs mention de cet artiste.

Parmi les artistes de Nuremberg qui, après Albert Durer, se servirent de la gravure en bois pour une illustration didactique et plastique, il y en a deux qui nous montrent l'École sous un aspect assez particulier.

ERARD SCHOEN, peintre, orfèvre et écrivain, travaillant à Nuremberg de 1515 à 1547, a laissé un Traité des proportions, où il cherche le beau dans les combinaisons du carré et du cercle. Ses petites figures sont caractérisées, en effet, par leur carrure et leur rondeur; le type en est trapu si on le compare à celui des Français, trivial si on le compare à celui des Italiens, et il paie le tribut inévitable à son pays par des têtes peu agréables et des extrémités arquées. Il a dessiné dans les mêmes données des figures de chevaux, des heaumes et des élévations d'architecture. On ne voit pas qu'il les ait gravées lui-même; elles sont légèrement, mais proprement faites, au trait relevé de quelques ombres peu pittoresques. Je n'ai pas su voir non plus de faire décisif dans une estampe à sa marque que j'ai rencontrée à Berlin, *Un Mourant assisté d'un moine*, entre la Vierge qui lui apparaît et les diables qui le guettent.

Erard Schoen avait commencé comme Springinklee, par des ouvrages de Petit Maître à l'usage des livres de prières. Les figures de Vierges, d'Apôtres et de Saints, à son monogramme ES entrelacés, qui se voient dans un *Hortulus* de 1518 (*saint Thomas* est marqué de l'année 1515), montrent déjà un dessinateur carré et un adroit perspectiviste.

Plus de considération est due à PIERRE FLOETNER, architecte et sculpteur de Nuremberg, à qui on ne peut du moins refuser la qualité de graveur sur bois. Il est resté célèbre pour ses sculptures; Zani cite une corne de bœuf sur laquelle il avait exécuté cent treize têtes d'hommes ou de femmes, et il a tracé sur ses estampes, à côté de ses initiales, les outils dont se servent également le sculpteur et le graveur sur bois.

Ses jubés, ses écrans, ses ciboires, ses meubles, ses frises et ses montants enrichis quelquefois de figurines de femmes et d'amours, sont exécutés dans un goût qui n'est pas celui des autres ornemenistes de Nuremberg et qu'il aura, je le soupçonne, puisé en Italie. La taille en est déliée, à peine ombrée, mais ferme et pleine d'agrément. Le peu d'importance des figures semées dans les ornements de Floetner ne m'en laisse pas dire davantage sur sa manière, mais je devais cette mention à un graveur en bois oublié par Jackson. Il caractérise mieux qu'aucun autre la Renaissance dans l'architecture à Nuremberg ; comme tous les artistes de son temps il italianise, mais il le fait bien différemment que Frans de Vriese à Anvers, que Jean Goujon à Paris. Dans leurs emprunts étrangers les artistes gardent toujours de leur manière indigène.

XII.

Les graveurs sur bois de Strasbourg et de Bâle.

1. Je n'ai point assez fait valoir, dans la première partie de ces recherches, les graveurs en bois qui parurent à Strasbourg, dès la fin du XVe siècle ; la ville où Guttemberg avait fait ses premières tentatives, se distingua entre toutes les villes allemandes, par le nombre et le mérite des livres ornés de figures sur bois qui sortirent de ses presses ; entre les imprimeurs qui s'attachèrent à cette branche de l'art, aucun ne mérita une place plus honorable que JEAN REINHARD, surnommé GRUNINGER. Le *Térence* de 1496, l'*Horace* de 1498, depuis longtemps signalés par Dibdin, le *Virgile* de 1502, qui est, suivant M. Weigel, le chef-d'œuvre de son atelier, mériteraient un examen spécial ; mais je dois me resserrer dans mon sujet. A l'époque où je suis arrivé, la gravure dans les livres présente encore des difficultés de détail, que je laisserai dépouiller à ceux qui pourront décrire et comparer les nombreux exemplaires sortis

des ateliers de l'Allemagne. Je voudrais seulement, après avoir fait connaître l'atelier d'Augsbourg, lié d'abord à celui de Nuremberg, mais s'en séparant avec Burgmair, signaler l'atelier de Strasbourg, paraissant aussi lié avec ceux de Souabe et de Franconie, mais s'en séparant bientôt avec Hans Baldung Grien et quelques autres, qui constituent un groupe assez important.

HANS BALDUNG GRIEN, appelé autrefois *Hans Bresang*, *Hans Grunewald*, etc., désigné par Zani comme le Maître à la feuille de houx, né à Gemunde en Souabe, alla étudier à Nuremberg, chez Albert Durer. Il donna un singulier témoignage de l'affection qu'il avait pour ce grand peintre, en conservant comme une relique, une mèche de ses cheveux coupée au moment de sa mort [1]. Hans Baldung s'établit ensuite à Strasbourg, où il travailla comme peintre, et mourut en 1545, laissant une soixantaine d'estampes datées de 1507 à 1534 ; elles tiennent dans les cabinets une place plus honorable que ses peintures. Il paraît tomber dans l'exagération du type de Durer; mais ses tableaux étaient en estime auprès des Maîtres, car Albert Durer en donna un à Joachim Patenier, lors de son voyage à Anvers [2], et ses dessins prennent, entre les mains de bons tailleurs, un aspect pittoresque ou, comme on dirait, romantique. *L'Ecce homo*, *Jésus-Christ mort emporté par les anges*, *Saint Sébastien*, sont des compositions poétiques, énergiques, exécutées avec de grands effets, où le graveur a bien conservé le brut des dessins; *La Vierge*, *la Magdeleine et saint Jean devant le corps du Christ*, a été jugée digne des meilleurs peintres d'Italie, par Zani, qui pensait alors, sans doute, aux plus mouvementés. Dans le nu, les exagérations du Maître sont plus choquantes, et dans quelques sujets où il a laissé s'épancher sa verve, elles prennent décidément le laid pour poétique. Ses membres sont crispés, ses têtes grimacent, ses ordonnances tournent au fantastique. *Adam et Ève*, figures très-étudiées dans les extrémités, ont une accentuation de formes et une expression de tête qui vont à l'encontre du beau; *Les Parques*, *Les Sorcières*,

---

[1] Jackson; *A treatise on wood engraving*, pag. 386, note.
[2] Albrecht Durer, Journal de voyage; *Cabinet de l'amateur*, 1840, pag. 504.

Bacchus ivre, offrent sans vergogne les formes les plus dégoûtantes et les mouvements les plus dégingandés.

Quelques estampes de Baldung ont été tirées à plusieurs planches ; on trouve ainsi en clair-obscur, certaines des pièces que je viens de citer et *L'Enfant dormant accoudé sur une tête de mort* ; Mariette en cite deux pour leur belle exécution, et comme prouvant que la pratique des clairs-obscurs était plus ancienne en Allemagne qu'en Italie. Les Sorcières sont de 1510 : « Cette date, selon Mariette, ne peut se rapporter qu'au temps du clair-obscur, car aux épreuves de la planche qui exprime le trait et qui ont été imprimées avant qu'elle ne fût mise en clair-obscur, on ne trouve point de date [1]. » Je crois pourtant avoir vu de belles épreuves en noir, avec l'année ; au reste, il y a toujours la différence que j'ai signalée entre les clairs-obscurs des deux pays : l'effet, dans les pièces de Baldung, ne résulte pas de l'application des teintes, et reste aussi grand dans les épreuves en noir.

Baldung a gravé quelques pièces au burin, qui prouvent combien il avait profité des leçons d'Albert Durer. Plus sobre et mieux retenu par la difficulté de l'outil, il montre dans un sujet rebattu, *Une Jeune fille fouillant l'escarcelle d'un vieillard qui la caresse*, 1507, et dans un sujet d'étude, *Un Soldat arrêtant un cheval par les naseaux*, une parfaite correction et une rare puissance de modelé.

2. Le Maître aux bourdons croisés, accompagnés des initiales Io . V, qui a laissé une dizaine de pièces en bois et en clair-obscur, prêtait aux conjectures par l'obscurité de son nom, de son pays et de sa date ; on l'appela d'abord Jean Ulric Pilgrim. Heinecken citait ses clairs-obscurs, avec ceux de Mair et de Cranach, comme antérieurs à Ugo da Carpi. Zani, en reconnaissant qu'on ignorait absolument le temps où il travaillait, voulait en faire un Italien de la famille des Pellegrini. On sait aujourd'hui, par les recherches de M. H. Loedel, de Göttingen, qu'il s'appelait HANS VUECHTELIN, et qu'il travailla à Strasbourg, de 1520 à 1530. Il se place

---

[1] *Notes manuscrites*, tom. II.

donc après Baldung. Il pratiqua plus exclusivement, à ce qu'il semble, l'impression en clair-obscur, qui paraît à Strasbourg presque aussitôt qu'à Augsbourg, usitée particulièrement dans l'atelier de Jean Schott. Il exécuta des frontispices en clair-obscur dès 1511, et y montra une grande habileté, mais toujours dans la manière allemande, procédant par hachures superposées et non par teintes, et obtenant des châtoiements agréables sans effet d'ensemble. Il ne fut pas grand inventeur, mais dessinateur sage. *La Vierge*, assise dans un paysage où deux anges apportent une couronne, et *Le Cavalier escorté d'un piéton*, montrent plus de pratique que d'originalité.

3. Je n'ai à me préoccuper ici des estampes anonymes ou à monogrammes inconnus, moins importantes maintenant pour l'histoire de l'art, que dans le cas où elles ajouteraient quelque élément de classification. Toutes les fois qu'un artiste de mérite s'est livré avec suite à la pratique de la gravure en bois, ou au dessin pour la gravure en bois, sa marque s'est suffisamment signalée.

Antoine de Worms, peintre à Cologne, de 1527 à 1535, a mis son monogramme, composé d'un A et d'un W entrelacés, sur un assez grand nombre de bois, où il n'eut sans doute que la part ordinaire du dessinateur, mais qui rencontrèrent quelquefois de bons graveurs. Dans ses pièces isolées, je trouve à citer *Adam et Ève*, figures bien prises pour donner une académie de face et de dos, *Dalila*, d'un dessin carré et de tailles qui rappellent les bois d'Urse Graf. Ses planches dans les bibles imprimées à Cologne chez Quentel, ne sont pas toujours originales ni heureusement taillées, mais il y en a qui ont à juste titre mérité de bonnes épithètes de Heinecken et de Zani ; il n'aurait pas dû être oublié par Jackson.

C'est le premier nom que j'ai rencontré appartenant à la contrée du bas Rhin, où avait paru de bonne heure une École de peinture fameuse et qui ne dut pas manquer de graveurs. Suivant quelques iconographes allemands qui n'ont point encore publié leurs vues, on devrait ranger à Cologne le maître à la lettre ℰ, qui est connu par un grand nombre de petites pièces au burin faites pour les livres de prières ; mais ce maître appartient encore tout entier par son style au XV⁺ siècle, bien qu'on

13

trouve de lui des Apôtres datés de 1519 et 1520. En remontant le Rhin,
nous retrouverons nos graveurs en bois.

4. URSE GRAF, orfèvre, graveur de coins à Bâle, travaillant de 1506 à
1524 : il a marqué de son monogramme, composé des initiales V G diversement accolées, formant quelquefois un poignard dans sa gaine, et aussi
accompagnées du rochoir à l'usage des orfèvres, un grand nombre
de pièces en bois taillées d'une manière trop différente et trop
peu artiste, pour qu'on puisse lui en attribuer la gravure ; il ne
fit, pour la plupart, que les dessins sur bois. Il grava quelques pièces
au burin, d'une manière minutieuse mais pesante, et particulièrement
quelques copies de Martin Schœn, avec une assez grande fidélité. On
peut s'apercevoir, en outre, que le type du maître de Colmar déteignit
sur lui en se dégradant et tombant dans la grimace. Ses bois, quand
ils passent par les mains de bons graveurs, sont expressifs et corrects,
malgré leur tournure helvétique prononcée. L'helvétisme d'Urse Graf se
traduit par des têtes rustres aux longs cheveux frisés, des formes angulaires
et nerveuses, des costumes et des armes d'une pesanteur singulière, et
enfin par des fonds montagneux. Je citerai la pièce la plus originale du
maître : *La Mort guettant du haut d'un arbre deux guerriers debout auprès
d'une femme assise* ; mais, qui voudrait l'étudier mieux, devrait chercher
la grande et la petite *Passion*, et les nombreuses pièces, vignettes et frontispices qu'il dessina pour les livres théologiques des imprimeurs de Bâle,
Bergman van Olpe, Jean Froben, et des imprimeurs de Strasbourg, qui
l'occupèrent aussi beaucoup.

Plus de considération encore s'attacherait au nom d'Urse Graf, si on
pouvait le croire dessinateur des gravures de la Nef des fous, qui parurent
chez Bergman, en 1494, et qui font à l'École de Bâle un point de départ
intéressant. Quelle que soit la différence que des tailleurs de bois puissent
introduire dans les dessins du même maître, il est impossible d'attribuer
au même artiste les nombreuses vignettes des Heures de Bâle et de Strasbourg ; l'École de Bâle commence donc aussi par des anonymes.

On distingue encore à côté d'Urse Graf, un autre graveur en bois dont on
ne connaît pas probablement tous les ouvrages. NICOLAS-MANUEL DEUTSCH,

issu, à ce qu'on rapporte, d'une famille française de Cholard en Saintonge, est également connu, dès le commencement du XVI⁰ siècle, comme magistrat de Berne, comme poète et comme peintre. Bartsch parle, d'après Murr, de dessins de lui conservés à Bâle, et l'on a publié récemment à Berne, une Danse des morts qui lui est attribuée[1]. Il a laissé son monogramme formé des lettres initiales N M D, accompagnées d'un poignard, sur plusieurs pièces de bois. *Les Vierges sages et les vierges folles*, que nous avons vues, sont de fortes filles à physionomie hardie, élégamment troussées dans les modes suisses de 1518, l'aumônière et le couteau à la ceinture, les lampes droites ou renversées dans la main : les tailles du bois, grosses et peu pittoresques, sont d'une autre main probablement, mais elles conservent l'accent du Maître; on y trouve les jolis fonds, qui sont familiers aux artistes suisses.

Le poignard que l'on voit placé à côté du monogramme, a fait donner à ce graveur le nom du Maître au poignard, mais il ne lui est pas particulier. Nous avons vu cet emblème employé par Urse Graf; il le fut encore par le fils de Nicolas Manuel, qui est aussi graveur en bois, principalement employé aux planches de la Cosmographie de Munster. Ce recueil de gravures, plus nombreuses que choisies, publié à Bâle, en allemand, en latin et en français, en 1541, 1550 et 1552, contient, au milieu de beaucoup de grossièretés et de puérilités, quelques figures et quelques portraits de caractère, des vues cavalières et des scènes rustiques qui ont leur intérêt. Plusieurs dessinateurs et plusieurs graveurs y ont travaillé, montrant, dans leur dessin trapu et dans leurs tailles courtes et non croisées, mais bien à leurs places, les habitudes solides d'une École où avait déjà paru Holbein.

XIII.

Holbein et Lutzelburger.

1. En 1517 commença de travailler à Bâle, HANS HOLBEIN, qui devait donner tant de valeur à l'École suisse et une manière nouvelle à la gravure

---

[1] Brulliot, II, N⁰ 2134.

en bois. Il abandonna sa patrie pour devenir le grand peintre de la cour de Henri VIII, que tous connaissent pour avoir vu ses portraits d'une énergie vivante, ses madones où le teint et la morbidesse des Anglaises ont été typifiés de façon à créer pour l'Angleterre une École de peinture; mais, dès l'âge de 19 ans, il s'était fait connaître à Bâle. C'est le Maître bâlois, fils du vieux Holbein, originaire d'Augsbourg et reçu en 1519 membre de la corporation des peintres de Bâle, que j'ai à signaler ici : joyeux compagnon, mal marié, comme tant d'autres artistes, peintre des décorations murales usitées alors dans les maisons suisses, dessinateur pour les orfèvres et les imprimeurs.

Parmi les frontispices et les lettres ornées des livres de Froben, de Wolf et de Cartander, on avait remarqué des figures qui se distinguaient par l'aplomb et la carrure de leur dessin, aussi bien que par le goût délicat et savant de leur taille : tel était un *Frontispice* représentant Érasme debout appuyé sur un terme, dans un portique orné de cariatides et de guirlandes de fruits ; tels étaient surtout des *Alphabets* de lettres capitales romaines, historiées des sujets les plus piquants, jeux d'enfants, danses gaillardes de paysans et danses de morts. La tradition constante en Suisse et acceptée partout, attribuait le dessin et la gravure de ces bois à Holbein ; une circonstance nouvelle fit intervenir un autre nom. On trouva, dans les Cabinets de Bâle, de Berlin et de Dresde, des états de ces alphabets, qui n'étaient connus auparavant que par les livres où ils avaient été employés en lettres fleuries, tirés sur une seule feuille, et quelques-unes de ces épreuves portaient en marge les initiales et le nom du graveur sur bois : H. L. Hans Lutzelburger Formschnider genant Franck. Il y eut d'autant plus de raison d'accepter ce nom et ce monogramme, qu'ils furent trouvés, avec la date de 1522, sur quelques autres pièces en bois : *Les Combats de paysans*, *Sainte Véronique* d'après Burgmair [1], *La Décollation de saint Jean-Baptiste* d'après Albert Durer.

D'un autre côté, on connaissait les deux livres fameux, imprimés à Lyon en 1538 : *Les Simulachres et historiées faces de sa mort*, et *Histo-*

---

[1] Voy. cette estampe au Cabinet de Paris.

riarum veteris instrumenti icones; les figures de ces livres eurent un succès immense, et leur auteur fut bientôt connu et nommé. Le poëte Bourbon le célébrait dans des vers insérés dans l'édition de la Bible de 1539 :

> *Holbius est homini nomen qui nomina nostra*
> *Obscura ex claris ac prope nulla facit........*

Depuis, la gravure aussi bien que le dessin de toutes ces planches avaient été dévolus à Holbein. En y regardant de plus près, on vit cependant que le monogramme H L, qui se trouve sur une des planches des Simulacres de la mort, *La Duchesse,* convenait moins à Holbein qu'à Lutzelburger, et que le travail des bois imprimés à Bâle était semblable à celui des bois de Lyon : on en conclut que Lutzelburger avait taillé aussi les figures de ces derniers sur les dessins d'Holbein. Ces bois avaient dû être portés de Bâle à Lyon, par un de ces imprimeurs attentifs à enrichir leur art de ce que l'Allemagne et l'Italie produisaient alors. Ils avaient même été connus, au moins par essai, avant de servir à des livres ; car on a trouvé des états des Simulacres de la mort tirés à part sur des feuilles qui réunissent chacune dix sujets avec un titre allemand ; les rares exemplaires en ont été recueillis à la bibliothèque de Bâle et dans la collection du british Museum.

J'ai résumé, comme je l'ai comprise, une question fort controversée. Le débat est venu d'une dédicace alambiquée des Simulacres de 1538, où l'éditeur de Lyon « très-grandement vient à regretter la mort de celluy qui nous en a icy imaginé de si élégantes figures... » Sur ce texte, M. Douce[1] a contesté à Holbein, mort en 1554, même le dessin d'une composition que les témoignages les plus sûrs et les plus rapprochés lui avaient donnée, pour l'attribuer, non à Lutzelburger, mais à cet artiste inconnu, Reperdius, nommé dans des vers de Nicolas Bourbon, que j'ai déjà cité. De son côté, l'auteur allemand d'une Vie d'Holbein[2] n'admettait point non plus Lutzelburger comme graveur des pièces qui portent son nom, parce qu'il ne l'avait point trouvé sur les registres de Bâle ; il n'en

---

[1] *The dance of death;* in-8°, London, 1833.
[2] Hegner; *Hans Holbein der jüngere.* Berlin, 1827.

faisait qu'un marchand d'estampes nomade, devenu possesseur de ces bois, et en vendant des impressions dans le cours de son commerce. Ottley [1], acceptant l'application à Lutzelburger du monogramme de la Duchesse, ne faisait aucune difficulté de lui appliquer aussi les termes de la dédicace de Lyon. Il conjecturait que le libraire de Lyon apprenant de Bâle la nouvelle de la mort du graveur, qui interrompait sa publication, avait pu le confondre avec le dessinateur qu'il ne connaissait pas, et communiquer le fait au public, plutôt comme un exemple moralisateur en conformité avec sa publication, que pour l'informer d'un artiste dont on se souciait peu et qu'il ne nommait même pas. Jackson [2], qui a longuement traité la question et réfuté les assertions de Douce, pensait que les auteurs et l'éditeur lui-même s'étaient cachés pour éviter les désagréments qu'aurait pu leur susciter, de la part des catholiques, la publication de leurs planches peu révérencieuses pour le pape et pour les nonnes. L'estimable historien se méprend en regardant comme cachés un éditeur qui met son enseigne, *Soutz l'escu de Coloigne*, en tête de son livre, et un graveur qui marque de son monogramme. Il méconnaît en même temps l'esprit de liberté du XVIe siècle et les habitudes des artistes, qui, si connus qu'ils soient, gardent volontiers les habitudes anonymes de leurs devanciers. Ce qui doit nous les faire connaître aujourd'hui, mieux que les signatures et les textes, c'est leur manière : quand on a regardé attentivement les estampes qui ont donné lieu à tant de débats, il est impossible de n'y pas apercevoir un grand dessinateur, qui ne peut être que Holbein, et un graveur consommé, qui ne peut être que Lutzelburger.

Les frontispices et les lettres historiées de Bâle, comme les figures de la Danse des morts et de la Bible de Lyon, montrent, dans leur composition et leur dessin, une façon grande de traiter les plus petits sujets, une carrure de formes, une force d'expression, une propriété de gestes, qui sont le cachet du génie d'Holbein ; il y a aussi une lourdeur de vêtements, des fonds d'édifices, des végétaux et des horizons qui se rapportent parfaitement à la Suisse. Il n'y a pas à rechercher ici quelque modèle

---

[1] *History of engraving*, pag. 760.
[2] *A treatise on wood engraving*, pag. 433.

de beauté ni des types particuliers : *Dieu créant la femme* et *Dieu accroupi sur le 'globe* au jour du jugement, manquent également de grandeur ; je ne retrouve pas une Vierge à décrire ; les femmes ont des formes courtes et épaisses ; *La Reine*, *L'Opulente*, *L'Amoureuse*, *La Mariée* sont plus remarquables par l'aplomb de leur allure, que par leur beauté toujours pesante. Je rencontre toutefois au Cabinet de Berlin, un clair-obscur à deux teintes, d'un effet doux, d'une taille sobre et ferme, où paraît le type aux joues fortes et l'œil à fleur de tête que choya surtout Holbein. Il n'y a pas d'idéal, mais tant de vérité, que le style s'élève à la hauteur des meilleurs peintres et ne souffre aucune comparaison avec celui des Petits Maîtres allemands, dont on n'a pu le rapprocher que par ordre de taille des sujets. Les images de la Bible, inférieures à celles de la Mort, d'une exécution plus pauvre et d'ailleurs inégale, montrent encore une vérité d'attitude et d'expression que l'on ne trouve à aucun autre maître en bois ; nul n'a su, comme Holbein, composer une action avec le moins de figures et dans le plus petit champ possible.

2. Le dessinateur d'une nouvelle manière trouve toujours près de lui le graveur le plus fidèle. Plusieurs se mirent au service d'Holbein, comme on peut le connaître à l'inégalité de travail des livres de Bâle et de la Bible de Lyon ; mais Lutzelburger doit être mis hors ligne pour la perfection de sa taille et pour l'esprit avec lequel il rendit le Maître. Sans savoir son nom, Mariette l'avait déjà reconnu, en donnant l'explication la plus judicieuse des termes de la préface de la Danse des morts de 1538, et de l'infériorité relative des planches ajoutées à l'édition de 1549. «Cette préface, dit-il, regarde uniquement le graveur, dont on ne peut trop admirer la délicatesse de travail et la touche fine et spirituelle. J'imagine que les dessins d'Holbein, qui n'étaient pas fort terminés, avaient eu besoin d'un si excellent artiste pour y mettre le fini qui y était nécessaire, et que ce travail avait mérité que l'éditeur du livre lui en fît l'honneur et l'en regardât comme le père. Son nom, qui méritait de passer à la postérité, est demeuré dans l'oubli ; mais il y a apparence que le monogramme H L, donne les premières lettres de son

nom[1]. » Zani, qui a su le nom, a appelé Lutzelburger le vrai prince
des graveurs en bois ; et de l'aveu des hommes du métier les plus compé-
tents, les bois de la Danse des morts sont les plus parfaits qui aient été
jamais exécutés[2]. Rien n'égale, en effet, la précision pittoresque de ces
tailles fines, vigoureuses, courtes ou prolongées, rares ou empâtées,
toujours à propos. Ce qui dénote le graveur consommé, c'est qu'il ne
s'attache pas à la difficulté de la taille du bois, aux croisements et à la régularité d'un métier hérissé, mais prend soin de varier plutôt les mouvements
de son outil, pour donner tout l'effet possible aux figures expressives de
ses dessins. Dans les sujets infiniment petits de ses alphabets, il semble
que l'étrécissement du champ n'a fait qu'aiguillonner l'artiste, tant il y
montre de mouvement et d'expression. Voyez dans l'Y de l'alphabet des
Morts, ce squelette enjambant un berceau d'un mouvement superbe,
soulevant des deux mains, et comme pour le faire jouer, l'enfant à côté
de la mère terrifiée. La scène a vingt-deux millimètres en carré ;
mais donnez un bloc de deux mètres à Michel-Ange et il ne s'y montrera
ni plus grand ni plus terrible. Il y a aussi dans cet alphabet microscopi-
que, un Jugement dernier ; l'artiste l'a pris au point de vue de l'indulgence,
comme pour consoler le spectateur de toutes les scènes lugubres qui
précèdent : c'est là qu'il faut voir encore la merveille de figures de
cinq millimètres de hauteur, où l'artiste a su se montrer correct, expressif
et grand. L'alphabet des paysans en goguette est dans une autre gamme,
et il serait difficile d'y trouver des sujets de description, tant le dessinateur s'est donné de licence ; mais la gravure a toujours une adresse
et une délicatesse à charmer les plus susceptibles. Les mérites que je
viens de relever s'appliquent, pour une bonne part sans doute, au dessinateur original ; mais dessinateur et graveur se sont si bien entendus,
qu'il est souvent impossible de les distinguer.

L'historien anglais de la Danse des morts, M. Douce, qui a bien
déterminé les pièces de Lutzelburger, s'est demandé, à les voir si fine-

[1] *Abecedario manuscrit*, au Cabinet des estampes.
[2] Jackson et Chatto ; *A treatise on wood engraving*, pag. 407.

ment faites, si elles étaient gravées sur bois ou sur métal ; sans se prononcer absolument, il est arrivé à cette conclusion, que les imprimeurs et les graveurs de types se servaient occasionnellement de blocs de métal au lieu de bois pour les lettres initiales, et que le nom de *Formschneider* s'appliquait à ceux qui gravaient en relief sur l'une ou l'autre de ces matières. Mais Jackson a fait à ces doutes la réponse d'un homme du métier : c'est que la délicatesse des lignes et la finesse du travail en relief sont plus faciles à obtenir sur le bois que sur le métal.

Lutzelburger, en gravant d'après d'autres maîtres, a montré moins de distinction ; mais on peut toujours remarquer son travail, carré, expressif et pittoresque : dans l'estampe de *Sainte Véronique et la tête du Christ*, en deux planches, il a rendu toute l'expression douloureuse de Burgmair. *Le Combat dans un bois de sapins* entre des paysans armés de fourches et des hommes nus, où il a écrit son nom d'une manière un peu différente, Hans Leucellburger 1522, à côté d'un monogramme H N, appartenant peut-être à un dessinateur que l'on n'a point encore déterminé, et une autre estampe analogue représentant des *Soldats égorgés et dépouillés par des paysans*, paraissent des études faites dans les données d'Holbein, en exagérant sa carrure et son naturalisme. Il en grava sans doute beaucoup d'autres qui sont restées au nom du dessinateur, parce qu'il est plus facile de distinguer un dessinateur à travers les tailleurs de bois qui le traduisent, qu'un tailleur de bois à travers les dessinateurs divers auxquels il s'applique. Les éditeurs de bois suivaient d'ailleurs la vogue ; notre Lutzelburger, mort jeune, suivant le témoignage de l'éditeur de Lyon, était resté obscur : Holbein, lui, avait acquis de la célébrité ; aussi son nom ou un monogramme le rappelant étaient-ils prodigués, même sur les bois le plus médiocrement exécutés. M. Douce a cherché à distinguer parmi tous ces H diversement associés, quels étaient ceux qui désignaient plus particulièrement Holbein ; mais dans la confusion qu'ils présentent, la main du Maître, fort compromise, doit être uniquement reconnue à l'excellence du dessin qui ne lui fit jamais défaut.

Holbein eut dans la suite bien des graveurs, mais il ne trouva plus de Lutzelburger. Un Flamand, Michel Leblon, artiste fort peu connu, travaillant en France au commencement du XVIIe siècle, rendit ses

14

dessins encore avec quelque force, mais dans un caractère plus dramatique que vrai. Hollar, cinquante ans plus tard, y mit une habileté de
pointe bien connue, traduisant assez bien le peintre de Henri VIII,
mais fort mal le Maître Suisse. A Bâle même, vers la fin du siècle dernier,
Chrétien de Méchel l'enjolive et le trahit si bien qu'il n'en reste plus,
dans ses copies, le moindre souvenir.

XIV.

Les Eaux-fortes d'Augsbourg et de Nuremberg.

1. L'extrême propreté des Petits Maîtres eut sa réaction amenée par les
frères Hopfer. Ils furent appelés les Maîtres au chandelier, au vase
de fleur, et plus justement à la fleur de houblon, parce qu'ils plaçaient
pour marque, à côté de leurs initiales, une tige de cette plante qui figurait
dans les armoiries d'Augsbourg. Ils travaillèrent à Augsbourg, dont
ils prirent les armes comme Cranach avait pris celles de Saxe, plutôt
qu'à Nuremberg où on les place ordinairement. Suivant un système
opposé à celui des Petits Maîtres de Nuremberg, les Hopfer réagirent
même contre les artistes d'Augsbourg qui avaient subi des influences
italiennes ; ils gardèrent le culte des formes tudesques jusqu'à l'incorrection et à la saleté. Leur mérite fut d'obtenir dans leurs estampes par
les procédés de l'eau-forte, le pittoresque et l'effet des dessins. L'aspect
sale qu'elles présentent est dû à la matière sur laquelle ils opérèrent, le
fer-blanc. Les rinceaux qui ornent leurs gravures, ont porté à croire
qu'ils étaient orfèvres ; cependant, le nombre et la variété de l'œuvre
entier, l'esprit satirique de plusieurs suites bibliques, la reproduction
de beaucoup d'estampes originales, indiquent sinon d'habiles dessinateurs, du moins des artistes ingénieux.

David Hopfer, le plus vieux et le plus original, a un accent prononcé
dans ses figures, de l'invention dans les motifs d'architecture et d'ornement dont il relève ses compositions, et de la couleur dans la pointe.
Ses types sont tous de Souabe et très-mal choisis. Dans les têtes qui
auraient dû l'inspirer le mieux, il ne trouve qu'un front bombé, un nez

long et retroussé, un menton en arrière ; quelquefois seulement , comme
dans *Le Christ*, il a pu se rapprocher davantage des modèles d'Albert
Durer ; le plus souvent il exagérait la grossièreté des graveurs en bois ,
et tombait dans le burlesque et le dégoûtant, surtout dans les figures nues.
Mais il ne faut juger l'artiste que par l'ensemble et par l'effet de l'eau-
forte. Il paraît le premier qui ait fait des essais imitant la manière du
lavis. On cite dans ce genre *Le Linge de la Véronique tenu par deux anges.*

JÉRÔME et LAMBERT HOPFER, en continuant la manière de leur frère,
ont ajouté à l'œuvre commune un intérêt de plus ; ils copièrent plusieurs
estampes des anciens Maîtres d'Allemagne et d'Italie : Mantegna, Campagnola , Jacques de Barbary et d'autres sans doute qui ne nous sont connues que par ces reproductions. Elles sont d'une fidélité peu scrupuleuse
et trop masquées par la manière négligente du copiste ; mais , à cause de
l'extrême rareté ou même de la perte totale des originaux, l'iconophile
se réjouit de les retrouver là.

2. HANS LAUTEN SACK, peintre de portraits, de paysages et d'armoiries,
à Nuremberg, contemporain des Petits Maîtres, appartint aussi à l'École
romantique. Bartsch décrit cinquante-neuf pièces avec des dates de 1544
à 1560. Dessinateur douteux, graveur hardi, il se servit du burin et
de la pointe sans mesure et souvent sans goût ; il introduisit le paysage
dans ses compositions plus largement qu'on ne l'avait fait jusque-là ,
et donna à ses arbres et à ses rochers des formes pittoresques , quelquefois extravagantes. Ses personnages épais , ses grosses têtes, où l'on a
de la peine à trouver une autre expression que la trivialité la plus rustique , intéressent donc comme contraste et aussi pour leur disposition
singulière dans des paysages touffus. Le travail de la pointe y a d'ailleurs
un fouillis plus agréable que celui des Hopfer. Dans les portraits , Lauten
Sack fut plus sec que les burinistes ; ses figures prennent l'accent du terroir d'une manière plus prononcée.

3. Le graveur le plus distingué du groupe des eaux-fortistes fut Au-
GUSTIN HIRSCHVOGEL, troisième fils de Vitus Hirschvogel le vieux,
peintre sur verre et sur émail à Nuremberg, célèbre sous le nom du Maître

à l'oiseau, dont tous les enfants avaient exercé la profession du père et pratiqué comme lui la gravure. Augustin, orfèvre de plus, dit-on, grava à l'eau-forte, de 1543 à 1550, des sujets historiques, des portraits, des paysages et des ornements, d'une manière plus facile et plus agréable que Lauten Sack. Il est surtout cité pour ses paysages d'un chic vétilleux, quelquefois très-pittoresque. Parmi les pièces nombreuses du cabinet de Dresde, j'en avais remarqué une, *L'Embouchure d'un fleuve*, plus petitement faite, qui m'avait d'abord paru attribuable au vieux Hirschvogel; mais la date lue d'abord 1513, s'est trouvée, à la bien regarder, 1543. Suivant Heinecken, Vitus le vieux est mort âgé de 64 ans, en 1525. Je n'ai à remarquer ici que ses sujets historiques. Son dessin rond laisse à désirer pour la correction, surtout dans les figures de grande dimension et dans les extrémités, mais sa pointe est adroite et spirituelle.

Dans une suite nombreuse de *Scènes de l'Ancien et du Nouveau Testament*, curieuse pour l'invention des sujets et l'expression des têtes, on trouve des figures trapues, un Christ court, coiffé d'un grand nimbe, une Vierge commune. Le dessinateur dépasse quelquefois les bornes de la vulgarité; il a, comme Hopfer, des velléités satiriques. Dans *La Résurrection de Lazare*, pièce gravée agréablement avec un certain sentiment de la couleur, le ressuscité de Béthanie, se dressant tout enveloppé de son linceul, produit, au milieu de figures toutes raccourcies, un effet réellement chargé.

Hirschvogel a bien réussi dans les portraits, où sa pointe a su prendre une liberté fort expressive; mais, pour arriver à la beauté pure, il prit, comme ses compatriotes, un singulier chemin. Sa *Cléopâtre* en coiffe, les jambes arquées, les flancs avachis, est heureusement gravée d'un pointillé fin et sobre.

XV.

Les Graveurs éparpillés.

1. J'ai parcouru, de Nuremberg à Wittemberg, à Augsbourg, à Strasbourg et à Bâle, les ateliers capitaux de la gravure allemande. Il se produit encore quelques graveurs dans d'autres cercles, mais ils ne font pas

École; ils subissent à divers titres l'influence des Écoles établies, et vont même en Italie chercher des inspirations qui ne les portent pas bien haut.

NICOLAS WILBORN, dont le nom a été trouvé par Brulliot sur l'estampe d'une gaîne représentant Adam et Ève au milieu de rinceaux et une Scène de danse des morts, est donné maintenant comme un graveur de Westphalie. Il est l'auteur de plusieurs pièces, de manière assez différente, avec les monogrammes formés des lettres N W et N W M, et des dates de 1533 à 1563; ce sont de petits sujets mythologiques, des ornements, les portraits des chefs anabaptistes de Munster et un assez grand nombre de copies. La dureté et l'habileté de son burin dans les ornements, les étoffes, les accessoires, son défaut d'invention dans les figures, ont fait supposer qu'il était orfèvre; il a imité plusieurs pièces dans le genre des nielles. On a remarqué particulièrement dans ses copies, celles qu'il a faites d'après le Maître au caducée; elles sont gravées avec beaucoup de finesse et une assez grande fidélité. Ottley conjecturait que l'auteur de ces copies avait résidé en Italie, mais il doutait de son identité avec l'auteur des pièces données par Bartsch au monogramme N W, depuis nommé Wilborn. Il aurait été confirmé certainement dans ce doute, s'il eût connu les *Plan___ ___ont* ce monogramme avec la date de 1563, et faites dans une m___ ___ passablement différente. En admettant que Brulliot ait bien constaté l'identité des chiffres, il n'est pas impossible qu'un orfèvre de peu d'initiative ait fait, à une distance de trente ans, les unes et les autres.

2. JEAN LADENSPELDER, de Essen en Westphalie, travaillant de 1540 à 1549, échappe à la puérilité des Petits Maîtres pour se rattacher encore aux modèles d'Albert Durer; il subit aussi à un degré prononcé, l'influence des maîtres italiens régnant à Rome après Marc-Antoine; quelque considération lui est due pour cela et pour d'autres petites qualités. Dans deux pièces capitales du maître : *La Vierge dans sa gloire sur le croissant et le serpent*, 1540; *La Vierge tenant l'enfant Jésus sur sa main comme un calice*, l'attitude est grande malgré l'ingénuité du geste; mais l'expression fait défaut et le dessinateur, incertain, sans modèle, ne sait pas s'en faire un. Dans *Le Christ entre les bras de Dieu environné d'anges*, 1542, le dessin est plus sûr, la gravure est forte et

habile mais non sans sécheresse, et l'artiste marche ici d'ailleurs dans les voies d'Albert Durer. Dans beaucoup d'autres petites pièces, *Les Évangélistes*, *Les Péchés capitaux*, je trouve des types vulgaires, des formes allemandes, plus accusées que celles des Petits Maîtres sans être aussi bien réussies.

On imaginerait volontiers ici un voyage de Ladenspelder à Rome ; mais, comme toute sa biographie est dans ses estampes, je me borne à constater dans *Adam et Ève*, étude grande, correcte, d'un effet de burin heurté et pittoresque, la trace de Michel-Ange ; dans *une Académie au milieu d'un paysage*, la façon de Caraglio ; et dans *Les Planètes*, des tournures longues, infléchies et grandioses, imitées d'une manière dont l'allemand a certainement bu le venin auprès de quelque École italienne de la deuxième heure.

3. Je ne me propose pas de rechercher ici les nombreux monogrammes et anonymes au burin qui pourraient s'ajouter à la nomenclature des Écoles allemandes du XVI⁰ siècle sans les enrichir. Cette étude conduirait sans doute à remplir plus d'une lacune regrettable ; mais les estampes incertaines du XVI⁰ ne sauraient présenter, même avec un mérite supérieur, l'intérêt des incunables. La plupart ne sont que des copies d'estampes assez connues, dont elles constatent tout au plus le succès ; les autres sont des essais trop timides et trop particuliers pour servir à l'histoire des types. Je n'en citerai que deux.

Le monogramme M T joints, que Christ a nommé *Martin Treu*, à qui je proposerais de reporter la biographie calomnieuse que Sandrart a donnée de Sebald Beham, est un Petit Maître à la suite, gravant minutieusement et lourdement des paysans obèses et crapuleux. Bartsch décrit de lui une quarantaine de pièces datées de 1540 à 1542.

Le monogramme formé d'un C placé à l'opposite d'un G, avec des dates de 1534 à 1537, que personne n'a nommé, indique encore un Petit Maître plus agréable que le précédent, mais de plus de patience que de talent ; il a quelque mérite dans les ornements et les portraits. Mariette, qui lui accorde une note, le croit orfèvre et imitateur de Jacob Binck ; aux portraits qu'il a laissés de George, duc de Saxe, et de Simon Pistorius, l'ami de Luther, on pourrait le croire Saxon ; ces portraits rappellent, d'ailleurs, la manière de Melchior Lorck.

LES ÉCOLES DES PAYS-BAS.

XVI.

Lucas de Leyde.

En parcourant les tableaux de l'École flamande primitive, qui précède et domine même en plusieurs points l'École italienne, on aperçoit une marche dans les manières analogue à celle des modifications de l'architecture ogivale. Les types se contournent, se hérissent, deviennent anguleux, grimaciers, et transforment la nature naïve et délicate des premiers temps, en une nature concrète et palpable; puis, atteints par l'influence italienne, ils se régularisent et se mêlent, de Van Eyck à Quinten Massys et à Michiel Coxie ; ce mouvement s'est accompli : dégradation à certains égards, progression à d'autres ; la gravure y trouva des conditions heureuses.

Lucas Jacnsz, élève d'un de ces réalistes gothiques, peintre remarquable par l'ordonnance, l'éclat et le fini de ses tableaux, qui imite la nature jusque dans ses misères, qui donne à la sainte Agnès du beau triptique des Sept-Saints de la Pinacothèque de Munich, des yeux en coulisse et des gants crevés, eut dans la gravure un génie prime-sautier. Il avait appris le maniement du burin chez un armurier et chez un orfèvre, et il produisit ses premières estampes en 1508, n'étant encore âgé que de 15 ans. Timide et grêle dans ses premiers ouvrages, précis et gothique toujours, il devint bientôt, dans ces conditions, un graveur consommé, et acquit le maximum de puissance accessible à la gravure, comme ordonnance et exécution d'une scène détaillée ; il obtint une dégradation dans les plans, une finesse et une proportion dans les lointains, que le burin n'avait pas encore montrées, même dans les ouvrages de Durer ; enfin, il créa un type de figures hollandaises, que ne fera pas oublier toute l'habileté de ses compatriotes à dessiner précieusement et à faire briller sur la toile, comme des rubis, les matrones et

les juifs. On a voulu en faire le rival d'Albert Durer à qui il put en
effet emprunter quelque chose, mais il le lui rendit bien. Ils s'étaient
rencontrés dans un voyage à Anvers, en 1520, et avaient échangé leurs
portraits et leurs gravures[1]. C'est un petit homme, dit Durer, comme
pour s'étonner de tant de talent dans un corps chétif. En s'arrêtant
à une de ces comparaisons qui amusent quelquefois les iconophiles,
on trouverait que Durer a plus d'ampleur et Lucas plus de mordant;
que le graveur de Leyde avait plus de science de composition, mais
moins d'élévation dans le style; qu'il est resté plus confiné que le
graveur de Nuremberg dans ses types locaux et gothiques, mais que là
il montra peut-être plus d'esprit dans ses têtes. Du reste, il y a toujours
entre leur type la distance de Nuremberg à Leyde; elle est facile à
saisir sur les lieux mêmes. Tandis que la beauté franconienne se tient sur
la place de la Schœnbrunn, dans le même habit et faisant la même moue
que *La Fille du trophée à la tête de mort* composée par Albert Durer,
la beauté doucereuse qui inspira Lucas de Leyde et servit de modèle
pour le tableau du Jugement dernier de la salle du Stadthaus, peut être
aperçue derrière l'espion d'une croisée ou au détour du canal, baignant
la coupole d'un *Tuin Huis.*

Lucas a gravé le Christ à tous les âges, d'après un modèle petit,
placide et triste; la barbe rare, les cheveux négligemment ordonnés. Sa
Vierge, faite aussi à des âges différents et sous des costumes variés, est
une Hollandaise aux traits arrondis et au maintien rassis, tenant avec
aisance un enfant grassouillet et mignard; l'agencement du groupe est
toujours plein de naturel et de sentiment; les draperies sont amples, à
plis empesés mais très-habiles. Le maître a excellé aussi dans la représentation des femmes aux parures mondaines, *La Reine de Saba, Esther,
Dalila, Madelaine,* Hollandaises plus décidées encore de physionomie
et de tournure, le front bombé, avec des coiffes et des guimpes d'un
goût tout local et d'une grande richesse. Il n'a pas représenté avec moins
de vérité les laitières et les gueux; *L'Espiègle,* dont la rareté procure

---

[1] Albrecht Durer, Journal d'un voyage dans les Pays-Bas; *Le Cabinet de l'amateur,* 1840,
pag. 503 et 504.

tant de jouissances à l'iconomanie hollandaise, resté la souche d'une
lignée florissante dans les musées comme sur les treckshuyten.

Lucas fut moins délicat dans les figures nues qu'il choisit peu et qu'il
prend sur un sol où la richesse est plus prisée que la noblesse. Son idéal
réside dans un corps dodu, un nez camus, une jambe busquée et un pied
plat. *Ève*, *Les Filles de Lot*, *La Femme de Putiphar*, aussi bien que *Lucrèce*,
Vénus la très-belle déesse d'amour, gravées souvent avec le travail le plus
soigné et le plus agréable, présentent la même indélicatesse de formes,
très-reprochable sans doute, absolument parlant, mais qui a son motif
dans la nature de certaines races d'artistes. Il faut en prendre son parti en
abordant surtout l'École hollandaise, où tant de dessinateurs arrivèrent
au beau par de si laids moyens, même après qu'ils eurent vu les jolis
expédients des autres Écoles. L'artiste qui a pour horizon une prairie
sous un ciel brumeux, dominée par un moulin à vent, ne saurait avoir
l'idéal de l'artiste dont les yeux ont pour champ les collines du Latium,
le Soracte et le mont Albane.

Lucas n'avait jamais quitté la Hollande. Sans suivre ici la biographie
intéressante mais trop arrangée, que lui ont faite les historiens de l'art
hollandais, il suffit d'indiquer qu'il eut une vie aisée, glorieuse, mais toute
de travail, égayée d'un riche mariage, d'un voyage en treckshuyt de
gala, à travers les villes flamandes, et assombrie d'un soupçon d'empoison-
nement. M. Michiels, avec des recherches savantes et un amour très-vif
pour les artistes primitifs, a trop souvent renchéri sur le romanesque
des récits et des traditions qu'il a recueillis. En complétant le récit que
nous en a laissé A. Durer, nous voyons dans le portrait qu'il a gravé de
lui-même, en traits de burin aussi rapides que sûrs, une figure chétive,
mélancolique mais résolue. Je parle plutôt de la tête coiffée d'un chapeau
rond, que du buste, se drapant avec une tête de mort qu'on s'est plu à lui
donner. Il mourut en 1530, âgé de 39 ans, et sur son lit d'agonie il
gravait encore.

La même année mourait à Malines, Marguerite d'Autriche, la fille de
Maximilien, Gouvernante des provinces des Pays-Bas, passées depuis
trente ans de la maison de Bourgogne dans les domaines de l'Empire.
Margot, *la gente demoiselle*, était poète, musicienne, d'un esprit fin et

enjoué, et grande protectrice des peintres; elle avait des tableaux de Van-Eyck, de Fouquet, de Rogier, de Michiel Coxie, de Jacques de Barbary, mais il ne paraît pas qu'elle ait beaucoup prisé les estampes. A. Durer, qui la visita dans son voyage à Anvers, et qui lui avait donné sa *Passion* et son *Saint Jérôme*, se vit refuser le portrait de Maximilien. Il écrit dans son journal : « Je n'ai rien reçu de madame Marguerite pour tout ce que je lui ai fait et donné. » Mal lui en a pris de dédaigner les graveurs ; car son portrait, si Lucas l'eût gravé, aurait une immortalité plus populaire que les portraits qu'ont pu laisser d'elle ses peintres favoris.

XVII.

Les verriers hollandais.

1. La gravure n'eut pas d'abord dans les Pays-Bas la prospérité qu'on pouvait attendre. Lucas de Leyde ne fit pas une École comme A. Durer ; il ne se peut pas cependant que tant de villes florissantes, habitées par tant de peintres et d'orfèvres, n'aient pas eu de graveur au burin. Albert Durer, dans son voyage de Flandre, reçu avec tous les honneurs dus à un grand artiste par les peintres et les orfèvres, distribue avec générosité ses estampes, et parmi ceux qui les accueillent, on trouve, au milieu de plusieurs noms connus et inconnus d'amateurs et d'artistes, M° Gilgen, M° Marx Goldschmied, M° Hœnigen, M° Dietrich, peintre sur verre. On peut bien citer ces noms sans œuvre connue, à côté de tant d'œuvres sans nom découvert. Un excellent historien de l'art a même avancé que le dernier pourrait bien être le Maître à l'étoile.

DIETRICH VAN STAUEN, ainsi nommé depuis Orlandi parce qu'il a signé ses estampes d'une étoile placée entre les initiales D V, est jugé Hollandais par Bartsch et par Zani, qui le rapprochent de Lucas de Leyde; il a fort peu gravé. Bartsch décrit de lui dix-neuf pièces, faites entre les années 1520 et 1544. Elles répondent, en effet, à ce qu'on peut attendre d'un dessinateur pittoresque, sous l'influence des graveurs de Leyde et de Nuremberg.

Jésus-Christ tenté par le diable a une physionomie fine et noble, une

attitude et un geste qui ne sont pas sans grandeur, bien qu'un peu ressentis. *La Vierge faisant jaillir sur saint Bernard le lait de sa mamelle*,
et *La Vierge peinte par saint Luc*, dans un atelier très-richement décoré,
offrent des figures épaisses, au contour accentué, et empreintes d'un
sentiment d'élégance remarquable ; *Le Déluge*, pièce capitale du Maître,
révèle des qualités plus grandioses, des têtes expressives, des membres
étudiés, quoique faits trop ronds et trop courts. La composition, d'un travail uniforme, manque d'effet général ; mais il y a dans le fond un motif
d'orage très-habile.

Le Maître à l'étoile s'est donc montré dans le petit nombre de pièces
que nous avons de lui, non pas précisément un graveur de profession,
il reste au-dessous des Maîtres pour la composition et la correction,
mais un buriniste à la fois précieux et pittoresque, vivement senti dans
son dessin, piquant dans ses expressions, coloré dans toute sa manière.
Il tient bien sa place dans un coin de l'École flamande encore inexplorée.
En l'acceptant comme le peintre sur verre d'Anvers, on lira avec intérêt
quelques détails du voyage de Durer. Le Maître vitrier donna au peintre
de Nuremberg de la couleur rouge qu'on retire à Anvers des briques
neuves, et en reçut le cadeau d'une Apocalypse et de six bâtons à nœuds.
Il l'invita ensuite à un banquet pompeux en compagnie de plusieurs
artistes.

2. *Le Maître à l'écrevisse* est connu depuis les premiers collecteurs
d'estampes, Marolles et Florent Lecomte ; mais son nom, cherché dans
l'étymologie flamande ou italienne du crustacé qu'il a pris pour marque,
Krebse, Krab, Kreeft et Gambaro, était tout hypothétique. Bartsch le
croyait Allemand ; Brulliot le jugeait plutôt Italien ; Zani, sans en disserter
expressément, le désigne dans la description de plusieurs de ses estampes
comme un ancien anonyme hollandais ; Mariette le donne décidément aux
Pays-Bas : « Il y a eu en Hollande, dit-il, deux peintres sur verre fameux,
qui se nommaient Crabetie et qui vivaient au commencement du XVIe
siècle. » Ici encore, Mariette a rencontré juste. La notice détaillée des
deux verriers de Gouda, Dirck et Wouter Crabeth, qui ont signé leurs
verrières de 1555 à 1576, a été donnée par Le Vieil et ne permet plus le

doute [1]. Le vitrail de Gouda, décrit comme *La Reine de Saba devant Salomon*, est sans doute le sujet gravé dans l'estampe d'*Esther devant Assuérus*.

WOUTER CRABETH est un maître indépendant et original, éloigné de Durer plus que de Lucas, mais rapproché plutôt de Dietrich. Son burin précieux et fin prend dans certains travaux un grignotis moelleux et pittoresque qui n'est qu'à lui, et aussi un aspect poli qui est propre aux graveurs hollandais. Ses formes sont longues, mais très-arrondies dans les contours ; il a dans les draperies l'ampleur et le luxe qui me semblent aussi caractéristiques de l'École. Le graveur n'est pas d'ailleurs égal dans tout son œuvre, composé d'une trentaine de pièces : il y en a qui paraissent de son premier temps, d'un dessin plus inexpérimenté et d'un burin plus pauvre ; d'autres sont d'un travail plus sûr et plus soigné ; d'autres, enfin, d'une ordonnance plus savante et d'une expression plus élevée, indiquent l'influence italienne et particulièrement la connaissance des ouvrages de l'ancienne École vénitienne

Le Christ, tel qu'on le voit dans plusieurs estampes du Maître à l'écrevisse, *Le Sauveur bénissant*, *L'Ecce-homo* et plusieurs autres scènes de la Passion, est d'un modèle ressenti : tête à grande chevelure, barbe bifide, musculature accusée, mouvement dramatique, nimbe et accessoires compliqués. *La Vierge allaitant l'enfant Jésus*, assise sur un banc de gazon, *La Vierge embrassant l'enfant Jésus*, au seuil d'un portail gothique, *La Vierge tenant l'enfant Jésus debout sur un coussin*, 1528, montrent bien la distance qui sépare Crabeth des allemands ; ces madones sont différentes aussi de celles de Lucas : plus mondaines, plus replètes et d'une expression recherchée, sans être ni plus noble ni plus belle. *La N...ivité*, prise autrefois, selon Zani, pour un ouvrage de Mantegna, offre une disposition singulière avec ses anges qui adorent et son berger souriant derrière une colonne. Ce personnage gros et barbu, les gants aux mains, le chapeau à capuchon sur la tête, paraissait à Zani un portrait [2], et on pourrait y voir aussi bien le portrait du Maître.

Esther devant Assuérus, traitée plus complaisamment encore, est la

---

[1] *Art de la peinture sur verre*, in-4°, pag. 95, Neufchâtel, 1781.
[2] *Enciclopedia*, part. II, tom. IV, pag. 374.

poupée la plus curieuse de Crabeth ; elle est riche d'appas et de parures, comme il convenait à la belle juive de Suze ; mais prise tout
entière, figure et toilette, front arrondi et œil minaudier, coëffe à
cornes et à tortillons, sur quelqu'une de ces jolies filles qui excitèrent
l'admiration d'Albert Durer, lorsqu'il les vit à la procession de Notre-
Dame d'Anvers. La manière du graveur se montre plus outrée dans ses
femmes nues : *Lucrèce, Thisbé,* traitées avec tout le précieux dont il
était capable, jusqu'aux plus menus détails, ont peu de beauté et encore
moins de noblesse, mais elles se poignardent dans l'attitude la plus
agréable et l'accoutrement le plus voluptueux. Au reste, le Maître à
l'écrevisse traita les fonds d'architecture et de paysage, les draperies
et les accessoires, avec plus de distinction que les figures, dont il éludait
volontiers la difficulté dans des profils perdus. Les peintres sur verre qui,
en Hollande comme en France, fournirent à la gravure, paraissent plus
naturellement occupés de l'effet décoratif et de la découpure des représentations, que de leur parfaite régularité.

3. On connaît une douzaine d'estampes au burin, marquées des initiales N H, auxquelles se joignent ordinairement les chiffres romains XXIII
et XXVI, les chiffres arabes 1523, 1525, et quelquefois la désigna-
tion du chapitre de la Bible d'où est pris le sujet. Mariette se demandait
si ces lettres ne désignaient pas *Nicolas Hogenberg;* Strutt y voyait un
N. Hopfer; à Dresde, je les ai trouvées interprétées par *Hans Neudorfer.*
Bartsch, sans les expliquer, les confondait avec les lettres H N qui se trouvent sur une gravure en bois de Lutzelburger. Ces estampes, bien exami-
nées, ne sauraient appartenir ni à Hogenberg de Munich, qui grava l'entrée
de Charles V et de Clément VII à Bologne, dans le goût de Jobst Amman,
ni à Neudorfer, maître écrivain de Nuremberg, d'après lequel on a imprimé quelques planches de bois; mais Mariette était plus près de la
vérité, lorsqu'il rapprochait certaines estampes à cette marque de celles
du Maître à l'écrevisse : *Sainte Dorothée, Sainte Barbe, Sainte Marguerite,*
marquées N H, lui paraissaient du même Maître que *Adam et Ève, Saint
Jean-Baptiste,* marquées de l'écrevisse. Sans admettre l'assimilation, on
peut accepter l'analogie, et chercher le graveur parmi les élèves des

Crabeth, qui travaillèrent aux verrières de Gouda et qui avaient pu apprendre d'eux la gravure.

Le Maître aux initiales N H a un dessin magistral, sans qu'il soit absolument correct, un burin ferme et artiste, une manière à la fois large et précieuse qui convient à un verrier placé entre le Maître à l'écrevisse et le Maître à l'étoile. Celui-ci avait aussi l'habitude de mettre sur ses estampes des chiffres romains indiquant le jour du mois ou de l'an. *Le Christ en buste*, la tête appuyée sur le coude et embrassant la colonne, est une figure peu correcte, sans idéal, mais recherchée d'effet et ayant la barbe disposée en boucles symétriques. *La Vierge en buste*, tenant sur ses deux mains l'enfant Jésus qui presse en souriant le sein de sa mère, d'un dessin ressenti et d'un burin sobre, a des ressemblances de type avec les madones du Maître précédent, un grand front dans la mère, un profil perdu dans l'enfant. Je citerai encore comme non décrites par Bartsch, *Sainte Catherine*, d'un burin plus moelleux et plus grignoté, *Jérémie agenouillé devant le Seigneur*, *OEdipe consultant le Sphynx* dans une enceinte de ruines. Toutes ces pièces, qui méritent plus d'attention qu'on ne leur en accorde d'ordinaire, appartiennent à une manière mal connue, que sa gothicité ferait prendre pour allemande, sa délicatesse pour italienne; elle n'est pas non plus sans point de contact avec la manière du Maître au caducée, mais elle est sûrement hollandaise. Si je connaissais le prénom du Maître verrier *Hænigen*, à qui Durer donna une fois quatre petites pièces sur cuivre [1], je le désignerais à ceux qui sont tourmentés du besoin de baptiser les anonymes.

4. Un hollandais contemporain des verriers montra dans la gravure plus de fécondité et plus de vagabondage. AERTGEN CLAESSEN, dont le nom a subi des variations nombreuses : *Aert*, *Aluert Claas*, *Claisson*, *Claissonius*, *Artejen van Leyden*, *Artileidensis*, *Artus de Lion*, et *Arto Coriario*, du nom de son père qui travaillait les cuirs, était, selon Sandrart, un élève de Cornelis Engelbrechts. Il peignit avec fougue sur de vastes toiles et sur les murs, des sujets bibliques et de belles architec-

---

[1] *Journal*, pag. 459.

tures, et ne recevait de commandes qu'au cabaret; l'ivrognerie le conduisit, en 1564, à la rivière.

On ne voit pas dans la biographie de cet artiste, qu'il ait gravé; aussi
Zani, qui le qualifie de peintre de portraits, dessinateur et même musicien, ne le donne pas comme graveur; ni Bartsch non plus, puisqu'il
déclare, en décrivant cinquante-neuf pièces marquées d'un c dans un A
gothique, ne pas savoir sur quel fondement les catalogues de vente hollandais les mettent sous le nom d'Alaert Claas. Florent Lecomte donnait
cette marque à Adrien Collaert; mais Mariette avait déjà vu que ces estampes, dont l'une portait la date 1555 et le nom du lieu où elle avait été
faite, Utrecht, ne pouvaient point appartenir à l'artiste d'Anvers désigné
par Marolles. Le livre de Le Vieil, où je trouve la meilleure notice du peintre
de Leyde [1], le donne comme un dessinateur des plus féconds, fort recherché des peintres sur verre, à qui il fournissait, au prix de sept sous la
feuille, des sujets où il ne mettait pas toute la correction possible, vu la
modicité du prix. L'attribution aujourd'hui acceptée repose donc sur des
coïncidences de date, de pays, et sur des similitudes de manière; une
revue équitable de l'œuvre montrera mieux ce qu'il en faut croire.

Le graveur se présente d'abord comme un Petit Maître, dessinateur peu
adroit, ayant peu d'expérience des raccourcis et de la perspective,
minutieux copiste de Lucas de Leyde, de Beham, d'Alde-Grave et même de
Durer, mais ayant aussi d'autres modèles et gravant d'une façon particulière. Dans les petites scènes religieuses et les petits sujets mythologiques
ou allégoriques qu'il invente, ses types sont plus bas, ses formes plus
épaisses, son style plus pauvre que celui des Petits Maîtres; mais il se
relève par la douceur et la finesse de son burin, qui procède par des
hachures unies et souvent grignotées, mode que nous avons déjà vu poindre, que nous verrons continuer dans l'École hollandaise. *La Vierge au
pied d'un stylobate sur lequel pose un ange qui la couronne* [2], est une com

---

[1] *L'art de la peinture sur verre*, pag. 91.

[2] Estampe anonyme, au Cabinet de Berlin. Les pièces à la marque d'Alaert Claas portent des
dates de 1526 à 1555, et le Cabinet de Berlin en possède même une, la Vierge assise dans un
encadrement gothique au-dessous de tous les saints du paradis, qui, à son style archaïque,
paraît plus ancienne et de la jeunesse du Maître.

position capitale par le travail de burin, bien que laissant à désirer pour le dessin et l'expression. *La Première mort*, dix figures nues exprimant la douleur devant un cadavre, montre des études anatomiques minutieuses, des traits vulgaires et même cyniques pris dans un type foncièrement batave ; mais le graveur ne s'en tint pas là : on croirait qu'il connut l'Italie, en regardant certaines de ses estampes dessinées avec une visée héroïque et grandiose que n'indiquent pas les premières pièces. *La Religion sur un char traîné par le Saint-Esprit*, fait voir pour une composition puérile une velléité de lignes et de costumes dans le grand style ; il a même dessiné directement d'après des maîtres italiens : il prit à Marc-Antoine une figure de *La Carcasse* où la finesse de son burin ne rend pas mal l'énergie de l'École romaine, et à Mantegna le portrait de Gattamela de Narni. Dans ces pièces, qui dépassent la portée des Petits Maîtres, le graveur ne se montre pas plus correct et plus noble ; mais il prend cette exagération de formes que la vue des modèles italiens donna aux artistes des Pays-Bas.

5. On peut classer encore à côté des verriers hollandais un artiste de Bois-le-Duc, qui travailla d'abord en Petit Maître et dans la manière de son pays, mais qui gagna bientôt l'Italie et y changea sa manière.

CORNELIS BOS, *Cornelius Bus* [1], peintre, verrier, architecte, pratiqua la gravure avec distinction, de 1530 à 1554. Il méritait, ce semble, de la part de Vasari, plus d'attention que d'autres graveurs dont il a parlé longuement ; il tint à Rome avant Beatrizet, un atelier de gravure, remarquable par la variété et la qualité de ses œuvres. Bos peut passer d'abord pour le graveur immédiat de Michiel Coexie, avec lequel il vint peut-être à Rome vers 1532. Mariette lui attribue *La Conversion de saint Paul* por-

---

[1] Zani lui a appliqué aussi le nom de Guillelmus Sylvius, qui se trouve sur une estampe de la Madeleine aux noces du pharisien, copiée de Marc-Antoine et signée : *Guill. Sylvi' Busc: typograp' regi' cœlabat Antuerpiœ*. Celui-ci paraît cependant un autre graveur, le même peut-être que Wilhelm Silvius, publiant à Anvers, en 1577, une version flamande des navigations de Nicolaï, avec des figures copiées de celles de Léonard Thiry, par A. van Londerseel et d'autres graveurs.

tant un monogramme compliqué des lettres C M H X I K, surmontées d'un petit o, qu'il croit la marque de Coexie. Quelque similitude autorise-rait à lui attribuer aussi *La Flagellation*, *Saint Jérôme* et les autres pièces à la même marque citées par Brulliot. Il paraît ensuite avec des pièces d'un burin propre, fin, un peu terne dans ses effets, un peu rabougri dans ses formes, mais correct et expressif; soigneux de rendre les divers maîtres qu'il suit, Marc-Antoine dont il prend quelques types dans *Les Vertus*, Léonard de Vinci dont il cherche le contour dans *Léda*. *La Vierge tenant l'enfant Jésus debout sur ses genoux*, que l'on trouve alors dans son œuvre, est aussi calme et aussi élevée que pouvait la faire un Brabançon : dans *Le Passage de la mer Rouge*, les filles israélites qui chantent et dansent sur les bords de la mer, montrent dans leurs mouvements une grâce discrète, des têtes agréables, des extrémités fines et un style plus sage que celui de ses compatriotes. Comme Petit Maître, il exécuta encore un grand nombre d'ornements, de termes, de grotesques, dans un goût plus léger et plus italien que ceux des Floris.

Dans ses grandes pièces, Bos paraît avec moins d'avantages : la pâleur de son burin et son goût flamand y ressortent plus défavorablement. Entraîné d'ailleurs par les Maîtres exagérés qui dominaient à Rome de son temps, il se lança dans les hardiesses et les recherches de dessin, sans avoir la grandeur et le goût qui les rend tolérables ; il se rapproche alors de Vico par le travail de son burin, mais il traduit avec toute l'exagération requise, aussi bien l'appareil musculaire de Hemskerck et de Floris, que le tour forcé de Rosso et de Luca Penni. On voit par l'estampe de *L'Ensevelissement* d'après Frans Floris, 1554, avec quelle facilité il revient aux types de ses maîtres flamands ; *Le Damné* et *La Forge de Vul-cain* le montrent tout aussi habile à rendre les types des peintres romains et florentins.

Ces types des deux Écoles n'étaient pas d'ailleurs très-éloignés ; les exagérations se touchent. Il serait à désirer pour la gloire de Cornelis Bos, qu'on pût croire de lui une estampe de la plus grande dimension, *La Prédication dans le Temple*. C'est une composition si magistrale, que Zani hésitait à la croire du graveur brabançon ; la marque de la pièce et quelque étrangeté dans plusieurs parties permettent, en effet, une autre

16

attribution ; mais, considéré seulement dans ses ouvrages bien certains, Bos n'en mérite pas moins de tenir une place plus considérable que celle que lui ont accordée Huber, Bartsch et d'autres. Je n'en vois pas auquel s'appliquent mieux les éloges répétés que fait Vasari des Flamands qu'il avait connus à Rome, pour s'être assimilés la manière italienne.

Un compatriote de Cornelis, resté comme lui à Rome, ne put que garder sa piste, en se rapprochant davantage des Maîtres italiens ou plutôt de la pratique exigée par les marchands d'estampes. JACOB BOS, *Iaches Buus*, *Jacobus Bossius belga*, travaillant à Rome de 1551 à 1562, était, si on lui applique les termes d'une lettre de Doni, le protecteur de tous les artistes qui fréquentaient sa maison, et l'ami particulier de Vico. Ses grandes pièces, d'après les peintres italiens et les monuments de Rome, se rapprochent beaucoup de celles de Beatrizet ; il rappelle aussi sa manière de graver, plutôt que celle de Vico. Il paraît avec plus d'originalité et de souvenir des qualités flamandes, dans une estampe curieuse d'après la célèbre crémonèse Sophonisba Anguisciola, *La Jeune fille se moquant d'une vieille radoteuse*. Mais il ne faut pas le confondre avec Balthazar Bos, que nous trouverons à Anvers, dans l'École de Frans Floris.

XVIII.

Les Élèves de Lambert Lombard.

1. Les provinces de Hollande, de Brabant et de Flandre, réunies au corps Germanique, avaient vu déchoir la prospérité dont elles avaient joui sous la domination de Marguerite ; les soulèvements des anabaptistes, les victoires et les exécutions de Charles-Quint ruinant et ensanglantant les villes qui défendaient leur liberté religieuse, signalent la triste domination de Marie d'Autriche. On peut s'expliquer par là l'infériorité de la gravure des Pays-Bas après Lucas de Leyde, le mouvement qui pousse les artistes vers l'Italie, et même certains côtés bizarres du dessin flamand.

LAMBERT LOMBARD, élève de Jean de Mabuse, avait gagné l'Italie et y avait fait un long séjour. Revenu à Liége en 1540, avec toutes les qualités d'un grand artiste, peintre, architecte, antiquaire, opticien, littérateur et poète, il avait fondé dans sa patrie une École florissante, dont les principaux élèves dans la peinture furent Frans Floris et Guillaume Key. Nous pouvons connaître les principes qu'on y professait, par la lettre que le Maître écrivit à Vasari. Lombard, avancé en âge, a toutes ses idées tournées vers l'Italie; il regrette le pays classique, *Cornucopie d'ogni virtu e d'altro;* il parle encore avec émotion des restes de l'antiquité qu'il y a vus et étudiés. Dans ces statues antiques s'absorbe toute sa poétique ; la grammaire de l'art, qu'il sollicite Vasari de rédiger, est dans les linéaments et les proportions qui appartiennent à une belle statue: l'*Hercole grande, carnoso e musculoso, il svelto, gagliardo, morbido Apolline, liberi padri o Bacchi, le donne tante belle venere, Junone più grassota, Diana vergine, Minerva all' Amazonica*[1]. Voilà bien l'Olympe flamand du XVIe siècle. Le peintre flamand, tout engoué qu'il se montre ici de l'antiquité et de l'Italie, n'avait pas pourtant tourné le dos aux traditions de son pays ni à l'étude de la nature ; voici ce qu'en dit Goldtzius : *«Moy mesme ay veu en la maison de Lambertus Lombardus, duquel ay esté le disciple en mon stile et mestier, plusieurs peintures, lesquelles il avoit contrefaites en Alemaigne après certaines peintures anciennes des Francons, et qui bien pourront estre comparées à plusieurs belles peintures romaines. Et ay souvent oui dire audit Lambert (qui est un patron et réformateur des sciences en ces pays, qui ayant déchassé les mœurs barbares, ha ramené en ces régions la vraie science; qui aussi comme poete et orateur très-éloquent, sçait à parler de son stile, et au regard de quelque peinture ancienne, sçait-il dire de quel temps elle est painte: en outre comme vray philosophe, possède t-il toutes choses, comme ne possédant rien, et tout ce qu'il ha, il le tient pour bien presté de la nature) qu'il ne se vantoit d'autre chose que des peintures anciennes des Francons, desquelles il a prins son premier fondement, devant que jamais il vint à Rome, pour se rendre plus parfait en son art et stile*[2].» Ce français sent son pays de Liége, mais il n'en représente que mieux la Renaissance flamande ; le peintre en qui elle se personnifia tient peu de place aujourd'hui dans nos

---

[1] Gaye ; *Carteggio d'artisti*, tom. III, pag. 175-178.
[2] *Les images de presque tous les empereurs*, Anvers, 1557, in-fol. Prologue.

musées, mais il a fourni de nombreux sujets aux graveurs, dans les œuvres desquels nous le retrouverons. Nul ne le rendit avec plus d'accent et de finesse que Suavius.

2. LAMBERT SUSTERMANS, appelé en italien *Soave*, en latin *Suavius*, qui a été confondu mal à propos avec Lambert Lombard par plusieurs auteurs même récents, comme Bartsch et M. Harzen, fut l'élève du Maître de Liège ; il était comme lui peintre et architecte, et, de plus, graveur très-exercé : on peut conclure de l'inscription d'une de ses estampes, qu'il les imprimait lui-même. Les dates qu'on y trouve inscrites vont de 1544 à 1555. On ne sait s'il alla avec lui en Italie ; mais il suivit les mêmes errements et se fit un style dans lequel une véritable grandeur s'allie à quelque pauvreté. Il fit les portraits de Michel-Ange et d'Albert Durer, et s'essaya sur des compositions italiennes ; mais il grava le plus souvent des dessins de son maître ou ses propres inventions, dans une manière arrêtée et sèche de contour, fine cependant, grasse et réussie dans les jeux de la lumière et de l'ombre, au point de rappeler les estampes que l'on a fait faire depuis au soleil lui-même. Je ne connais aucune estampe qui ressemble plus à une épreuve photographique que *L'Ensevelissement* ; le burin y a rendu avec une finesse inouïe le dépérissement, la moisissure et la végétation des murs ; les plaques d'ombre, les atomes de lumière qui jouent sur tous les objets. Mariette, qui a bien distingué ce graveur et qui reproduit les paroles de Vasari sur son compte, tolérait difficilement son dessin ; il loue surtout une de ses estampes, *Saint Pierre et saint Paul guérissant les boiteux* 1553, à cause du soin qu'il y a pris de se défaire de l'ancien goût flamand pour prendre celui d'Italie. Cette pièce est pourtant bien dans la manière de Suavius comme les autres, *Le Christ et les apôtres*, *La Résurrection de Lazare*, et d'un modèle de gravure incomparable ; le dessin y est anguleux, allongé, les draperies paraissent mouillées, les attitudes quelquefois étranges, les accessoires minutieusement traités, mais les gestes sont pleins d'accent et les têtes singulièrement expressives. Dans les compositions plus italiennes comme *La Charité*, où il y a comme un reflet d'Andrea del Sarto, chez lequel avait étudié son maître, on trouve moins de sécheresse, mais aussi plus de vérité et de force.

Dans toutes, on voit du reste, à la grandeur de l'ordonnance, à la science des draperies, que la vue des Maîtres italiens a fortement agi sur lui.

Lambert Suavius avait pris de l'Italie d'autres habitudes ; il paraît avoir été dévot ; il a, du moins, composé presque exclusivement des sujets pieux. Son œuvre fournit deux effigies en médaillon : *Jésus-Christ* et *La Vierge*, datées de 1545, intéressantes par la tournure et la fortune de leur type. La tête du Christ, gravée dans la manière la plus suave du Maître, se détachant en blanc sur un fond craquelé, présente un profil délié, des traits petits, un œil doux mais perçant, un front arrondi, des cheveux relevés ; la Vierge, sous des traits raffinés et modestes, laisse percer un air mondain ; deux boucles de cheveux s'échappent de son voile. Il y a là, j'imagine, le patron des portraits de sainteté qu'exploi-teront les Wierix et les Sadeler, dans une manière léchée et agréable, qui s'appropria à la doctrine de l'ordre fameux qui vint au XVIe siècle raviver la foi, enjoliver le culte et subtiliser l'art.

3. HUBERT GHOLTZ ou GOLTZIUS, fils d'un peintre de Wurtzbourg, Roger Goltz, que Zani donne aussi pour graveur, né à Wanloo, à ce que rapporte Mariette, était élève de Lombard. Peintre et sculpteur, établi principa-lement à Anvers et à Bruges, surtout antiquaire, le premier qui en Flandre se soit passionné pour l'étude des médailles et des antiquités et les ait pro-pagées par ses nombreuses publications, il grava les planches et les portraits qui illustraient ses livres. Sa manière fut analogue à celle de Suavius, mais il eut plus de sécheresse ; exercé à dessiner sur des médailles romaines, il fit des figures maigres et comme découpées, avec des traits forts et durs. Ces habitudes le distinguent seules de Suavius, avec lequel Mariette trouvait qu'on pouvait aisément le confondre. Le symbole du peintre numismate, *Hubertas aurea seculi*, placé à la fin du *Thesaurus rei antiqua-riæ*, que tous les poètes latins et grecs du temps voulurent célébrer, est une figure d'impératrice sèche et tranchante, à laquelle un graveur anti-quaire seul a pu donner sa fleur de coin.

Gholtz s'est distingué surtout dans la gravure par *Les Images des empereurs*[1].

---

[1] *Les Images de presque tous les empereurs depuis César jusques à Charles V et Ferdinandus son frère, pourtraictes au vif, prinses des médailles anciennes.* Anvers, 1557.

Ce sont des médaillons gravés en quelques traits à l'eau-forte, tirés sur
un fond bistre et rehaussés de teintes blanches: l'artiste avait cherché par
ces clairs-obscurs à imiter l'effet des médailles de bronze ; il avait été
aidé dans l'impression par un artiste de Courtray, *Joseph Gietleughen*, qui
collabora aussi à quelques autres de ses publications. Gholtzius se flatte
de n'avoir rien ajouté du sien dans la peinture de ses médailles ; les effigies
des empereurs s'y font bien reconnaître, surtout dans les premiers
temps ; mais l'élève de Lombard n'a pu s'empêcher d'y mettre de la sécheresse et de la surcharge. Son dessin, malgré l'effet pittoresque et la grande
dimension des portraits, rapetisse l'ouvrage des graveurs antiques. On y voit
avec un intérêt particulier, les empereurs du XVIme siècle, et entre tous
Charles-Quint qui clôt la série impériale, portraité à 55 ans, au moment
de son abdication.

Mariette, qui reconnaissait bien le mérite de l'artiste dans les *jaunes* (il
appelle ainsi les images des empereurs), cite, d'après un curieux, un
livre rarissime de la Vie de sainte Pharaïlde, dans lequel se trouvent quelques estampes gravées par Hubert Gholtz ; elles ajouteraient sans doute
à l'écot d'un graveur trop oublié, qui fut effacé par la gloire de son petit-
fils.

4. Il y eut encore un graveur assez rapproché du Maître de Liége : HANS
COLLAERT, dont Mariette avait remarqué le nom sur l'estampe du *Frappement
du rocher*, à l'adresse de Cock, en 1555, et qui lui paraissait devoir
être distingué d'Adrien Collaert, qui travailla beaucoup plus tard ; il lui
attribuait la marque H C et lui reconnaissait plusieurs manières, mais
il n'a pas assez mis en saillie dans cet artiste le graveur de Lombard,
différent peut-être d'un Jean Collaert, fils et collaborateur d'Adrien, que
mentionnent Huber et Zani.

Pour ne parler que du premier, il grava, d'après Lombard, *La Femme
adultère*, *La Résurrection de Lazare*, et plusieurs grandes scènes de la Passion, publiées par Cock. La manière en est sévère, éloignée de Suavius
quant à la finesse du burin, mais ne manquant pas de douceur et conforme aux habitudes de l'École de Liége : les formes prolongées carrément, les draperies mouillées, les têtes angulaires. *Les Vertus dans des*

niches, 1555, gardent encore quelque chose du faire précieux du Maître; on peut lui donner aussi *Les Sibylles*, qui ont été attribuées à Suavius, parce qu'elles sont marquées de ses initiales.

Plus tard, Hans Collaert s'éloigna de cette manière, donna plus de fermeté et de couleur à ses travaux de burin, à son dessin des traits plus ressentis, et se rapprocha du goût de Frans Floris. *La Vierge* encadrée de l'arbre de Jessé, *Sainte Anne et saint Joachim*, et plusieurs autres pièces d'après Crispin van Broeck, publiées chez Adrien Hubert, témoignent de cette modification qui n'est pas toujours heureuse. On pourrait induire d'une estampe de *Saint Jean prêchant dans le désert*, marquée *Hans Collaert sculpsit Rome GA. Z. inventor. Adrianus Hubertus antuerpianus excudebat*, 1575, que l'artiste était alors à Rome; mais la pièce prouverait aussi par sa composition hérissée et ses formes musculeuses, qu'il y avait fort peu italianisé son style. Il a plus de distinction dans les portraits, où son burin, toujours propre, est quelquefois moelleux et pittoresque.

5. L'œuvre de Lambert Lombard contient une estampe *Jésus prêchant la parabole du Semeur*, marquée *Karolus fecit*, et une estampe de *Judith*, marquée d'un monogramme formé des lettres K S ; le même monogramme et le même travail de gravure se retrouvent sur quelques pièces d'après d'autres maîtres : *La Bataille de Constantin*, d'après Jules Romain, *L'Académie des sciences*, d'après Salviati, *Jupiter caressant Europe dans l'île de Crète* [1]. Mariette, qui a signalé ces pièces, les avait d'abord prises, à cause de leur marque et de leur travail assez semblable à celui des élèves de Marc-Antoine, pour des ouvrages de Sylvestre de Ravenne; il arriva ensuite à y constater un graveur inconnu jusque-là. « Ce graveur, dit-il, cherchait à imiter Marc-Antoine et il n'était pas mal habile; » mais il n'indique ni son nom entier ni son pays. Nous avons, en effet, ici un artiste estimable; il est flamand et élève de Lombard, car un italien n'aurait jamais saisi ainsi les types du Maître de Liége. Bien

---

[1] Mariette appelle cette estampe *Jupiter et Junon;* d'autres l'ont appelée *Jupiter et Sémélé.* Zani, aussi attentif à la fable qu'à la Bible, a trouvé le véritable sujet.

que Mariette ait retrouvé dans la première estampe citée plusieurs figures tirées des ouvrages de Raphaël, elle est tout entière, dessin et gravure, dans la manière flamande. Ce dessin ne manque pas de pureté et de grâce, mais il reste dans les données connues de l'École; il présente une carrure allongée dans les membres et une douceur singulière dans les physionomies; la gravure aussi a une précision particulière, supérieure même à celle de Hans Collaert. Dans une autre pièce, qui n'est pas citée par Mariette, *Guerriers antiques sur des navires*, Karolus rappelle le travail de George Ghisi; mais peut-on savoir s'il ne l'a pas précédé? Il a gravé plusieurs pièces flamandes que n'a pas connues Mariette: *Les Sibylles dans des niches*, *La Gourmandise et l'Avarice*, d'après Floris. Il était peut-être du nombre de ces Flamands qui gagnèrent Rome après le sac, et qui donnèrent des leçons aux graveurs romains, au moins pour le métier et la propreté du burin.

Mariette attribue encore à Karolus deux estampes, *Léda*, *Ixion embrassant Junon dans une nue*. Je connais ces jolies pièces, et je n'ose ni appuyer ni combattre l'attribution: la première, d'un dessin hardi, d'une expression agréable et d'un burin habile, nullement refroidi par le travail, est d'un monogramme un peu différent, formé des lettres X R; la seconde, sans marque, et qu'on croit faite d'après Jules Romain, parce que ce peintre est le bouc émissaire de tous les sujets scabreux, accuse un dessin superbe et un burin d'une grande finesse, sec dans quelques parties, mais capricieux dans d'autres et plein d'expression.

On ne sait qui est ce Karolus. Bartsch le prenait encore pour un élève de Raphaël; Zani, qui a cité de lui quelques nouvelles pièces, *Sainte Afra*, d'après Lombard, et une *Suite de femmes antiques*, ne s'est point expliqué [1]; Brulliot, qui en donne quelques autres, déclare s'être donné vainement beaucoup de peine pour le trouver. Heinecken, en dernier lieu, avait désigné le peintre historien des artistes flamands, Charles van Mander [2]; mais cet artiste, qui grava à l'eau-forte, né en 1548, n'alla à Rome qu'à 26 ans, c'est-à-dire, en 1574, et les estampes de Karolus,

---

[1] *Enciclopedia;* part. II, tom. VI, pag. 188, et tom. VII, pag. 331.
[2] *Dictionnaire manuscrit à la Bibliothèque de Dresde.*

quoique non datées, paraissent antérieures de plus de 20 ans. Contentons-
nous donc de savoir que ce fut un graveur de l'École de Lombard, placé
entre Suavius et Collaert, plus imprégné des façons italiennes que ces
deux artistes, et se rapprochant davantage des Mantouans. Si les deux
pièces citées en dernier lieu par Mariette étaient de lui, il faudrait lui
chercher des accointances avec l'École de Fontainebleau, où nous verrons
figurer plus d'un Flamand.

XIX.

Hemskerck et Cuerenhert.

La Hollande sous Charles-Quint eut, après Lucas de Leyde, un
artiste d'une force aussi grande que singulière. Il surgit au moment où le
pays, envahi par le fanatisme espagnol, résiste, s'apprêtant à lutter
héroïquement pour sa liberté, et il en réfléchit plusieurs aspects : l'opi-
niâtreté, la bizarrerie, la pesanteur et le nerf.

MARTIN VAN VEEN, surnommé HEMSKERCK, du nom du petit village
de Hollande où il était né en 1498, avait étudié à Harlem chez le
peintre Schoorel, chez l'orfèvre Justus Cornelis, et s'était fait connaître,
avant d'aller en Italie, par des tableaux où van Mander a relevé de
bonnes qualités, en remarquant ce qu'il y avait dans son dessin d'abrupte
et de mordant. Il passa trois ans à Rome, vers 1536, dessinant les monuments antiques et les ouvrages de Michel-Ange. Vasari a parlé des
peintures qu'il exécuta pour l'entrée de Charles-Quint, qui parurent si
belles et si étonnantes aux Romains, que ses concurrents, Battista Franco,
Salviati et le Calabrese, furent presque forcés de confesser sa supériorité ; son éducation y fut certainement modifiée. Au retour, les bons
juges de Harlem, à ce que rapporte van Mander, trouvèrent son dessin
moins rude et plus agréable. Nous voyons cependant par la description
des tableaux composés depuis son retour, et nous nous assurons par les
gravures qui en ont été faites, qu'il conserve son goût hollandais prononcé et sa manière tout originale.

Hemskerck a le dessin outré, anatomique, l'expression rude, la composition étrange, et une manière qui dépasse en bizarrerie tous les Maîtres flamands ; il montre un génie d'invention, une vigueur d'exécution et en même temps une physionomie de terroir qui auraient dû le faire appeler, puisqu'on voulait un surnom, le Michel-Ange de Harlem, plutôt que le Raphaël de la Hollande. La patrie de Gerhart et de van Ostade, produisant entre ces deux extrêmes de perfection un Hemskerck, manifeste par ce fait le caractère de sa renaissance, et l'art hollandais se ressentira longtemps de l'influence de son Raphaël. On l'a proscrit au nom du goût, mais des partisans lui restent. Mariette, qui a laissé depuis une appréciation aussi juste que complète du Maître et de ses graveurs, le trouvait dessinateur, inventeur facile, et surtout grand praticien [1]. Un bibliothécaire de l'Université de Cambridge lui a consacré une monographie [2].

Le nombre des estampes gravées d'après Hemskerck est très-considérable ; le bourgmestre van Huls, cité par l'annotateur de van Mander, en avait recueilli six cent quarante-huit. Il fournissait à des graveurs, ses élèves, des dessins à la plume remarquables par leur hardiesse et leur correction. On croit aussi qu'il a gravé lui-même quelques pièces, où l'on remarque une façon libre et pittoresque que n'ont pas les traducteurs. *Judith* mettant la tête d'Holopherne dans le sac tenu par la servante, virago peu attrayante avec sa tête en équerre et ses formes musculeuses accusées sous des draperies collantes, sera toujours admirée pour la franchise et la carrure du dessin ; *La Cène*, malgré la rusticité des expressions et l'étrangeté des attitudes, montre une science et une inspiration également étonnantes ; *Le Christ couronné d'épines* est une composition audacieuse que Michel-Ange n'aurait pas désavouée.

Hemskerck a du reste ressemblé, aussi peu que possible, au géant de la Sixtine. A son retour de Rome, il avait épousé une jeune fille de Harlem, qui mourut un an après. Plus tard, il se remaria avec une vieille, laide et

---

[1] *Notes manuscrites*, tom. IV.
[2] *A catalogue of the prints wich have been engraved after Martin Hemskerck...*, By Thomas Kerrich. In-8º, Cambridge, 1829.

avare. Avare lui-même et pusillanime, il fut victime des guerres espagnoles qui détruisirent ses tableaux.

2. DIRCK VOLKERT CUERENHERT ou CORNHERT eut un rôle héroïque
dans les luttes politiques et religieuses de la Hollande contre la domination espagnole. Il fut notaire, conseiller pensionnaire à Harlem, chargé
de missions politiques, théologien libéral, poète et l'un des restaurateurs
de la poésie hollandaise; musicien et auteur de l'air national des Hollandais, *Wilhelmus van Nassauwen;* quelque singulier que cela paraisse,
il fut encore graveur : il avait, disent ses biographes, pratiqué cet art dans
sa jeunesse, pour vivre, après avoir encouru l'exhérédation de sa
famille à cause d'un mariage d'inclination contracté après un voyage en
Espagne.

Mariette conjecture qu'il avait appris la gravure de Cornelis Bos.
Bos a pu graver d'après Hemskerck, encore cela n'est-il pas certain[1]; mais
sa manière, plus sage et plus décidément italienne, ne fait pas pressentir
celle de Cuerenhert. Celui-ci, dont les premières planches paraissent
gravées dès 1548 et 1549, prend au début la manière d'Hemskerck
et ne la quitte plus; il l'exécute avec plus ou moins de bonheur, mais
avec tant de franchise, que ses estampes pourraient passer pour des ouvrages du Maître. « Il y a peu de graveurs, dit Mariette, qui aient touché
avec tant d'esprit et de légèreté que celui-ci. Sa manière de conduire les
tailles lui est particulière, et n'en est pas moins moelleuse et artiste; enfin,
il est entré tout à fait dans l'esprit des originaux qu'il copiait, ce qui est
fort estimable et rare[2]. »

Rebecca, à cheval à côté du serviteur d'Abraham, *La Chasteté de Joseph,
L'Amour de l'or,* traduisent les types du Maître avec la hardiesse de burin
requise. Ces types ne changent pas : que les sujets soient religieux, historiques ou allégoriques, ce sont toujours des corps musculeux, au profil

---

[1] *La Forge de Vulcain* à sa marque, 1546, paraît faite d'après Jules Romain, et *Les Filles de
Loth,* d'après Hemskerck, qui paraissent de son burin, ne lui sont pas données par Kerrich.

[2] *Notes manuscrites,* tom. IV. Ce passage n'a pas encore trouvé place dans l'article *Cuerenhert,*
de l'*Abecedario* imprimé.

aigu, dans le mouvement le plus tranché ; des athlètes pour apôtres , des virago pour madones et pour saintes. Le beau dans l'idéal d'Hemskerck, c'est le fort. Van Mander fait honneur au génie philosophique de Cuerenhert des nombreux sujets allégoriques qui se trouvent dans l'œuvre de Hemskerck; un sens allégorique et bizarre se mêle aussi aux sujets bibliques traités par le peintre. Ceux qui voudraient en percer l'obscurité, auraient à fouiller dans les trois volumes in-folio des œuvres politiques et théologiques du graveur. Heureusement, ce travail n'est pas indispensable pour apprécier le chef-d'œuvre allégorique des deux artistes, la grande estampe de *La Vie humaine :* on y voit représentés les grands, empereurs, papes, rois, évêques et princes, traversant la terre sur une planche très-haute, mais étroite, d'où ils tombent pour ne plus se relever ; tandis que les petits, solides en bas, étudient, chantent et se gaudissent. Un intérêt plus local et plus vif s'attachera aux représentations que le peintre et le graveur nous ont laissées des achèvements de Charles-Quint. En voyant cette figure machiavélique sur son trône impérial , entre les colonnes d'Hercule, le glaive et le monde dans les mains, les Électeurs de Saxe et de Hesse, François Ier et Clément VII prisonniers à ses pieds, il semble qu'on en connaît mieux ce sanglant comédien , qui joua la domination du monde pendant trente ans et s'affubla du froc au dénoûment.

3. Beaucoup d'autres graveurs travaillèrent d'après les dessins d'Hemskerck, tant que dura sa vogue, PHILIPPE GALLE s'y adonna dans ses premiers temps; il était de Harlem, l'élève de Cuerenhert, au témoignage de van Mander. Ses premiers ouvrages suivent, quant au dessin, la manière de Frans Floris et d'Hemskerck ; mais il montre de bonne heure une facture toute différente, qui le renvoie à une autre École. La régularité plus grande et la pratique uniforme de cette gravure généralement plus louée, n'ont pas peu contribué à décréditer la manière d'Hemskerck, à laquelle une exécution plus artiste convenait mieux. C'est entre les mains de ces froids traducteurs, que le peintre de Harlem a pris l'air d'insignifiance qui l'a rendu insupportable. Je ne le suivrai pas dans cette décadence , bien qu'elle lui soit infligée par des graveurs qui eurent d'ailleurs d'autres mérites, comme Wierix, de Bry, van Sichem, etc.

Un graveur marchand d'Amsterdam, HERMAN MULLER, doit avoir quelque place après Cuerenhert, pour s'être tenu plus près du Maître et avoir gardé dans le burin plus de liberté. Pris d'abord pour un élève de Goldzius et confondu longtemps avec Jean Muller, dont la célébrité l'avait absorbé, Herman Muller est antérieur. Il a pu travailler avec Henri Goldzius ; mais, plus vieux que lui, il appartient à une époque antérieure, bien que plusieurs de ses estampes ne soient pas sans analogie avec celles de cet artiste novateur. Il travailla à Amsterdam, de 1564 à 1596. On l'a fait aussi élève de Cock ; mais je ne ne vois pas d'autre preuve de son séjour à Anvers et dans l'atelier de Cock, que l'adresse de ce marchand sur quelques-unes de ses estampes.

Les Vierges sages et les Vierges folles ne donnent pas une haute idée de son habileté comme dessinateur ; dans *Juda et Thamar*, il rend fidèlement, et non sans verve, l'énergie d'Hemskerck. Mariette, qui cite de lui quelques pièces d'après Stradan, les trouvait faites dans le genre de Chérubin Albert et avec tout l'esprit possible. Il faut entendre cette indication en ce sens que le graveur italien dut emprunter beaucoup aux graveurs flamands, particulièrement à C. Cort ; mais Herman Muller est antérieur. Bartsch le traite plus mal, et veut qu'on lui donne toutes les mauvaises pièces de Jean Muller, sans faire plus de cas des unes que des autres. Muller ne fut pas, en effet, un dessinateur, un inventeur ; comme graveur, sa manière fut inégale, raboteuse d'abord, et puis trop régulière. Il suivit en premier lieu les formes dégingandées de Hemskerck, comme dans *L'Espérance*, *La Charité*, *Les Vierges de la parabole ;* postérieurement il se rallia à des maîtres plus modérés, et se mit à la suite des graveurs accaparés par le commerce. Dans ses plus jolies pièces, *Sainte Cécile*, *Mercure et Aglaure*, il adoucit et contourne ses types pour se rapprocher de Henri Goldzius, dont la manière va bientôt dominer toute l'École hollandaise.

4. Nous avons quelques estampes à l'eau-forte, recommandables par leur rareté et aussi par leur mérite, qui sont l'ouvrage d'un peintre hollandais du même temps, JEAN VERMEYEN CORNELISZ, *Ioannes Maius*, fils de Corneille. Il s'attacha à la fortune de Charles-Quint, dessina ses

batailles dont on fit des tapisseries, portraita les grands de sa cour, et parada à sa suite avec une longue barbe qui le fit surnommer Jean de la barbe, et que nous pouvons lui voir dans le portrait de la collection de Lampsonius. Mariette rapporte, sans doute d'après les historiens flamands, que cette singularité, dont le prince s'amusait volontiers, ne nuisit point à sa fortune[1].

Notre iconologiste est le premier que je sache, qui ait attribué au peintre le monogramme formé d'un I et d'un C, *Joannes Cornelii*, qu'il avait d'abord cru applicable à Jérôme Cock, et qui ait relevé le mérite de ses eaux-fortes, sa pointe extrêmement légère, fine et expressive. Il vante surtout le portrait du cardinal Éverard de Lamark, de grandeur naturelle, comme un des beaux portraits qui aient été gravés, bien dessiné, gravé de chair et les ombres placées avec grande intelligence; il loue aussi le plan en vue d'oiseau du siége de Bougie, *cujus typum Joannes Maius Car. V. imp. rom. hisp. regis pictor expressit, an°* 1551. Mariette donne ensuite une dizaine de pièces. Brulliot, depuis, a parlé de Vermeyen, et a cité quelques-unes de ses eaux-fortes qu'il dit faites d'une pointe large, mais légère, et d'un goût tout particulier à ce maître.

J'en ai vu deux au Cabinet de Paris: *La Vierge dans une chaire* tenant l'enfant Jésus sur son genou, accompagnée d'un ange pinçant du luth; les figures sont en buste et d'un type plus vrai que religieux, d'un dessin sûr et d'un travail d'eau-forte grignoté; *Une femme assise brodant un coussin*, coiffée d'un voile, vêtue d'un jupon boudiné, et accompagnée d'un chien et d'un chat. C'est, dans les mêmes qualités de pointe, le portrait d'une beauté noiraude et replette. Vermeyen avait suivi plus d'une fois le roi son maître en Espagne.

---

[1] *Notes manuscrites*, tom. III et IX, et *Abecedario* manuscrit.

XX.

Cornelis Matsys, Frans Floris, les Marchands d'estampes et les Ornemanistes, à Anvers.

1. Quintin Matsys, le célèbre forgeron d'Anvers, dont l'École est une des étapes que parcourt la peinture flamande, de van Eyck à Rubens, et qui fut plus que peintre et serrurier, car on parle de lui comme musicien et littérateur, aurait été encore graveur à l'eau-forte, suivant Zani; mais la notice très-précise du catalogue du Musée d'Anvers ne l'indique pas, et nous n'avons jamais vu d'estampe qu'on lui attribuât. CORNELIS MASSYS, Matsys ou Metsys, son neveu, admis franc-maître de la Confrérie de Saint-Luc d'Anvers, en 1531, passe à bon droit pour l'auteur des estampes marquées C M A, C M E, COR MET et CORNELIVS MATSYS, et datées : 1537, 1538, 1545, 1548, 1549, 1550, 1552; seulement, comme ces pièces se divisent en deux manières, l'une toute flamande, l'autre plus italienne, Bartsch s'est refusé à les attribuer au même artiste. Un séjour prolongé à Rome suffit pour expliquer ce changement, assez grand, il est vrai, mais non contradictoire, non tel qu'on ne puisse, dans une revue un peu nombreuse des estampes aux deux signatures, reconnaître le même graveur.

Dans sa plus fréquente manière, Matsys est un Petit Maître, aux types courtauds, aux mouvements souvent ressentis, à l'expression triviale, à la gravure minutieuse et parfois grignotée, avec moins de finesse à la fois et moins de force que Claessen, avec plus d'esprit et d'originalité que Cornelis Bos. Dans certaines pièces, cependant, appartenant à la même catégorie, on peut remarquer des prétentions de tournure et de style et un burin plus large. Puis, comme fruits d'un goût flamand plus prononcé, je signalerai un certain nombre de petites scènes de cabaret et de ménage, assez croustilleuses, qui ont eu leur vogue : *L'Homme aux œufs*, émargé d'un rébus flamand, se retrouve, moins la légende, dans l'œuvre de Beham et dans celle de Binck ; le sujet fut copié par de méchants graveurs français qui l'égayèrent d'un distique :

> Puis donc qu'avec mes œufs mon mari la caresse
> Je prendraye autre coq qui mon paye intéresse.

Matsys peut bien passer pour inventeur dans ces sujets drôles, car il en a fait des tableaux émaillés de légendes comme ses gravures. Son monogramme se voit sur un tableau représentant une scène analogue : Un homme répondant à une vieille qui lui apporte un vieux luth à accorder, qu'il n'accorde que les jeunes. Je ne sache pas que l'Homme au luth ait été gravé par le maître ; mais il en existe une gravure en grand, assez lourdement faite, sous le nom de *Maester Ian flecht hoot*[1].

Ce qui a plus particulièrement recommandé le nom de Matsys aux auteurs classiques, sont les pièces qu'il a faites d'après Raphaël, *La Vierge au berceau*, *La Pêche miraculeuse*, estampes sages et de peu d'effet, mais dessinées avec une pureté et gravées avec une largeur que peu de graveurs étrangers à l'Italie atteignirent alors. *Saint Jean-Baptiste*, *La Piété*, d'après le Parmesan ou son élève Jacopo Bertoja, où se lit la marque COR MET et la date 1535[2], *La Peste* et *Le Satyre pincé par l'Amour*, d'après Marc-Antoine, marquées C M A et COR MET, en montrant encore la valeur des études italiennes du Maître, indiquent qu'on se tromperait si l'on croyait ses pièces flamandes antérieures à ses pièces italiennes, et l'une des deux signatures plus particulière aux unes qu'aux autres. Le fait est que les manières, comme les dates et les signatures, contrarient tout arrangement normal. On est donc amené à conclure que Matsys est allé en Italie dans sa jeunesse, y a fait de bonnes études, sans cesser d'être de son pays, dont il cultiva, nonobstant ses acquisitions classiques, les habitudes triviales.

---

[1] Le tableau, comme la gravure de l'Homme aux œufs, est chez M. Camborlyn, de Bruxelles, qui a bien voulu m'en expliquer les légendes. On voit encore un tableau de Matsys au musée de Berlin : Un paysage aux couleurs crues, un fourgon sur un pont de bois où un paysan lutine sa commère.

[2] Voy. une Dissertation en forme de Zani sur cette estampe. *Enciel.*, part. II, tom. VIII, pag. 251.

2. FRANÇOIS DE VRIENDT, appelé FRANS FLORIS, fils d'un tailleur de pierres d'Anvers, avait été à Liége chez Lambert Lombard, et avait visité l'Italie. Reçu franc-maître de la confrérie de Saint-Luc d'Anvers, en 1540, il inaugura avec éclat le nouveau style, que l'on croyait alors si bien italien, que le peintre en reçut le nom de Raphaël d'Anvers : on est bien revenu en Flandre de cet engouement. Si j'avais à apprécier ici le peintre, je croirais juste de le relever du mépris qui a suivi ; l'Adoration des bergers et la Chute des anges, du musée d'Anvers, contiennent des beautés de premier ordre, qu'on peut agréer à travers le baroque du dessin. Ce style, affectant le grandiose et tombant fréquemment dans le trivial, antique par rapport à Michel Cooxie qui le précède, gothique par rapport à Martin de Vos qui va le suivre, mesuré par rapport à Martin Hemskerck qui surgit à côté, caractérise un moment intéressant de l'art flamand. Le Maître en a laissé, de sa main, un spécimen considérable dans une eau-forte hardie : *La Victoire*, pièce emblématique sur les conquêtes de Charles-Quint ; on le reconnaît aussi dans un grand nombre de dessins gravés par ses disciples, qui, en l'outrant et avec des mérites inégaux d'exécution, ont bien fait sentir sa manière. Ces gravures sont pour la plupart anonymes ; elles sortirent de l'atelier de Jérôme Cock et des fonds de Jodocus de Cypria, de Martinus de Petri, etc. Plusieurs graveurs qui se firent connaître plus tard par d'autres travaux, Philippe Galle, Corneille Cort, s'exercèrent d'abord d'après Frans Floris ; je n'entends parler ici que des estampes dans la manière immédiate du Maître : il y fallait un travail gardant de la rudesse au milieu de tous ses soins, et un aspect gras à travers les coups de burin les plus durs.

La Sainte famille, autour d'une table sur laquelle est couché l'enfant Jésus, montre dans ses figures les profils aigus et la musculature affectionnée du Maître, sans exclusion d'une certaine puérilité ; *Les Vertus*, *Les Nymphes*, sont des virago dégingandées et anguleuses dont tous les traits s'en vont en pointe ; *La Mort d'Abel* n'est qu'un prétexte à des académies, à des raccourcis aventurés et à des expressions dramatiques. L'aspect général de ces gravures ne manque pas d'effet dans les sujets simples, comme *Les Arts libéraux;* mais il est d'une monotonie et d'une froideur nauséabondes dans les grandes compositions. Je crois que tout ce que je pourrais dire ici de leur haut goût flamand, ne les rachèterait pas du discrédit qui les a frappées.

3. L'école de Floris prospéra à Anvers. On y compta, selon van Mander, plus de cent élèves ; plusieurs durent être graveurs. Ceux que la médiocrité ne rebute pas, pourront les chercher parmi les noms obscurs et les monogrammes inexpliqués, où je recueille seulement quelques notes.

STALBURCH est connu pour avoir signé, de 1555 à 1562, quelques pièces d'après Frans Floris et Hemskerck : *Un Intérieur de famille flamande attaqué par un soldat antique*, gravure sèche et timide ; *Les Muses*, gravure plus grasse, qui ne donne pas plus d'agrément aux haquenées du Maître, et *Les Péchés*, qui, bien que traitées avec plus de correction et d'adresse, le desservent encore en marquant plutôt ses vices que ses qualités.

BALTHAZAR BOS ou BOSCH, latinisant quelquefois son nom en Sylvius, qu'il ne faut pas confondre avec Bossius Belga, a gravé, de 1555 à 1563, d'après Lombard, Floris et d'autres Flamands. Mariette a cité de lui *Les Géants escaladant le ciel*, d'après F. Floris, 1558, et *Jésus-Christ et la Cananéenne*, d'après Lombard. Cette dernière estampe est marquée, en effet, *Balthazar Bos fecit anno* 1553 ; elle est faite d'une façon assez pauvre, d'un burin plus court, mais peut-être moins sec que celui de Hans Collaert. Zani a cité *Rébecca* d'après Lombard, 1558 ; et j'ai vu de lui un *Recueil d'ornements* à l'usage des peintres, des orfèvres et des damasquineurs, publié à Anvers en 1540, chez Jean Honnervogt.

PIERRE IALHEA FURNIUS, peintre et graveur, travaillant à Anvers, de 1565 à 1573, a gravé des ouvrages des Maîtres flamands et hollandais de son temps et quelques compositions originales, toujours dans la manière de Lombard, sagement, mais pesamment.

GÉRARD GRONINGEN, peintre et graveur de même acabit, travaillant dans le même temps, a traité d'une manière plus variée et plus rude, mais non moins lourde, quelques sujets religieux et de grandes suites, *L'Apocalypse, Les Ages de l'homme*, où Hemskerck et Floris paraissent également appauvris.

JEAN LIEFRINK, de Leyde, cité par Vasari après Cock, comme graveur

de *La Vie et la mort de saint Jean-Baptiste* d'après Frans Floris, travaillait à Anvers entre 1540 et 1580, suivant M. Harzen. Zani le donne
comme peintre, graveur en bois et marchand d'estampes. J'ai vu de
lui une estampe à la bibliothèque de l'Arsenal : *Jacob voyant en songe un
ange qui lui montre la marque de ses troupeaux*, signée *Liefrinck*, 1558 ;
le patriarche est endormi noblement, la couronne en tête, près de son
pot de chambre ; dans le fond paraissent des animaux. La manière en est
toute strapassée, le burin ferme et gras.

Le graveur qui a signé des lettres F H des portraits de Charles-Quint,
publiés à Anvers chez Liefrinck, et gravés d'un burin précieux assez
ferme, des Muses d'après Floris et des Sibylles, dans une manière à prétentions italiennes, n'est qu'un artiste à la suite ; mais il a encore l'âpreté
de l'École, et ne doit pas être confondu, comme on le fait ordinairement,
avec Frédéric van Hulsen, graveur de portraits à Amsterdam et à Francfort, travaillant encore en 1652. Mariette, sans dissimuler sa médiocrité,
désigne quelque part un François Huys ; selon Brulliot, on doit donner ces
estampes à François-Jérôme ou Pierre-Jérôme Brueghel, peintre de ma-
rines, travaillant de 1530 à 1565. On connaît, en effet, une suite de
Vaisseaux dans des eaux peuplées de poissons, avec des rivages animés de
quelques figures, signés F. H. Bruegel ou F. H. seulement. Au même
artiste appartiendraient peut-être quelques pièces drôles, à l'eau-forte,
Stultorum chorea, *Le Guitariste de village*, etc., et des kermesses variées,
d'une gravure assez libre et assez pittoresque ; si ces pièces ne sont point
trop disparates avec les premières, il mériterait un peu plus d'attention
qu'on ne lui en a accordé.

4. JÉRÔME COCK serait le graveur le plus considérable de l'École flamande, si l'on en croyait Vasari ; l'historien, qui l'avait connu à Rome, a
fait une longue énumération de ses gravures et a vanté son talent : *la cui
mano è fiera, sicura e gagliarda molto*. Mais beaucoup d'estampes ici
décrites sont connues pour être l'ouvrage d'autres graveurs : *Les Triomphes de la Patience* en huit planches sont de Cuerenhert, *L'Histoire
d'Amnon et Thamar* en six planches, de Philippe Galle, *Les sept Péchés
mortels*, de Miricinis ; Cock n'en fut que l'éditeur. Beaucoup d'autres

planches sorties de son atelier sont restées sans attribution, et on a pu lui en attribuer la gravure; leur diversité mérite pourtant examen.

Zani trouvait sa manière dans une estampe, *La Marche au Calvaire*, qui, par une circonstance singulière, porte un *invenit* de Jérôme Bosh, un *restituit* de Lambert Lombard et un *excudit* de Cock. Mariette, qui a connu la pièce, n'en a pas déterminé le graveur; elle est faite dans une manière qui diffère de celle des graveurs connus de Lombard, en tailles grosses, coupées carrément et mêlées de grignotis, que l'on retrouve dans quelques autres pièces marquées du même *excudit*, et qui sont de l'invention de Frans Floris ou tout à fait anonymes. Mais Cock dut rester un graveur incertain; il était peintre, il était surtout éditeur: à Rome d'abord, où il résida dès 1534, il publia des ouvrages italiens et aussi des productions des artistes flamands. Il fit des suites de ruines et de paysages animés de sujets historiques, sur les dessins de Matthieu Cock son frère, de Hemskerck, ou de son invention. C'est dans ces derniers morceaux, marqués souvent *Cock fecit*, qu'on reconnaît le plus sûrement sa manière de graver; elle est grasse et pittoresque, quoique confuse et petite. Il dessinait les antiquités d'une façon moins propre que les antiquaires de Rome; mais il s'y montrait plus artiste, plus sensible à l'effet de la ruine avec tout son désordre.

Plus tard, Cock s'établit à Anvers, continua le commerce des grandes estampes, principalement des maîtres hollandais et flamands, et publia des suites nombreuses de portraits et d'ornements historiés. Il employa à ces publications un grand nombre de graveurs, dont la part est difficile à faire, comme nous l'avons vu, et il y participa lui-même dans une mesure plus difficile encore à déterminer. On trouve plus précisément sa main, dans deux petits sujets familiers disposés en segment de cintre dans des compartiments: *Un Repas de relevailles* et *Un Repas rustique*, signés H. Cock, 1563. Le graveur y paraît florisien, mais spirituel dans son dessin, coloré, et, pour employer une expression plus moderne, plein de ragoût. Il s'est encore mieux déterminé Petit Maître flamand, dans des compartiments où il s'est représenté en pied sous la figure d'un cuisinier, avec les ustensiles, les attributs et les devises auxquelles prêtait le rébus de son nom. Au surplus, Jérôme Cock se recommande comme le plus grand propagateur d'estampes flamandes , le Salamanca de Hemskerk et de Floris.

5. On ne saurait donner une notion nette des types, si on ne les montre point dans le cadre de leur temps : les ornemanistes et les architectes s'harmonisent avec le peintre d'histoire. Nos graveurs tiennent à tout : nous avons vu, avec Vico , l'architecture et l'ornementation de Rome, avec Floetner celles de Nuremberg ; Jean de Frise nous donnera celles d'Anvers.

Iohans Vredeman Vriese , *Joannes Frisius*, peintre d'architecture et de paysages, graveur et écrivain , appelé dans son pays le prince des architectes, travailla à Amsterdam, à Malines et à Anvers, de 1550 à la fin du XVIe siècle. Voici comment Cock annonce son recueil de tombeaux : *Pictores , statuarii , architecti , latomi et quicumque principum magnificorumque virorum memoriæ eternæ inservitis, adeste : et hunc libellum varias cenotaphiorum , tumulorum et mortuorum monumentorum formas typis elegantissimis in ære exaratas comprehendentem inspicitote, emite , utimini; et ingeniosæ manui Joannis Vredemani Frisii quæ has excogitavit et liberalitati Hieromini Cock cujus impensis hæc nobis exhibentur, bene favete. Valete, 1563*[1]. Jean de Frise n'est point ici désigné comme graveur, il ne fut le plus souvent que le dessinateur de ces compartiments, grotesques, termes, panoplies, vases, fontaines, jardins et édifices, publiés par plusieurs marchands d'Amsterdam et d'Anvers, qui, comme Cock, furent en même temps graveurs : Gérard de Jode, ou Judæus , connu comme dessinateur et géomètre, Philippe et Théodore Galle. Ces marchands employèrent aussi des graveurs obscurs et anonymes , entre lesquels je trouve à mentionner Lucas et Jean Deutechum , deux frères dessinateurs et graveurs, travaillant en Hollande de 1550 à 1583. La taille du cuivre était si familière alors aux ouvriers flamands , que, comme les tailleurs de bois, ils ne prennent pas le soin de se nommer. On peut croire aussi que Jean de Frise y mit la main : la

---

[1] *Catalogue d'ornements dessinés et gravés par les Maîtres des XVe, XVIe, XVIIe et XVIIIe siècles, provenant du cabinet de M. Reynard , dessinateur et graveur.* Paris, administration de l'Alliance des arts, 1846, 1847, 3 part. in-8°.

variété de travail qu'on y remarque le laisse croire. Quoi qu'il en soit, ces compositions sont plutôt d'un architecte que d'un peintre, carrément profilées, avec un luxe d'ornements trapus et de ligatures que l'on ne rencontre ni dans l'ornementation italienne, ni dans la française. Les grotesques importés de l'Italie et imités des stucs fabriqués par les élèves de Raphaël et de Michel-Ange, s'accommodaient au goût de chaque pays. Ici, comme dans les graveurs de l'École de Fontainebleau, on trouve les mascarons à palmettes, les satyres grimaçants, les marmousets et les fruits pendillants; tous ces motifs sont traités d'une façon étrange. M. Reynard a remarqué dans l'œuvre de Vriese, l'imitation de Ducerceau; mais même dans les membres où l'analogie est évidente, on voit toujours se prononcer une manière dérivant de Frans Floris. Les femmes y ont des formes carrées et anguleuses, les traits pointus, les hanches ovoïdes, les pieds plats; le goût général en est aussi plus bizarre que spirituel, et fort éloigné même de Hugues Sambin, qui lui-même est déjà si loin de Jean Goujon et non exempt de contagion flamande. Les vues d'édifices qu'on y rencontre sont caractéristiques de l'architecture hispano-flamande, dont on retrouve encore les traces, après trois siècles, à Anvers et à Utrecht; les figures qui les animent, s'approprient bien par leur tournure baroque au style des ornements et des constructions.

Un frère de Frans Floris, CORNELIS FLORIS DE VRIENDT, connu comme sculpteur, architecte [1], peintre sur verre, dessinateur de grotesques, aurait été encore, selon Zani, graveur. Il fut le premier, dit l'iconophile italien, à importer en Flandre la mode des grotesques. Les grotesques de Cornelis Floris, qu'on dit pris dans les tombeaux antiques, ne ressemblent guère cependant aux ornements du tombeau des Nasons. Ces chimères et ces satyres, enchevêtrés dans des compartiments bizarres et des guirlandes de fruits, étalent le goût flamand de la Renaissance dans toute sa richesse baroque. Les grands compartiments sont imprimés par Jérôme Cock, en 1556. Cornelis Floris y est nommé seulement comme inventeur,

---

[1] On lui attribue à Anvers l'Hôtel de Ville et l'Hôtel Anséatique.

mais il est possible qu'il en ait été aussi le graveur; le travail en est particulier, serré, gras, et d'un effet sombre qui n'est pas sans agrément. Malheureusement, le dessin est fort incorrect dans les figures; je trouve le même travail dans une estampe anonyme, plus correcte et faite certainement sur le dessin de Frans Floris : *Joseph expliquant les songes de Pharaon*, et sur une autre estampe d'un mérite plus grand encore : *Jésus présenté au peuple par Pilate pendant qu'un soldat soulève le manteau d'écarlate*, composition de six figures devant un beau portique d'architecture romaine, *aspectus ejus deformior est*, etc. H. Cock exc., 1562. Si l'on pouvait croire que Frans Floris s'est astreint à manier le burin, on lui attribuerait volontiers cette dernière pièce, tant il y a de chaleur et d'expression.

XXI.

Les Maîtres Drôles.

1. Les sujets satyriques et bouffons ont été traités accidentellement dans beaucoup d'écoles ; les graveurs en bois, les Petits Maîtres, ont eu leurs sujets gais et familiers ; il a été donné aux Brabançons et aux Flamands d'en faire toute une École. On peut sans scrupule faire état de l'École des Drôles ; car ils nous font voir de plus près et sous un jour très-particulier les types flamands. L'origine en est encore gothique dans les enchanteries et les diableries, qui avaient tenu trop de place dans l'art du moyen-âge, pour ne pas avoir leur peintre à la Renaissance ; mais il lui fallait, pour se propager dans la gravure, l'esprit de liberté du XVIe siècle. Les Drôles ne surgissent pas, comme on aurait pu croire, à Lyon, séjour de Rabelais, ni à Strasbourg où écrit Sébastien Brandt, ni à Mantoue, la patrie de Merlin Cocaïe, mais à Bois le-Duc, la ville de Jérôme Bosch, à Anvers et à Bruxelles, où les passions religieuses étaient surexcitées, au moment où le fanatisme intronisé en Espagne, venait poursuivre dans les provinces rebelles à l'inquisition l'extermination de l'hérésie.

Ces graveurs sont-ils catholiques ou protestants ? On ne saurait le dire. Leurs sujets pieux se mêlent de charges inconcevables, leurs fantasmagories ont un sens moral difficile aujourd'hui à reconnaître ; mais ce sont des gueux qui exploitent à leur façon la gueuserie dont les conseillers de la duchesse Marguerite de Parme avaient voulu flétrir les confédérés flamands et dont ils se glorifièrent, qui peignent en traits grossiers à l'exemple des prédicateurs du temps, mêlent la farce à la dévotion, la rusticité à l'esprit, et s'assurent la popularité par la liberté de leurs images.

Je voudrais qu'on connût mieux JÉRÔME AGNEN, *Hieronimus Agnen alias Bosch*, appelé BOSCH, du nom de sa ville natale dans le Brabant septentrional. Les artistes qui se sont placés à sa suite, l'ont fort incomplètement rendu ; il a été aussi maltraité par les historiens, surtout par le bonhomme Descamps, qui regrettait qu'il n'eût eu que des idées monstrueuses. Comme peintre de monstres, de fantaisies charmantes ou terribles, Bosch est précisément le Maître unique, et l'une des plus brillantes étoiles de la riche constellation de Bruges. Je n'ai point à décrire ici ses admirables tableaux, mais il faut s'en souvenir comme des premières inspirations de nos pauvres graveurs : toute prévention doit tomber devant le génie même du Drôle, tel qu'il apparaît dans le Jugement dernier du musée de Berlin, et dans le Combat des anges du musée de Bruxelles. Regardons un moment le premier de ces tableaux : Dans le Ciel, trône sur l'arc de lumière, au milieu des saints qui l'adorent et des anges qui sonnent sa venue, un Christ à face blonde et bénigne ; au-dessous de lui, crève un nuage noir qui vomit des myriades d'insectes ; plus bas, la terre obscure entr'ouvre toutes ses tombes, d'où éclatent, par endroits, des lueurs blafardes ; à gauche, s'ouvre le Paradis verdoyant, irisé, avec un souvenir de la scène primitive, une Ève du type le plus fin et des formes les plus féminines, la bouche un peu pincée par la malignité ; à droite, se démasquent les portes de l'enfer tout rouge, diapré et grouillant de scènes qui s'agrandissent dans l'ombre, de façon à occuper peu à peu tout le fond du tableau, peuplé de damnés et animé de scènes de tourments diaboliques, rêves inénarrables de l'imagination gothique la plus surexcitée. Après Orcagna, avant Michel-Ange, nul n'a peint le Jugement, comme Bosch sur ce petit panneau, où se trouvent unis le dessin précieux et la couleur merveilleuse des van Eickistes. Plus curieux encore peut-être est le tableau de Bruxelles, où l'on voit mieux comment ce singulier génie idéalisait la charge Il plaçait en contraste les anges de lumière, doués de corps d'une élégance ogivale, d'yeux azurés, de chevelures blondes, vêtus de robes à longs plis flottants, avec les anges de ténèbres, êtres hybrides, hommes, singes, quadrupèdes, volatiles, poissons, crustacés, polypes, coléoptères et légumes, accouplant leurs natures, estropiés, écorchés, désossés, tourbillonnant et toujours goguenardant.

La veine trouvée, les graveurs s'y jetèrent. On croit généralement que Jérôme Bosch a gravé au burin et en bois ; mais la plupart des pièces qui lui sont attribuées, sont gravées par d'autres sur ses dessins ou ses tableaux, et postérieures à son temps ; on sait par les registres d'une confrérie de Bois-le-Duc [1], qu'il mourut en 1518. Je n'ai vu d'estampes qu'on puisse regarder comme contemporaines du Maître, que parmi celles que Bartsch a mises sous le nom de Alart du Hamel, qui portent, en effet, écrits en lettres gothiques fleuries les noms *Bosche*, *Hameel* ou *Huamel*, suivis d'un monogramme, et qui sont d'un travail de burin tout particulier. *Le Jugement dernier* ainsi marqué, que j'ai vu au Cabinet de Berlin, n'est pas précisément la gravure du tableau que j'ai décrit ; mais c'est un ouvrage contemporain, habile dans son travail de burin, d'une propreté précieuse, d'un effet pittoresque et d'un dessin expressif : il rend le maître des Drôles avec une finesse que les graveurs postérieurs n'auront plus. Une autre petite estampe que Bartsch n'a pas connue et qui est au Cabinet de Dresde, montre aussi fort avantageusement la manière délicate de ce graveur : *Un Jouvenceau* vêtu d'un pourpoint juste au corps et d'un petit mantel, ganté jusqu'aux coudes, chaussé en pointe, sa longue chevelure ornée d'une couronne, chemine sur un monticule en tenant deux banderolles flottantes, où sont écrits des bouts de légendes amoureuses. Ces morceaux m'ont laissé le regret de ne pas mieux connaître ce Maître du XVᵉ siècle, qui ajouterait au peu que j'ai su dire sur l'ancienne École flamande. M. de Laborde [2] le donne dans une table d'artistes, comme travaillant vers 1480-1520, sans citer de document. On peut le croire orfèvre, au vu d'un pinacle ogival, élévation et plan, qu'il a gravé dans le goût des pièces signées W, mais avec plus de délicatesse.

---

[1] *Catalogue du Musée d'Anvers*, 1849.
[2] *Les ducs de Bourgogne*, tom. I.

2. Jérôme Bosch fut exploité longtemps après sa mort, principalement dans l'atelier de Jérôme Cock; l'éditeur et ses graveurs traduisirent le Maître de plusieurs façons. *Le Jugement dernier en triptique* est fait avec légèreté dans la manière de Cornelis Bos. Mariette le croyait de C. Cort, dans le temps où ce graveur était encore dans les Pays-Bas, et y reconnaissait sa manière de toucher dans le paysage, et les terrasses. *La Résurrection des morts* est d'une gravure plus fine, parcimonieuse et plus hachurée dans le fond que dans les figures ; *La Navigation de saint Martin au milieu des diables*, *L'Éléphant assiégé*, sont des estampes exécutées dans ce travail de hachures grasses et grignotées dont j'ai déjà cité plusieurs exemples. Il y en a un grand nombre qui sont moins pittoresques, et faites avec la sécheresse et la lourdeur des manœuvres. Un graveur à monogramme inconnu formé des lettres A. I., en gravait encore assez adroitement en 1599 ; les meilleures même ont été souvent retouchées, copiées, et sont allées se dégradant d'une adresse à l'autre jusqu'au marchand de Paris, Paul de la Houve, au Palais.

Je n'entreprendrai l'explication d'aucune de ces pièces, toutes chargées d'un gros sel aujourd'hui affadi ; elles ont fait surnommer Bosch le Merlin Cocaïe de la peinture. Mariette et Zani, qui acceptent l'analogie, n'avaient sans doute ni vu des tableaux de Bosch, ni lu les poèmes macaroniques de Folengo ; il n'y a rien de commun entre les facéties graveleuses du poète de Mantoue, qui n'ont paru, d'ailleurs, que vers 1520, et les drôleries diaboliques du peintre gothique de Bois-le-Duc. Ces estampes aussi repoussent toute comparaison. Pour comprendre la poétique de ces paradis, de ces enfers et de ces sphères imaginaires, remplies d'êtres déformés, cocasses et lugubres, il faudrait ressusciter l'esprit de la gueusaille brabançonne en proie au cauchemar des superstitions espagnoles, des étrangetés luthériennes et anabaptistes, et, dans l'effroyable misère qui pleut sur elle, prenant le parti de jouer et de bafouer sa misère même.

3. PIERRE BREUGHEL, de Breughel entre Bréda et Bois-le-Duc, suscité par Jérôme Bosch, et surnommé comme lui le Drôle (*viessen*, *boeren*), était l'élève de Pierre Cock d'Aelst, dont il épousa la fille, et de Jérôme Cock. Il avait, dit-on, voyagé en France. Il fut reçu franc-maître de Saint-Luc, en 1551, et travailla à Anvers et à Bruxelles jusque vers

1566. Comme peintre, il est bien loin de Bosch : il est cru, marqueté dans
son coloris et peu poétique dans ses fantasmagories ; mais on ne doit le
juger que comme inventeur et caricaturiste, ne dessinant qu'à peu près,
plus intelligent qu'expressif, d'une dévotion tout-à-fait négative et d'une
drôlerie amusante.

Il a gravé quelques pièces à l'eau-forte, et l'on cite principalement deux
paysages historiés, faits à Rome en 1552. Il fournit des sujets très-
nombreux aux graveurs de l'atelier de Cock, qui le traduisirent diversement sans le flatter ; trop proprement et trop lourdement pour de pareils
sujets, mais bien dans l'esprit même du Maître, qui reste lourd dans
les bouffonneries les plus extravagantes, et bouffon dans tous les sujets
religieux. *La Résurrection*, où le Christ s'élève au-dessus d'une caverne
pendant que les saintes femmes s'approchent, présente une composition à
intentions grandes et dramatiques, gravée d'ailleurs d'un burin habile,
varié et plein d'effet, mais qui perd tout son sérieux par les formes acut-
angulaires des figures. On y trouve *Le Christ du Jugement dernier*, long
et mince ; *Les Vierges sages et les Vierges folles*, également étirées et vêtues
de pesantes étoffes ; *Les Vertus*, *Les Vices*, *Les États*, *Les Proverbes*, sous
les figures les plus burlesques et les plus monstrueuses, mais nous livrant,
sous leurs traits les plus saillants et dans leur costume le plus vrai,
les théologiens, les moines, les charlatans, les juifs et les paysans, les
dames, les nonnes, les villageoises et les filles de joie. La physionomie
goguenarde, la tournure épaisse, les pieds patus des Flamandes, y sont
rendus d'après nature ; la cotte, la vertugade et les patins s'y montrent
avec luxe. Moins agréables quand ils déshabillent leurs commères, les
Drôles n'ont su dessiner qu'à peu près ; leurs formes ne sont pas élégantes,
leurs railleries ne sont point attiques : nous sommes en plein Brabant ;
mais leur verve fécondera l'École. Un siècle après, Ostade et Teniers
se ressouviendront du vieux Breughel. La manière des Drôles n'était pas
d'ailleurs si pauvre ; elle défraya longtemps et au loin la curiosité publique. A Paris même, l'enseigne des Quatre-Vents au Palais, où l'on
vendait leurs estampes enrichies de légendes françaises, attirait sûrement
autant de badauds que Martinet de la rue du Coq en rassemble avec les
lithographies de Gavarni et de Daumier ; et Paris, alors comme aujourd'hui,

était le point de mire, témoin le distique d'une estampe même de Breughel, *Le Maître d'école* :

Parisios stolidum si quis transmittat asellum,
Si hic est asinus, non erit hic equus.

4. Entre tous les graveurs qui ont travaillé pour Jérôme Cock et sur des sujets drôles, on doit distinguer le Maître qui a marqué ses estampes d'un monogramme composé des lettres A M E surmontées d'un P. On a été longtemps incertain sur l'attribution de ce monogramme ; il a été donné à Martinus Petri, marchand d'estampes et successeur de Cock, à Pierre Mandère et à PIERRE DE MYRICINIS. Toute incertitude doit cesser devant la pièce du *Calvaire* d'après Lombard, portant *H. Cock excud.* et *Petrus Myricinis fecit* 1555[1], gravée dans la même manière que les estampes au monogramme. Ce nom qui parut bizarre, n'est que la traduction latine de *P. van der Eyden*, *P. de la Bruyère*[2], Peintre, graveur et marchand d'estampes, dit-on, il travailla à Anvers de 1554 à 1570, dans les trois genres qui y avaient la vogue ; il fit des pièces historiques d'après Lombard et Floris, des pièces drôles d'après Bosch et Breughel, et des ornements. Ce n'est pas un graveur original, le métier chez lui domine, et trop souvent il travailla vite sans amour-propre et pour les besoins du commerce. Cependant, dans plusieurs grandes pièces, *Le Serpent d'airain* d'après Floris, *La Pêche miraculeuse*, *Jésus chez Marthe et Marie* d'après L. Lombard, il traduit convenablement et sans charge la manière du Maître, en se rapprochant de Hans Collaert ; il a toutefois le dessin plus lâché et le burin plus mou, des draperies épaisses et rondes, les traits de physionomie fortement marqués en noir, les terrains et les lointains peu faits. Ses pièces drôles, plus négligemment traitées, ne manquent pas d'esprit dans l'à peu près dont l'artiste se contente et dans la propreté qu'exigeait l'acheteur. Le dessinateur se montre dans ses charges assez habile, quoique pesant.

---

[1] Cabinet de Paris ; *Œuvre de Lombard.*
[2] Je dois l'explication à M. Camberlyn, de Bruxelles, qui a rencontré une fois le nom flamand de l'artiste sur un plan de la ville d'Anvers.

Myricinis garde plus de gentillesse dans une suite de compartiments publiés chez Cock en 1566[1]. Les petits sujets, *Le Serpent d'airain*, *Phaéton*, etc., placés entre des cariatides qui gesticulent et grimacent au milieu de masques et de fruits, sans avoir une légèreté inconnue à l'École et une correction irréprochable, montrent une certaine distinction. Le graveur y paraît inventif, pittoresque ; on le sent influencé par la vue des grotesques italiens et français. Ses cariatides, assez grandement modelées, ses formes courtes, mais bien mouvementées et quelquefois gracieuses, le distinguent nettement des autres graveurs de l'École de Cock.

XXII.

Les graveurs sur bois à Amsterdam et à Anvers.

1. JACOB CORNELISZ van Oostsanen, dans le Waterland, peintre, travaillant en 1519 et 1524 à Amsterdam, où il était encore conseiller de la ville en 1547, a signé de son monogramme, composé d'un I et d'un A gothiques séparés par un double A croisé d'un V, plusieurs tableaux, et l'on est amené à lui donner, au moins pour le dessin, les nombreuses gravures en bois qui sont marquées des mêmes lettres et datées de 1510 à 1521. Elles sont mises ordinairement sur le compte de *Jean Walter van Assen*, qui était aussi peintre, verrier, travaillant à Amsterdam en 1514 et 1517, et dont le nom paraissait plus conforme au monogramme ; mais cette marque n'est pas d'ailleurs contradictoire avec le nom du premier, Jacobus Cornelisz, qui se trouve encore dans l'édition de la Passion, donnée à Bruxelles en 1651[2].

Le tableau de La Haye, Hérodiade en buste, tenant la tête de saint Jean

---

[1] *Compartimentorum quod vocant multiplex genus lepidissimis historiolis poetarumque fabulis ornatum*, Bibliothèque de Bruxelles.

[2] *Catal. Winckler*; École des Pays-Bas, pag. 214.

sur un plat, marqué du même monogramme que les estampes, a eu l'honneur de passer pour être de Lucas de Leyde. Il a plus de brillant que ne
feraient supposer les gravures ; on y remarque des traits fins mais hétéro-
clites, des formes grasses, des attifements riches et un fond de paysage
découpé, qui justifie la réputation de Jacob Cornelisz comme peintre de
vues de ville. Dans les planches sur bois, l'artiste paraît plus gothique que Lucas de Leyde, dont il copia une Vierge : sa gravure est
rude, inégale, son style trivial ; les formes de ses figures sont maigres,
leur accoutrement dépenaillé ; les tailles ne manquent pas d'un certain
empâtement pittoresque ; mais le dessin en est pauvre, les personnages
petits et souffreteux, les types laids et grimaçants. La manière de Jacob
Cornelisz est, comme on voit, inférieure à celle des maîtres allemands ;
cependant, la verve et la vérité qu'il met dans ses compositions, la
physionomie toute hollandaise de ses personnages, ont de quoi plaire à
qui cherche le jet.

Je ne donnerai pas de signalement plus particulier dans son œuvre,
composé de longues suites : *La Passion*, deux recueils de différente
grandeur, trop souvent taillés avec la négligence des graveurs de livres ;
Les Sibylles, *Les Vertus*, remarquables par leur correction et leur accentuation ; enfin, *Les Comtes et comtesses de Hollande*, à cheval, dans leur
costume de parade, suite que vient clore la figure austère de Charles-Quint
flanqué de sa devise : HAL MAES PLVS OVTRE.

    2. CORNELIS ANTONISZOON, peintre, architecte, verrier et graveur à
l'eau-forte, travaillant à Amsterdam de 1536 à 1547, est un dessinateur
plus inventif et plus marqué des façons de la Renaissance que le précédent. Il paraît aussi dans ses gravures plus ferme et plus sobre, bien qu'il
ne soit pas exempt d'une certaine charge dans ses figures ; les idées de la
Réforme paraissent inspirer tout son œuvre, qui est bien plus long que
ne l'a vu Bartsch. *La Religion* y est figurée sous les traits d'une femme
nimbée, tenant un cochon, un chat, un perroquet ; ou bien ailée, la robe
à mi-jambe, la tête laurée et étoilée, tenant la croix dans la main et le
serpent sous ses pieds. On trouve dans l'œuvre de Cornelis Antoniszoon,
beaucoup de pièces allégoriques : *Luxe*, *Insouciance*, *Pauvreté*, *Paresse*,

Amour, *La Mauvaise fortune*, *La Fortune chancelante*; gravures inégales, faites souvent pour servir une imagerie de circonstance plus curieuse qu'artiste, mais quelquefois cependant traitée avec esprit et agrément.

Il a fait peu de sujets religieux. On peut citer *Job sur son fumier* et *La Cène* en deux feuilles, que Huber donne comme gravée d'après Frans Floris et dont il existe des épreuves en clair-obscur jaunâtre[1]. Il dessina des *Princes à cheval*, des portraits entre lesquels j'ai distingué *Christian III*, roi du Danemark, zélé protestant, et *Henri II*. On voit enfin sous son monogramme, un *Plan d'Amsterdam*, 1544, avec les armes de la ville historiées de figures hardiment dessinées.

On cite dans les catalogues plusieurs autres bois et clairs-obscurs faits d'après Frans Floris, et Mariette en mentionne deux de 1555 qu'il dit touchés fort spirituellement[2]; mais je ne les connais point d'assez près pour en faire ici l'attribution. D'autres tailleurs de bois s'exercèrent aussi sur des dessins d'Hemskerck.

3. J'ai voulu continuer l'histoire de la gravure en bois dans les Pays-Bas, en la tirant de l'impersonnalité, qui est le caractère des livres du XVᵉ siècle; mais ce caractère persiste pendant une bonne partie du XVIᵉ. Les libraires d'Anvers et de Gouda, où sont les foyers d'imprimerie les plus actifs, publient des chroniques de Brabant, de Flandre et de Hollande, avec des figures plus curieuses qu'agréables, et généralement plus négligées, quoique moins grimaçantes que les vignettes allemandes. On les place ordinairement dans l'École de Lucas de Leyde; mais il y aurait lieu à un examen plus attentif. L'œuvre de Lucas contient, il est vrai, quelques bois dont on lui attribuait autrefois la gravure; on se persuade aujourd'hui, qu'ils furent seulement taillés sur ses dessins par un graveur fort habile, qui se conformait fidèlement à sa manière; ils paraissent aussi postérieurs aux ouvrages dont je parle ici. Ce que j'ai vu des chroniques de Flandre[3], m'a montré des figures dessinées et taillées fort inégalement,

---

[1] *Catal. Winckler; École des Pays-Bas*, pag. 341.

[2] *Notes manuscrites;* tom. II.

[3] *Dits die excellente cronike van Vlaenderen.* Tantwerpen by w. Vosterman, 1531; in-folio pᵉ.

quelquefois grosses et carrées, d'autres fois fines et épineuses ; ici tout-
à-fait gothiques, ailleurs fièrement campées, mais se distinguant assez
bien par des formes ramassées, des expressions bonasses et des draperies
lourdes que je ne retrouve que là. Ces graveurs anonymes de la Flandre me paraissent d'ailleurs prendre un peu partout ; ils imitent souvent
les livres de Nuremberg. Ils firent aussi, comme les libraires de Paris,
des Heures en flamand. Plus tard, ils eurent communication des planches
mêmes taillées sur les dessins d'Holbein, et firent des éditions des
Images de la Bible et de la Danse des morts, en 1540 et 1558.

On peut voir un spécimen de ces emprunts à divers ateliers, dans le
libelle de Nicolas Brontius de Douai, *Libellus de utilitate et harmoniâ
artium*, imprimé à Anvers chez Simon Cock en 1541 ; le style en est
aussi varié que l'exécution. Sans s'arrêter aux figures les plus grossières,
Les Vertus en costume antique, au chapitre de l'éthique, peuvent rappeler
les vignettes italiennes ; *L'Adorateur* du second précepte et *Le Vieillard*
du cinquième sont taillés dans la manière suisse ; d'autres, par leur
travail de hachures courtes et rares, par la petitesse de leur expression
et leurs formes ramassées, semblent plus particulières à la Flandre.

Mais je rencontre un exemple plus remarquable du talent des dessinateurs et des tailleurs de bois de ce pays, dans la Vie de Jésus-Christ,
imprimée à Anvers chez Matthieu Cromme, pour Adrien Kempe de
Bouchont, l'année 1537, *Jesu Christi vita artificio graphices eleganter
picta*. Les comparaisons servent peu l'histoire de l'art, et je n'en
ferai pas à l'occasion de ce livre, qui en soutiendrait pourtant de fort
honorables ; on trouve ici les scènes évangéliques traitées avec une
intelligence, une rondeur, une vérité rares. Le dessin, habile dans l'ensemble, laisse à désirer dans quelques parties, dans les extrémités trop
négligées ; mais les têtes sont expressives, les draperies bien arrangées ; la taille courte, sobre, un peu pesante, surtout dans les fonds, se
fait remarquer dans les cheveux par un contour épais, qui leur donne l'aspect de perruques. Sous cette chevelure et avec son ample robe, la figure du
Christ prend un air de majesté tout particulier. L'artiste n'a pas été aussi
heureux dans la figure de la Vierge, épaisse et sans expression. *Saint
Jean-Baptiste montrant l'agneau de Dieu*, *Le Paralytique descendu par les*

toits, *La Prière de Jésus*, *L'Aveugle qui voit les hommes comme des arbres*, *La Résurrection de Lazare*, *La Pentecôte*, et beaucoup d'autres vignettes, sont de petits chefs-d'œuvre de composition et d'expression. Le dessinateur a trouvé, a créé dans un fonds exploité par tant d'autres, et je le tiens pour un Maître. Qui donc est-il ? Encore un de ces artistes multiples dont le XVIe siècle abonde ; celui-ci mérite de prendre place à côté de Lucas de Leyde et de Pierre Cock. LEVINUS DE WITTE, de Gand, appelé aussi Livino d'Anvers, était, selon Zani, peintre, architecte, mathématicien, verrier et miniaturiste. Je ne le trouve pas cité comme dessinateur et comme graveur sur bois ; mais il est nominativement désigné comme le dessinateur, sinon comme le graveur des planches de la Vie de Jésus-Christ, dans l'acrostiche initial : *In laudem pictoris tabellarum hujus libelli*, *carmen Georgii Cassandri brugensis*, dont les premières lettres forment bien le nom *Levinus de Witte gandensis*. On peut croire aussi que c'est lui que désignent Marolles et Papillon, sous le nom de Luvino ou Luvin, peintre et graveur en camaïeu [1]. Notre historien de la peinture sur verre le cite comme un excellent peintre d'histoire, d'architecture et de perspective, dessinateur des cartons d'après lesquels furent exécutées les verrières de l'église de Saint-Jean, à Gand [2].

4. PIERRE COECK VAN AELST, *Petrus Coeckius Alostanus*, peintre, architecte, géomètre, mosaïste en bois, écrivain, a une biographie assez connue [3]. Élève de Bernard van Orley, à Bruxelles, il le suivit en Italie. Emmené ensuite à Constantinople par des marchands de tapisseries, il y dessina, en 1533, la ville, ses environs et ses costumes ; au retour il s'établit à Anvers, grava sur bois, publia en flamand Vitruve et Serlio illustrés de ses figures, et mourut premier peintre de Charles-Quint, en 1550.

Sa manière est d'un décorateur et d'un xylographe, plus régulière et plus large que pittoresque ; mais elle est correcte, vraie, et on sent, à la

---

[1] *Catalogue de Marolles*, pag. 22. 1660. *Traité de la gravure sur bois ;* tom. I, pag. 400.
[2] Le Vieil ; *L'art de la peinture sur verre*, pag. 91.
[3] *Manuel d'Huber et Rost ;* tom. V. Zurich, 1801.

grandeur de l'ordonnance et à la bonne attitude des figures, l'élève
du peintre qui avait été choisi avec Michel Cocxie, pour diriger les tapisseries que Léon X fit exécuter en Flandre sur les dessins de Raphaël.
Dans *Les Mœurs et fachoms de faire des Turcs*, publiées après sa mort, en
1553, les physionomies et les costumes sont spirituellement saisis. Ces
fières femmes, au profil grec ou aux traits nègres, ces cavaliers solides,
disposés entre de belles cariatides, dans de riches fonds, sont dessinés
avec une carrure où le goût flamand se fait à peine sentir, Jackson trouve
qu'elles manquent de relief et que la taille en est grossière [1]. L'effet de
ces planches est uniforme, il est vrai, mais la perspective y est adroite,
la taille grosse, propre, mais singulièrement ferme et expressive. Pierre
Cock appliqua le même talent de représentation solide à reproduire l'entrée de Philippe II à Anvers, en 1549 [2]; le secrétaire de la ville, Grapheus,
qui a doctement décrit cette pompe, à son grand regret contrariée par
une pluie battante, a bien voulu nous avertir que les figures de son
livre avaient été posées par Pierre d'Alost, peintre impérial : *Figuras suis
locis hic visendas cura Petri Alostensis pictoris cæsarei ad symmetricam ra-
tionem esse positas.* Le dessin en est assuré et la gravure fort habile; les
figures, toutes de décoration, laissent à désirer pour la grandeur et
l'élégance, mais l'ordonnance architecturale y est des mieux fournies. Le
graveur en bois a rendu dans les meilleurs moyens les lignes enchevêtrées,
les profils cambrés et les attitudes matamores que le goût espagnol imposait
alors à la Flandre. Plût à Dieu que toutes les importations espagnoles eus-
sent été aussi supportables pour ce malheureux pays ; nous n'y verrions
pas tant de jets arrêtés, et, parmi ses artistes vagabonds, une dégradation
prématurée des qualités virtuelles du XVI° siècle !

---

[1] *A Treatise on wood engraving*, pag. 480.

[2] *Spectaculorum in susceptione Philippi Hisp. princ. divi Car. V. cæs. fil.*, an. M. D. LIX. Antuerpiæ editorum mirificus apparatus. Excus. Antuerpiæ pro Petro Alostensi impressore jurato typis
ægidii Disthemii. In-folio. 1550.

ÉCOLES DE LA FRANCE.

XXIII.

Jehan Duvet. — Jehan Cousin.

1. Le règne de François Ier ne montre, comme débutant dans la gravure au burin, qu'un artiste de bas aloi, une espèce de Petit Maître, NOEL GARNIER. Il a fait quelques pièces à sujets religieux et mythologiques, et deux alphabets historiés, qui ont été la plupart fort exactement décrits par M. Robert-Dumesnil [1] : au genre comme au travail de ces estampes, on peut le croire orfèvre. Le goût en est encore si gothique, qu'on les a crues d'abord du XVme siècle ; mais M. Dumesnil y ayant remarqué trois ou quatre copies d'Albert Durer, de Pencs et de Beham, reconnut que Garnier avait travaillé jusque vers 1540. Papillon, qui le cite comme graveur en bois, le fait fleurir vers 1522 ; une pièce avec date, reconnue depuis chez M. de Baudicourt, constate qu'il vivait encore en 1544.

La manière de Garnier simule l'archaïsme par la maladresse du dessin, la sécheresse du burin, la petitesse de l'expression et l'absence absolue de perspective et de modelé ; ses figures sont d'un type rabougri, son Ève a beaucoup trop des traits d'une guenon. Comme point de ressemblance avec les maîtres primitifs, on peut encore citer de lui des Scènes de la Passion très-pauvrement gravées, dont les derniers scribes se servirent au lieu de miniatures pour orner leurs Heures gothiques [2]. Il a fait encore quelque emploi des fonds gaufrés ou criblés ; enfin, il est plus fort dans les ornements que dans les figures. Sa Vierge n'en est pas plus gracieuse pour

---

[1] *Le Peintre graveur français*, tom. VII. Les Catalogues manuscrits d'Heinecken (Bibl. de Dresde) décrivent quelques lettres de plus et une suite de *Figures représentant les arts et métiers*, en quarante-huit pièces.

[2] Voy. quatre pièces de ce genre dans le Catalogue Delessert, N° 588 et suiv. J'en ai une sous les yeux, *L'Ensevelissement*, écrite en marge et collée dans le corps d'un texte évangélique.

avoir une face ronde, de petits yeux et une petite bouche; on peut être plus indulgent pour les marmousets, les dragons et les méandres de ses Alphabets; la verve du dessinateur et l'adresse du graveur s'y déploient avec plus d'avantage. On trouverait là de bonnes figures et des ornements appropriés à la satirique épopée de Rabelais, si on tenait à la décorer d'une illustration plus locale que celle dont elle est ordinairement affublée. Noël Garnier, bien autrement que Bernard Picart, nous représente « les frères Fredons au dimanche se pelaudans l'un l'autre, et les galloises vestues de leurs vasquines ou même monstrant les oberliques naturelles.»

2. L'orfévrerie intervient bientôt plus honorablement dans la Renaissance française, et produit un graveur de plus de portée. JEHAN DUVET, *le Maître à la licorne*, était de Langres et avait le titre d'orfèvre des rois François Ier et Henri II. Il a exécuté, de 1520 à 1555, les premières estampes considérables avec date certaine qui nous soient connues. Il connut les ouvrages de Durer et de Marc-Antoine, ses contemporains, et en copia quelques-uns, mais sans suivre leur style. Il se rattache plutôt, par l'âpreté et l'empâtement de son burin, aux orfèvres italiens. Zani faisait grand cas de ses estampes, et en décrivant celle de *David vainqueur de Goliath*, la trouvait fine, moelleuse (*pastosa*) et comparable aux ouvrages de l'ancienne École vénitienne[1]. Cependant, si on voulait le rattacher à un graveur particulier, c'est à Mantegna qu'il faudrait songer; il a comme un arrière-goût de ce grand maître. Il fit, d'après lui, *La Sépulture; Le Jugement de Salomon*[2], *Saint Sébastien* rappellent sa manière par la composition et la tournure des personnages, aussi bien que par le travail de burin ferme et pâteux; mais, ces imitations indiquées, Duvet

---

[1] Cette analogie, aussi bien que la présence d'une licorne, avait fait attribuer à Duvet une estampe singulière, *Poison et contre-poison*; à la bien regarder, on la trouve cependant d'un travail différent de celui de l'orfèvre français, et M. Passavant en a proposé une attribution plus certaine, au moins pour la composition. Léonard de Vinci est l'auteur du dessin qu'on voit conservé au Musée britannique, et ce dessin aurait été gravé, suivant le savant iconographe, par le graveur d'une Hérodiade dont j'ai parlé, *Cesare da Sesto*.

[2] Estampe du Cabinet de Berlin non décrite par Bartsch.

garde ses qualités et ses vices originaux. Il a un talent brut; ses compositions sont confuses, son dessin est risqué; son burin, moelleux dans les ombres, quelquefois sobre et fin, est dur le plus souvent dans les contours et pesant dans les détails; ses figures, d'une expression forcée, ont parfois une singulière grandeur; enfin, ses nuages, ses draperies et ses accessoires sont toujours pesamment étudiés.

La Vierge de Duvet, imitation lointaine des Vierges italiennes, est d'une tournure ressentie et d'une expression mondaine. Ici elle a le sein nu et tient une corne d'abondance, là elle est prise de la Lucrèce de Marc-Antoine. L'Annonciation, datée de 1520, résume assez bien les façons du Maître: à l'attitude fière de l'ange, à la grande tournure de tête de la Vierge, mieux encore qu'aux motifs d'architecture, on dirait qu'il a vu l'Italie; mais le style, grand par endroits, tombe aussi dans la petitesse: les anges accompagnent sur le violon l'Ave Maria. La Madeleine a des formes plus arrondies et plutôt imitées des Allemands. La Sibylle, assise dans un fond riche d'architecture, m'a paru belle malgré la critique sévère de Mariette, qui disait : « Le dessin en est aussi mauvais que la gravure, quoiqu'elle paraisse venir d'après quelque bon maître italien. » Ce n'est pas le seul endroit où Mariette traite mal Jean Duvet; le bon connaisseur jugeait avec son goût et ne faisait pas assez grande la part du temps et du lieu. Le Maître a représenté L'Union d'Adam et Ève comme on représente le mariage de la Vierge: le Père Éternel, en costume de grand-prêtre, les unit au milieu d'une assemblée d'anges; seulement le premier couple est encore nu : Ève avec le profil busqué, la hanche saillante; Adam, plus jeune et plus délicat.

Il ne faut pas chercher, comme on voit, dans les estampes de Duvet, un type unique bien arrêté et constamment suivi : dans Le Sauveur, il avait fait une figure de Jésus-Christ triste et d'une douceur affectée, avec la barbe courte et bifide, les cheveux retombant en deux mèches sur chaque épaule; dans L'Apocalypse figurée, suite de compositions assorties au génie tourmenté, rude et confus de l'artiste, il nous donne un Dieu apocalyptique qui vise au terrible, et qui, avec son nez aquilin et sa barbe grise, n'est qu'un François Ier vieilli. On s'étonne moins de l'étrangeté d'un tel rapprochement, quand on sait que François Ier s'était fait représenter en Jésus-Christ par Léonard de Vinci et en saint Thomas par Léonard Limousin. La Diane de l'estampe, *Les Amours de Henri II*, est d'un type non moins remarquable. On voit paraître ici, pour la première fois peut-être dans la gravure, une figure considérable dans l'histoire de la Renaissance française : le front droit, la tournure busquée et les jambes hautes, des beautés à la mode dans les cours de François Ier et de Henri II. On me permettra de m'y arrêter.

3. En France, mieux qu'ailleurs, on est autorisé à chercher dans les cours, parmi les femmes en renom pour leur beauté, l'origine des types pittoresques. L'École de David n'a-t-elle pas, presque sous nos yeux, reproduit dans les Sabines, dans Didon, dans Psyché, les têtes fines, le nez pincé et la taille droite de mesdames Tallien, Récamier et Beauharnais ? Un siècle avant, l'École de Lébrun n'avait-elle pas donné le profil éminent et les épaules royales de mesdames de la Vallière et de Montespan, à la Madeleine comme aux femmes de Darius ? Les beautés célèbres sous François Ier et Henri II n'avaient pas fait moins d'impression sur les artistes. Marguerite de Valois, la sœur de François Ier et l'auteur de l'Heptaméron, doit être citée la première ; les portraits anciens reproduisent avec naïveté sa vraie physionomie ressemblant à celle de son frère, avec le nez busqué, l'œil long et l'air faune : elle avait trente ans au moment où Duvet commença à travailler ; cette beauté robuste et même ressentie ne fut pas étrangère à son type. Il y en eut d'autres qui, dans leurs différences, gardent, pour nous qui les voyons à distance, des airs de parenté. Anne de Pisseleu, duchesse d'Étampes, maîtresse installée en 1528, fut jusqu'à la mort du roi l'idole de la cour : les yeux à fleur de tête, la bouche en cœur et la gorge en saillie que lui font les portraits de Clouet, eurent aussi leurs réminiscences. Mais le parangon fut surtout Diane de Poitiers, dont la beauté eut un règne si long et si brillant dans les deux cours ; les mémoires contemporains la célèbrent en

---

[1] Peinture dans la possession de S. Lewis Pocock, lithogr. par Day et Haghe ; et Émaux du Louvre.

détail, et il suffit, pour la connaître, d'avoir vu les statues de Germain
Pilon, les tableaux des Clouet et les émaux de Léonard Limousin, qui
l'ont immortalisée.

A côté de ces Françaises, il y avait aussi une Italienne ; l'Italie
toucha la Renaissance par bien des points. Catherine de Médicis, venant
à 15 ans épouser Henri d'Orléans, bientôt Henri II, avait pris place auprès
de la duchesse d'Étampes, maîtresse de son beau-père, et de la duchesse de
Valentinois, maîtresse de son mari, à la tête de l'escadron de belles femmes
dont Brantôme raconte la manœuvre. Les artistes furent vivement frappés
de son profil impérieux, de la riche cambrure de sa taille, et, on peut bien
le dire après les chroniqueurs, de sa belle jambe. Un historien grave,
Varillas, nous dit, en achevant un portrait détaillé de sa personne, que le
beau tour de ses jambes lui faisait prendre plaisir à porter des bas de
soie bien tirés, et lui suggéra l'idée, pour les montrer, de monter sa
haquenée une jambe par-dessus le pommeau de la selle, au lieu d'aller,
comme on disait, à la planchette. Les sculpteurs étalèrent d'ailleurs toute
la splendeur de son académie sous le simple voile d'un nom mythologique,
Junon ou Vénus. On sait les modèles admirables que créèrent ainsi Jean
Goujon et Germain Pilon. Je suis assuré que le type a eu autant d'influence sur les dessinateurs de tout le royaume, que sur les peintres de
Fontainebleau ; les orfèvres et les émailleurs l'ont exploité ; les graveurs
n'en furent pas moins férus : dessinateurs plus vulgaires, ils ont de la
beauté une idée plus grossière et plus obscure, mais rappelons-nous,
pour les comprendre, le goût du temps mêlant beaucoup de grossièretés
à des raffinements infinis. Le génie le plus littéraire de ces années, si
fécondes, Rabelais, a bien connu nos artistes quand il a raconté avec
cette moquerie qui est notre meilleur sens, « Épistémon achaptant ung
tableau auquel estoient au vif peintes les idées de Platon et les atomes
d'Épicurus [1]. » Le plus fin des poètes, Marot, a senti tout l'esprit de notre
École, dans le joli portrait qu'il a tracé de cette Marguerite dont je

---

[1] *Pantagruel*; liv. IV, chap. 2.

parlais tout-à-l'heure, et que Rabelais disait *extraite du sang de France* :

> *Elle a un œuil riant qui blesse*
> *Mon cœur tout plein de loyauté,*
> *Et parmy sa haute noblesse*
> *Mesle une douce privauté.*

4. La gravure française, attardée par rapport aux autres pays, présente, on le voit, cette circonstance singulière que le goût gothique y est cotoyé par le goût recherché; la naïveté s'y mêle aussitôt de corruption, et les orfèvres, les miniaturistes, les verriers y sont immédiatement suivis des antiquaires et des professeurs. L'installation en France des Maîtres italiens de la trempe de Rosso et de Primatice, et la propension du pays vers les imitations étrangères servirent cet entraînement, mais n'en furent pas les seules causes : le tempérament de nos artistes y allait naturellement.

Le Maître le plus célèbre de cette époque, JEHAN COUSIN, peintre, verrier, architecte, ciseleur, graveur et écrivain, embrassant par sa longue vie le XVIᵉ siècle presque entier, en résume bien toutes les tendances. Malheureusement il est plus cité que connu. Ses tableaux étant presque tous perdus, ses estampes dispersées, ses livres vieillis, ce n'est qu'à grand'peine qu'on peut rassembler son œuvre et retrouver sa manière; manière puissante, cependant, qui desservit pendant de longues années l'École française, depuis les verrières de Saint-Gervais et les tombeaux des Célestins, jusqu'aux vignettes des libraires et aux modèles des apprentis.

Jean Cousin, né en 1501 à Soucy près Sens, où florissait une école de peintres, de verriers, appartient pour la meilleure part de sa vie au temps de François Iᵉʳ, bien qu'il ait vécu jusqu'en 1572. Il avait son talent fait au moment où Rosso et Primatice s'impatronisèrent; mais il ne fut pas, comme eux, l'objet des faveurs de la cour; il figure à peine dans les comptes royaux publiés par M. de Laborde, de 1540 à 1550, recevant comme imager 14 livres par mois. Ses ouvrages capitaux dans la peinture et la sculpture, les verrières de Sens et de Saint-Gervais, la Pandore, *Eva prima Pandora*, le monument de l'amiral Chabot, sont des produits d'un génie tout français, empreints des plus fines qualités de la Renaissance française, en pleine analogie avec les compositions originales de Pinaigrier, de Clouet et de Jean Goujon : le Jugement dernier de la chapelle des Minimes, exécuté plus tard, donne un trop grand étalage des tours de force accrédités par les Italiens, mais il ne paraîtra point dépourvu de la naïveté dans la science et de la simplicité dans l'effet, qui sont le propre de l'École française, pourvu qu'on ne le juge pas sur la perfide traduction de Pierre de Jode. Je n'ai à considérer ici que ses gravures.

Jean Cousin grava en peintre quelques eaux-fortes d'une grande distinction [1] ; la plus belle est *L'Annonciation* : l'ange Gabriel s'avance à gauche porté sur une nue par des archanges, et la Vierge, agenouillée vis-à-vis de lui, se penche saisie d'étonnement ; ces deux figures de profil, le front droit, la bouche béante, exprimant une naïveté et une fierté toutes particulières, gravées d'une pointe spirituelle, quoique appuyée et terminée, forment une composition pleine de style et de simplicité. *Le Christ mort, pleuré par les saintes Maries*, eau-forte traitée en esquisse, d'une pointe savante traçant des traits hardis et pittoresques ombrés légèrement sans système de hachures, est une scène mouvementée et énergique, d'un tour propre à notre Maître ; le Christ est long et maigre, la Vierge a des formes plus arrondies, les têtes sont d'une grande expression, les extrémités fines, le fond très-habilement dégradé et historié de fabriques et de figures. Zani, le seul auteur qui ait parlé des eaux-fortes de Cousin, qu'il dit introuvables, n'a décrit que *La Chute de saint Paul sur le chemin de Damas*, pièce plus grande, mais moins faite, en traits rapides et heurtés, qui se distingue bien par là de l'estampe gravée par De Laulne sur le dessin même de Jean Cousin. On ne saurait non plus la confondre avec une eau-forte grossière du même sujet, faite par un graveur de l'École de Fontainebleau.

Il est probable que Jean Cousin exécuta ces pièces après 1540 et sur l'exemple de Parmesan, importé alors en France. Son dessin aussi y prend des habitudes italiennes ; dessinateur prononcé, il ne veut pas se montrer moins habile et moins énergique que les Maîtres qui étaient venus

---

[1] J'en ai vu trois chez M. de Baudicourt ; le Cabinet des estampes n'en possède qu'une.

répandre les manières de Michel-Ange et de Parmesan ; mais il garde cependant un fonds propre , une force et une grâce plus contenues , et l'empreinte de la tradition française. Mariette , qui n'est pas exempt du préjugé italien , reconnaissait ce point en le taxant de sécheresse et de raideur ; Levieil , aussi , en lui trouvant un reste de goût gothique.

Jean Cousin tient plus de place par les dessins qu'il fournit à la gravure en bois dans les livres publiés à Paris jusqu'en 1572 ; mais les attributions de la plupart de ces livres ont été faites arbitrairement. Papillon lui donne les planches d'un grand nombre de livres, et particulièrement celles d'un Nouveau Testament, imprimé par Maurice Menier en 1556. « Il n'y a qu'un grand dessinateur qui ait été capable de rendre et de graver si artistement qu'ils le sont, les caractères de tête de ces figures, les petites mains, les pieds d'une régularité sans pareille et plus corrects que ceux des ouvrages du célèbre Bernard [1]. » Ces éloges s'appliqueraient bien à plusieurs vignettes des livres de Janot, de Corrozet ; mais l'attribution n'en étant pas certaine, je les reporterai aux graveurs anonymes des libraires de Paris, qui employèrent les dessins de Cousin, comme ceux de plusieurs autres artistes. Je mentionnerai cependant ici L'Entrée de Henri II à Paris, en 1549[2], parce que c'est le chef-d'œuvre de la gravure sur bois française, et que je ne vois pas à qui l'attribuer mieux qu'au Maître Sénonois. S'il ne travailla pas pour la cour, il put bien être employé aux ouvrages de la ville ; ceux qui furent exécutés pour célébrer le couronnement de la reine Catherine de Médicis, sont d'une composition et d'un style qui n'appartiennent qu'à lui. L'Hercule de Gaule, fait à la ressemblance du feu roi François Ier, tenant enchaînés à sa bouche les quatre ordres de l'État ; La Fontaine surmontée des statues de la Seine, de la Marne et du Bon Événement ; L'Arc triomphal portant un Typhis dont la figure approchait bien fort celle du Roi triomphateur ; enfin, la figure de Lutetia nova Pandora, « vestue

---

[1] Traité historique, tom. I, pag. 202 et 459.
[2] C'est l'ordre qui a esté tenu à la nouvelle et joyeuse entrée de Henri II en sa bonne ville de Paris ; l'an MDXLIX, chez Jacques Roffet dit le Faulcheur.

en nymphe, les cheveux espars sur les espaules et tressés à l'entour de la tête, agenouillée sur un genoil d'une merveilleusement bonne grâce,» et toutes les autres représentations que l'artiste avait peintes dans les rues du cortége et qu'il dessina pour la relation, sont dans la manière délicate de l'École française. Le dessin en est pur, plein de gentillesse, et la gravure si habilement ménagée qu'on ne peut la croire d'une autre main. Il semble qu'un ciseleur seul a pu, en aussi peu de tailles, fouiller ces têtes piquantes, modeler ces corps élégants, fripper ces draperies ; et ce ciseleur, qui donc serait-il, sinon l'auteur du mausolée de l'amiral Chabot, l'artiste français qui résuma le mieux deux côtés de l'art, la minutie et la force, le resserrement et la grandeur, le gothicisme et la renaissance?

Jean Cousin s'est expressément nommé comme « ayant portraicté de sa main sur planches de bois » les figures de son livre de Perspective, qui furent taillées par JEAN LE ROYER, imprimeur ès mathématiques, et par AUBIN OLIVIER, maître conducteur des engins de la monnaie au moulin, son beau-frère [1] ; et nous pouvons prendre là encore une idée de la façon dont il traitait ses dessins sur le bois. Sa force dans le jeu et le raccourci des muscles, la carrure de ses formes et l'élégante finesse de ses extrémités, l'arrangement propre et pittoresque des ruines, l'aplomb des petites figures, sont aussi artistement rendus que dans l'ouvrage précédent ; toutefois, la taille, moins adroite et moins maîtresse n'obtient pas autant d'expression dans ses figures. Je ne sais point la valeur didactique que peut conserver le Traité de Perspective de Jean Cousin ; un perspectiviste classique trouvait qu'il n'avait eu aucune idée de la pratique simple des Écoles d'Italie, dont les lignes d'opération s'aperçoivent encore sur les dessins de Léonard de Vinci, de Fra Bartolomeo, mais qu'il arrivait, par un système particulier tout hérissé de difficultés, à une justesse remarquable de composition. Ne reconnaît-on pas là, comme nous avons vu dans Durer, l'artiste de la Renaissance faisant encore des dogmes de toutes les traditions du moyen-âge?

---

[1] *Livre de Perspective de Jehan Cousin, senonois, maître peintre à Paris.* Paris, Jehan Le Royer, in-f°, 1560. M. Robert Dumesnil en a minutieusement décrit toutes les planches, et attribue à Jehan Le Royer les fleurons et lettres ornées de ce livre et de plusieurs autres.

Le style de Jean Cousin, dont les qualités principales me paraissent être la force et l'élégance contenues, se retrouve dans les vignettes de l'Hypnérotomachie, ou Discours du songe de Poliphile, publié par Jacques Kerver, en 1546 et 1561. Ici seulement, l'original italien que l'artiste français imite, donne à son style plus de tenue encore; il garde pourtant des qualités siennes. Les cariatides accentuées du titre, les longues statures, les formes élégantes, les extrémités amincies des figures, l'expression des têtes, la gentillesse des enfants, sont autant de traits distinctifs de son dessin magistral. Des traits accessoires, comme les arbustes qui percent les rochers, y démontrent aussi l'analogie avec les vignettes du Traité de Perspective. Quant au travail de gravure, habile et fin dans les meilleures pièces, bon quoique plus gros dans d'autres et tout-à-fait négligé dans les dernières, je n'en ferai pas l'attribution. Ici, comme dans toutes les gravures sur bois, on peut constater que le dessinateur, quand il termine ses dessins sur le bois, laisse peu à faire au tailleur, et que celui-ci ne laisse percer ses bonnes ou mauvaises qualités, que lorsqu'il a sous son eschoppe des dessins insuffisants; sa manière la plus générale, qui est aussi celle des dessinateurs et des peintres français, c'est la clarté.

Jean Cousin publia aussi, en 1571, un *Livre de portraicture*, où il donnait l'art de dessiner les mesures et proportions de plusieurs statues antiques, la description des os et des muscles du corps humain, et une instruction pour dessiner toutes les figures sous leurs différents aspects. Cette méthode, bien que postérieure à celle de Durer, est encore toute basée sur des opérations géométriques, et l'étude de la nature n'y paraît que d'une manière subreptice. Je n'ai pas vu l'édition originale; celle de 1593, faite par Jean Leclerc, a déjà si bien alourdi et travesti dans ses tailles de bois les types du Maître, qu'on s'étonne qu'il ait pu garder longtemps son autorité dans les académies de dessin. Les graveurs français qui travaillèrent sur les dessins de Jean Cousin, ne s'astreignirent pas à sa manière : De Laulne, Du Cerceau, Léonard Gaultier en conservent seulement quelques traces. On rencontre quelquefois des eaux-fortes et des bois anonymes, qui, dans leur médiocrité sans prétention, la font peut-être mieux sentir. Je citerai *La Sainte famille*, de 1544, décrite par Mariette, et *L'Homme entouré des symboles de l'Ancien Testament*, pièce sur bois du Cabinet des estampes.

XXIV.

Les graveurs sur bois des livres de Paris.

1. A défaut de maître primesautier assez puissant pour faire École, la gravure française déploya ses qualités les plus vives dans les vignettes sur bois dont les libraires embellirent leurs éditions les plus soignées. Dibdin a donné dans son curieux *Décaméron*, malheureusement rédigé sans méthode, plusieurs exemples du changement de style qui se montra à partir de 1517, dans les Heures de Thilman Kerver, de Germain Hardouin, de François Regnault; il y signale plus de délicatesse, et la substitution dans les fonds des hachures parallèles aux pointillés. La Nativité, des Heures de Germain Hardouin, 1519, lui rappelait même la Nuit de Corrège, bien que ces deux compositions forment, comme il dit, deux points extrêmes de l'art humain. Mais toutes les prédilections du bibliomane étaient pour Geoffroy Tory et Simon Du Bois. Leurs productions, d'une beauté égale à celle des Giunti, diffèrent des vignettes des premiers artistes parisiens, en ceci surtout qu'elles sont entièrement au trait et ornées, dans les bordures, de fleurs, de fruits et d'insectes. De justes éloges sont dus à l'artiste, quel qu'il soit, graveur ou imprimeur, qui a exécuté ces ornements, que Tory a le mérite d'avoir le premier publiés; les Heures de la Vierge, imprimées en 1525 par Simon de Colines, pour Geoffroy Tory, avec le privilége de François Ier en faveur de ce dernier, contiennent les plus belles bordures d'arabesques que Dibdin se souvienne d'avoir vues.

Geoffroy Tory, de Bourges, était un de ces libraires de goût, de savoir et de passion, comme la Renaissance en a seule produits. Écrivain, il subtilise et patauge souvent au beau milieu des réminiscences grecques et latines; mais il récrée les *dévots amateurs des belles-lettres*, autant par sa naïve et ingénieuse diction, que par les gracieuses vignettes dont il l'entrelace: il a eu le rare privilége de se servir aussi bien de l'eschoppe que de la plume. *Le Champfleury*, publié en 1529 et 1549, est un traité d'esthétique, comme pouvait l'imaginer seul un graveur de caractère; fana-

tique de la lettre antique, attique, autrement dite romaine, il trouve particulièrement dans l'I et dans l'O, lettres divines, dont toutes les autres sont
participantes, les proportions des corps et du visage humain, et il arrive
à un canon des plus singuliers, où les membres de l'homme, mesurés selon
les justes proportions données par les anciens aux lettres attiques, cor-
respondent aux neuf Muses, aux sept arts libéraux, aux quatre vertus
cardinales et aux trois grâces : en tout, vingt-trois membres alphabéti-
ques constituant l'homme par excellence, l'homme-lettre. Tory avait dessiné en Italie, et il déclarait les Italiens souverains en perspective, peinture
et imagerie ; il connaissait les livres de Lucas Pacioli, de Sigismund
Fante, de Ludovico Vicentino ; Albert Durer, au génie duquel il rend
hommage, ne lui était pas étranger; mais il proteste contre leurs mesures,
acceptant seulement comme parfaites celles de maistre Symon Haiye-
neufve, autrement dit Symon du Mans, très-excellent en ordonnance
d'architecture. On pourrait le croire son maître, à l'éloge senti qu'il en
a fait ; mais il revendique hautement la raison desdites lettres, qu'il a
« escogitée et cognue plustot par inspiration divine que par escrit ou
par ouy dire[1]. »

Geoffroy Tory n'est nommé par Zani que comme dessinateur et calli-
graphe. Papillon ne l'a pas compris dans sa longue liste de graveurs en
bois ; il l'a cité seulement pour l'impression d'un volume de 1531, dont
il donne les planches, marquées de la croix de Lorraine, à Woeiriot. Nous
savons cependant qu'il avait étudié le dessin à Rome, dans sa jeunesse,
qu'il fut correcteur dans l'imprimerie de Henri Estienne, perfectionna ensuite
les caractères de Josse Badius et forma le graveur typographe Garamond;
il fut enfin imprimeur et libraire, à l'enseigne du Vase cassé, éditant seul
ou en société avec Simon Du Bois, Simon de Colines et d'autres, plusieurs
livres qui ont été décrits par Brunet. L'on peut donc penser qu'il fut
l'inventeur et le dessinateur des lettres fleuries, des vignettes et des sujets
qui décoraient ses livres, et que, s'il ne les grava pas lui-même, il les
livra plus ou moins terminés et dessinés sur le bois aux tailleurs de métier :

---

[1] *Champfleury auquel est contenu l'art et science de la deue et vraye proportion des lettres attiques;*
Paris, Geoffroy Tory et Gilles Gourmont, 1529, fol. III, XXXVIII et passim.

les différences d'exécution qui se remarquent dans la taille, le prouvent assez.

Les planches du *Champfleury*, dont la première est datée de 1526, ont un arrière-goût italien qui se révèle par la correction des figures et par leur costume ; mais la mignardise de l'expression, la finesse du trait les distinguent nettement des vignettes de Venise. Les vignettes des Heures publiées de 1524 à 1543, variées dans la taille, toujours fines et à peine ombrées, témoignent d'un goût que gagne quelquefois le parmigianisme ; mais elles méritent par la gentillesse de leur exécution, les éloges accordés par Dibdin. Si les figures sont un peu tourmentées dans leurs gestes et leurs draperies, ou défectueuses dans quelques extrémités, l'esprit des têtes, l'arrangement des scènes auprès de jolis motifs d'architecture ou dans des fonds bien rapetissés, montrent que nos graveurs de vignettes n'ont rien perdu de leur talent, en passant des lettres gothiques aux lettres italiques ; et, malgré leur nom, il est certain que l'Italie n'en produisit pas de pareilles. La naïveté y a dépouillé toute goguenarderie gothique ; leur expression est dans le sentiment français le plus délicat du temps. Marot seul peut fournir la légende de la vignette de *La Salutation angélique* :

> *Dieu tout puissant jadis veit des haults cieulx*
> *En ces bas lieux une petite ancelle,*
> *Qui tant lui pleut....*

Une autre vignette du Champfleury, *L'Hercule français*, et plusieurs planches des Heures, portent pour marque la croix patriarcale ou de Lorraine. On ne peut l'appliquer exclusivement à Geoffroy Tory, car nous la rencontrons dans beaucoup de bois qui ne peuvent pas être de lui [1], dans les planches de l'entrée de Henri II, que nous avons données

---

[1] *Le Peintre-graveur français*, tom. VII, pag. 48. M. Robert Dumesnil a noté un grand nombre de livres de 1522 à 1599, et même plus tard, sur les frontispices et les planches desquels on rencontre la croix de Lorraine. Cette liste pourrait être augmentée, et les pièces devraient être comparées avec soin par celui qui voudrait y chercher la marque d'un atelier de gravure sur bois ou de plusieurs tailleurs de bois, travaillant pour les libraires Pierre Gaudoul, Simon de Colines, Robert Estienne, Estienne Groulleau, Gilles Corrozet, Vincent Sartenas, etc.

à Jean Cousin, et dans des planches au nom de Iollat. Le style est un point de repère plus sûr. Je crois retrouver le style de Geoffroy Tory dans le *Tableau de Cebès*, publié par Denis Janot et Gilles Corrozet en 1543, dont les vignettes sont souvent attribuées à Jean Cousin. Ici, la première planche, *Le Pèlerin visitant le temple de Saturne*, est marquée de la lettre gothique S, que je rencontre encore dans le frontispice de *Messire François Pétracque*, *des remèdes de l'une et l'autre fortune*, imprimé à Paris par Denis Janot, chez Pierre Gaoudoul, pièce d'une composition très-gaie, un peu plus grosse et plus ombrée dans sa gravure que les vignettes précédentes : ici encore, il y a quelque graveur en bois inconnu à chercher. Quant au dessin de Geoffroy Tory, je le reconnaîtrais à travers plusieurs tailles de bois, à ses têtes fines, ses formes effilées, ses extrémités fourchues, sans parler des lettres fleuries et des encadrements, où les grotesques italiens se mêlent aux végétations naturelles et où il a souvent gravé son nom, son vase et ses devises. Il y a sans doute dans les vignettes de Tory des qualités plus subtiles que grandes; mais ce sont les nôtres. Dans la poésie aussi, notre XVIme siècle ne débute pas par l'épopée et ne produit pas un Arioste; mais il n'en eut pas moins   son lot : avec le rondeau, le conte et l'épigramme, l'esprit français a fait sa trouée ; la beauté française a eu son règne, il ne s'agit que de l'aimer :

> *Toujours vous me semblates belle,*
> *Mais encor le cognus-je mieux,*
> *Après que la flamme immortelle*
> *D'amour m'eut ouvert les deux yeux.*

Trezain de Mellin de St-Gellais.

2. Simon de Colines, associé et successeur du premier des Estienne, réputé entre les trois plus habiles imprimeurs pour la beauté de ses gravures, *Castigat Stephanus, sculpsit Colinœus*[1], employa un autre graveur en bois de quelque célébrité, MERCURE IOLLAT, à qui Papillon attribuait presque toutes nos Heures gothiques ; il ne doit compter que parmi les graveurs d'un style tout renouvelé. Son nom se trouve écrit Iollat,

---

[1] *Épigramme de Vouté*, citée par Pernetty ; *Lyonnais dignes de mémoire*, tom. I, pag. 312.

la première lettre contenue dans le signe zodiacal de Mercure, suivi
des dates 1530, 1531 et 1532, et accompagné de la croix de Lorraine, sur quatre planches du livre de Charles Estienne sur la Dissection du corps humain[1], représentant le cadavre dans sa peau et le
cadavre écorché. Le dessin des figures a été attribué, même par Brulliot,
à Woeiriot; mais il appartient réellement au chirurgien Étienne
Rivière, nommé sur le titre et dans la préface comme ayant peint les os,
les ligaments et toutes les parties anatomiques; ses initiales S R se trouvent
sur une tablette suspendue à un branchage de la première planche. La
taille, très-variée, indiquerait plusieurs mains, ou du moins un atelier
diversifiant son travail et livrant quelquefois des ouvrages d'apprenti;
celle des figures à la marque de Iollat m'a paru plus sèche, habile
quoique moins pittoresque; je ne juge pas ici leur valeur scientifique,
mais leur intérêt pittoresque. Dans le même temps, l'anatomie de
Vésale paraissait à Venise et à Bâle avec les planches de Calcar;
le médecin de Paris s'aide des graveurs qui l'avoisinent, et qui dessinent
des écorchés et des squelettes dans leur manière. En face de la maté-
rialité même, l'artiste ne peut, quoi qu'il fasse, se matérialiser; aussi nous
représente-t-il des motifs d'amphithéâtre pitoyables, qui posent et se
mouvementent selon toutes les habitudes de l'atelier de Jean Cousin et de
Jean Goujon, dans les perspectives, les portiques et les mobiliers les plus
égayés. Mais quelle que soit leur exactitude scientifique, *le squelette à nerfs*,
tenant à la main sa mâchoire inférieure, sur un sol animé de quelques
plantes dans un fond de ville maritime (pag. 59), et *le corps féminin*
placé en montre de la gestation sur un lit de parade (pag. 285), ont un
grand intérêt pittoresque. Iollat a gravé aussi avec la solidité qui distingue
son outil, les figures au trait du livre de Valturio *De re militari*, imprimé
par Chrétien Wéchel en 1532. Deux planches plus importantes que les
autres, *Un Guerrier sous sa tente* (pag. 191) et *Une Tour des Vents surmontée d'un triton* (pag. 299), portent le signe de Mercure qui lui servit
de marque.

---

[1] *De dissectione partium corporis humani libri tres.* Parisiis, apud Simonem Colineum, 1545,
in-folio.

Je retrouve la manière de Iollat, et aussi la croix de Lorraine, sur les figures de trois libelles d'antiquités[1], imprimés par Robert Estienne en 1536. On comprend que le dessinateur s'est encore moins gêné devant des monuments antiques que devant des cadavres. Au reste, l'éditeur, qui est le même Charles Estienne, a soin de prévenir le lecteur que les figures de son livre ne sont traduites qu'à peu près, sous le prétexte que les marbres antiques répondent plutôt au caprice de l'artiste qu'à la vérité. Ici encore, la taille est variée, mais on y découvre les habitudes du maître : une sobriété et une propreté qui n'excluent pas le pittoresque, les airs de tête recherchés, et toutes ses petites façons dans les cailloux, les herbes et les arbrisseaux des terrains. Ces habitudes de taille se retrouvent encore, quoique avec moins de mérite, dans les planches de *La Raison d'architecture antique*, imprimée par Simon de Colines en 1539. L'ouvrage qui établirait le mieux le nom de Iollat, si l'on acceptait l'attribution que je propose ici ; c'est la suite des Portraits des vicomtes de Milan, accompagnant les Vies de Paul Jove, imprimées par Robert Estienne en 1549[2]. On ne saurait voir un travail de taille plus ferme, plus varié, plus émoustillé. Ces portraits sont tous marqués de la croix de Lorraine ; mais ce n'est pas la seule analogie qu'ils présentent avec les figures précédentes ; ils ne sauraient en aucun cas être attribués à Woeiriot, qui, en 1549, n'avait que 17 ans.

Je ne suis pas à même de rechercher ici tous les graveurs sur bois qu'employèrent les imprimeurs et les libraires de Paris, inaugurant dans leurs livres, avec le caractère italique, tout une ornementation nouvelle : des lettres romaines découpées en blanc sur des fonds semés de fleurs chimériques, des frontispices à pilastres ornés de médaillons et de cariatides, et une multitude de miniatures en bois se diversifiant sous les influences italienne et allemande. Il faut attendre la description iconographique

---

[1] Lazari Bayfii, *Annotationes in lib. II, de Re navali, de Re vestiaria,* etc. Ex officina Rob. Stepani. Parisiis, MDXXXVI.

[2] Pauli Jovii Novocomensis, *Vitæ duodecim Vicecomitum Mediolani principum.* Lutetiæ, ex officina Rob. Stephani, 1549. M. Robert Dumesnil cite aussi une seconde édition, donnée en 1552 par Charles Estienne.

des livres de Jehan Petit, de Pierre Sergent, des Angeliers, de Denis Janot, de Gilles Corrozet, de Vivant Gautherot, de Jacques du Puys et de beaucoup d'autres, catalogués jusqu'ici par les bibliographes seuls ; il est nécessaire aussi d'avoir un plus ample informé sur les graveurs en bois nommés sommairement par Papillon et Marolles : Claude Bezard, Jean Sanson, Pierre Rochienne, Matthieu Brunant, Isabeau Quatrepome, T. Vincent, etc. J'ajouterai seulement la notice d'un de ces libraires, qui fut aussi, a-t-on cru, graveur en bois.

La *Biblia picturis illustrata*, publiée chez Pierre Regnault en 1540, a été signalée par Zani, comme contenant dans ses deux cent treize planches, de bonnes et d'excellentes vignettes. On voit sur quelques-unes les initiales I F et P R, qui ont été attribuées à Jean Feyrabends, à Pierre Rochienne et à d'autres. Les dernières pourraient être données, selon Zani, à un artiste de la famille des Regnault, qui compta des peintres et des graveurs. Cette Bible a eu plusieurs éditions ; celle que je connais [1], contient un Avis au lecteur, de François Frellon, qui se trouve aussi dans la première édition de la Bible d'Holbein, donnée à Lyon en 1535. Frellon engageait les curieux à rejeter les images libidineuses de Vénus, de Diane et des autres divinités, pour s'édifier à la vue des images saintes qu'il leur offrait ; mais son intention pieuse ne l'empêchait pas de comprendre parmi celles-ci, *Les Filles de Loth*, traitées avec toute la liberté du temps. Ces vignettes sont d'ailleurs toutes différentes des planches d'Holbein, aussi bien que des autres planches de Lyon. Les meilleures (il y en a, vers la fin du volume principalement, qui sont tout-à-fait négligées) offrent des figures d'un dessin allongé et mouvementé, avec des têtes assez expressives et des extrémités fines ; plusieurs indiquent une imitation allemande. Les frères Jean et François Frellon, qui s'établirent à Lyon, étaient Allemands, comme l'indique Bourbon dans ses *Nugæ* ; il paraît à leurs diverses publications, qu'ils faisaient emploi des gravures en bois de plusieurs Écoles. Pierre Regnault publia encore, en 1543, *La Chiromancie* de Jean Indagine, où je trouve les figures des sept planètes dessinées avec le

---

[1] *Historiarum veteris testamenti Icones ad vivum expressæ.* Parisiis, apud Petrum Regnault, 1544.

même agrément, et gravées d'une manière assez remarquable pour attirer
sur cet imprimeur plus d'attention qu'il n'en a obtenu jusqu'à présent.
Les têtes servant d'exemple aux préceptes de l'auteur, sont fort inférieures et plus singulières que pittoresques.

XXV.

Les eaux-fortes de Fontainebleau.

1. Les premiers peintres italiens attirés en France par François Ier,
Léonard de Vinci en 1516, Andrea del Sarto vers 1520, n'avaient eu
qu'une influence insignifiante ; quelque reflet de Léonard peut tout au plus
s'apercevoir dans les crayons de Clouet. Les dessinateurs français travaillaient sur leur fonds, quelque pauvre qu'il fût, ou faisaient aux
Écoles étrangères des emprunts accidentels, qui changeaient peu leurs
habitudes traditionnelles. Une seconde invasion les atteignit plus grave-
ment : il Rosso, florentin renchérissant sur Michel-Ange, il Primaticio,
bolonais exagérant Jules Romain, Cellini, ciseleur capricieux et déver-
gondé, venus tous trois de 1530 à 1540, suivis d'une cohorte d'élèves
italiens à laquelle se joignirent bientôt des élèves français, intronisèrent
un style nouveau; il s'étala dans la série des peintures mythologiques
rehaussées de stucs que le roi voulut avoir à Fontainebleau, à l'imitation
des palais de Florence et de Mantoue. Tout, pourtant, ne fut pas italien
dans ce style ; les conquérants prennent plus qu'ils n'apportent au pays
conquis ; les Florentins et les Mantouans se dépaysaient : *chi muta paese
o luogo*, dit Vasari dans la vie de Rosso, *pare che muti natura virtu e cos-
tumi;* ils prirent à la France, outre l'excitant naturel de son esprit, des
modèles dont nous savons qu'ils furent fort impressionnés. Cellini parle, dans
ses mémoires, des belles filles de Paris qui lui servaient de modèle. Plus
tard, le Tasse, qui vint à la cour de Charles IX, y remarquait la beauté
des femmes, qui l'emportaient, à son avis, sur les italiennes, par la finesse
des traits et l'éclat de la peau [1]. L'École de Fontainebleau, avec des Italiens

---

[1] *Notes adressées à un gentilhomme de Ferrare.*

pour pères, est donc encore française. Les airs étrangers qu'elle affecte, ne sont pas d'ailleurs plus extraordinaires que dans notre poésie les vocables grecs, latins et italiens francisés de Ronsard :

> *Et diriez en voyant une telle beauté*
> *Que tout son corps ressemble une belle prairie,*
> *De cent mille couleurs au mois d'avril fleurie.*
> *Cent fois ravy je pense, et sy ne sçaurais dire,*
> *De quelle veine fut emprunté le porphyre*
> *Et le marbre poly dont amour l'a basti,*
> *Ni de quels beaux jardins son œillet est sorti.*

On n'a aussi qu'à ouvrir Baïf, pour y trouver portraitée, dans ses grâces comme dans ses aspérités, la manière que je vais maintenant chercher.

PRIMATICIO, considéré dans les Écoles de Bologne et de Mantoue, n'est qu'un Maître de troisième formation, l'élève des élèves de Raphaël ; mais à Paris, retrempé et transfiguré, *Messire Francisque Primadicis de Boulongne, abbé de Saint-Martin, de Troyes, conseiller et ausmonier ordinaire du Roi, superintendant des bastiments et édifices de sa majesté,* fut pendant trente ans le dispensateur du goût français, l'arbitre de la beauté, dont il prit les modèles, non dans les peintures de Mantoue, ni dans les antiques rapportés de Rome, mais à la cour. Tout le monde sait qui fut la nymphe de Fontainebleau : Diane de Poitiers, dont l'emblème décorait jusqu'à l'autel de la chapelle, dont le corps trônait dans sa nudité mythologique aux lambris de toutes les salles. Le type en défraya longtemps la gravure.

On a dit que Primatice lui-même avait été graveur ; son œuvre contient, en effet, plus d'une esquisse de facture magistrale. Heinecken lui attribue *La sainte Vierge avec sainte Elisabeth ;* on trouve sous son nom, au Cabinet de Dresde, *Une Femme assise avec les attributs de l'astronomie.* L'estampe qui lui a été donnée avec le plus de vraisemblance, est celle des *Deux Femmes romaines,* figures d'une grande tournure, gravées avec l'esprit d'un peintre, mais qui pourraient aussi bien appartenir à Léonard Tiry : Mariette, qui connaissait cette pièce et la jugeait d'une très-bonne main, ne se prononce pas.

2. Dans la multitude des peintres et stucateurs qui s'étaient rangés autour des Maîtres, il y eut plusieurs graveurs qui multiplièrent les dessins qu'ils apportaient d'Italie, et traduisirent les compositions exécutées à Fontainebleau. Si l'on adopte avec de bonnes autorités l'interprétation donnée à l'anecdote de Vasari, la gravure de cette École aurait une origine spéciale. ANTONIO FANTUZZI, n'étant autre que Antonio da Trento, aurait apporté de Parme à Fontainebleau les procédés usités dans l'atelier de Parmesan [1]; on verra seulement ici qu'ils avaient quelque peu changé en chemin.

Maître Fantose, comme on l'appelait chez nous, figurant dans les comptes de Fontainebleau de 1537 à 1550, *pour ouvrages de peintures qu'il a faits et pour avoir vacqué aux patrons et pourtraits en façon de grotesque pour servir aux autres peintres besongnans à la grande galerie* [2], a laissé un assez grand nombre d'estampes avec des dates de 1540 à 1545, signées d'un monogramme formé de ses initiales ou de son nom à peine abrégé : ANT° FATVZ [1]. Beaucoup sont faites d'après les compositions de Primatice; mais il y en a qui peuvent passer pour les *patrons et pourtraits* dont parlent les comptes.

Le dessin de Fantuzzi est large, magistral, mais il n'est exempt ni de recherche, ni d'incorrection : ses figures sont allongées, musculeuses, avec des têtes étroites, des bouches criardes, qui prêtent à sa manière un aspect étrange et bourru; leurs contours ondoyants donnent plus d'attrait à ses figures de femme. Sa gravure, bornée au travail de l'eauforte, a plus d'énergie et de hardiesse que d'agrément; mais elle est variée et ne manque pas toujours de moelleux. Il procède ordinairement par hachures grosses, allongées, mais quelquefois par des coups de pointe

---

[1] Voy. la note signée B. Malfatti, dans le Vasari de la *Société des amateurs des beaux-arts*. Florence, 1853, tom. IX, pag. 281.—Dans cette note, on conjecture qu'il avait appris la gravure à Trento, où florissait depuis longtemps l'art de la gravure en médailles, d'où sortirent, à une époque rapprochée de Fantose, trois autres graveurs distingués : Giambatista Cavallieri, Antonio Cavalli et Aliprando Caprioli. Il paraît aussi que Fantuzzi avait été à Rome ; on voit dans son œuvre des statues antiques datées de plusieurs localités de la ville.

[2] De Laborde; *Renaissance des arts*, tom. I, pag. 417.

grignotés, comme nous verrons faire à Tiry et à d'autres graveurs de l'École.

Il me serait difficile de trouver ici des types religieux ; les exemples en sont rares dans l'École de Fontainebleau, qui cultiva le paganisme plus que toutes les autres Écoles de la Renaissance. Bartsch cite une seule estampe pieuse, *La Sainte famille;* elle est sans doute comme les Saintes familles de Parmesan, peu modestement traitée. *Circé recevant les compagnons d'Ulysse, Roxane près d'Alexandre, Alcitoé avec ses sœurs, Atalante avec Méléagre, La Nymphe de Fontainebleau,* sont les exemples les plus remarquables de sa manière. Dans ses bonnes pièces, dégagées des ouvrages plus négligés qu'il fit trop souvent, le talent du Maître s'adoucit, s'élève et laisse percer davantage l'élève de Parmesan ; ses types aussi dérivent de ce Maître, mais le surfont, en se transformant dans ces profils busqués, ces tournures robustes, que nous savons avoir été goûtées à la cour de François Ier.

L'œuvre de Fantose est encore remarquable par ses beaux encadrements à cariatides chargés d'enfants, ornés de masques et de fruits, de cartouches, surmontés quelquefois du chiffre de François Ier, et contenant des paysages pittoresques, patrons pour les stucs et les peintures de Fontainebleau ; ils sont traités avec une grande liberté de pointe. Nous les verrons reproduits longtemps dans l'École et copiés aussi par Du Cerceau.

3. *Lionardo Fiamingo*, peintre nommé avec éloges par Vasari au nombre des élèves de Rosso qui travaillaient avec lui à Fontainebleau, fut reconnu par Mariette, comme le même que LÉONARD TIRY (nom transformé de Dietrich), l'inventeur de l'Histoire de Jason gravée par René Boyvin, d'une suite de ruines gravée par Du Cerceau en 1565, et l'auteur de toutes les estampes marquées L D. Heinecken, Bartsch et tous les auteurs après eux, tout en soupçonnant quelque chose de cette opinion, qui leur était parvenue sans qu'ils s'en rendissent compte, laissèrent au graveur le nom de Léon Davent, sous lequel il était connu dans les plus anciens catalogues. Ce nom avait été trouvé sur une des estampes les plus importantes de l'œuvre, *L'Assomption de la Vierge*, d'après le tableau peint par Jules Romain dans la sacristie de l'église de la Madona

dell' Anima à Rome, pièce en quatre planches, où l'on voit, en effet, outre la marque ordinaire L D et la date 1546, les mots *Lion Davent* tracés assez négligemment à la marge. On a voulu plus tard, en acceptant le premier mot pour Lionard, voir dans l'autre un nom de pays, DAVEN*triensis*, de Deventer en Hollande ; mais cette interprétation est arbitraire : le mot lu n'a pas l'importance qu'on lui donne. Sur une autre estampe du Maître, *Deux Femmes nues à côté de l'Amour*, on voit à côté des lettres L D, un sigle qui a été aussi mal expliqué. Tenons-nous-en à l'opinion de Mariette, confirmée par cette inscription d'un paysage du Maître, représentant la Chute de Phaéton : *Leonardi Thiry belgæ, pictoris longe excellentissimi inventum* [1].

Liénard Tiry, travaillant aux peintures de Fontainebleau de 1535 à 1550, où il reçoit comme Fantose 20 livres par mois, est le graveur capital de l'École, et son œuvre a plus d'étendue comme aussi plus de mérite qu'on ne lui en a accordé jusqu'ici. L'appréciation que fait Bartsch de son travail, tant à l'eau-forte qu'au burin, manque d'appropriation. Mariette l'a mieux connu ; et tout en trouvant qu'il s'était terriblement négligé dans certaines estampes à l'eau-forte, il remarquait la supériorité de ses belles pièces : *L'Assomption*, *Jupiter et les dieux de l'Olympe tenant les branches des arbres qui leur sont consacrés*, *La Nymphe châtrant un Satyre*, etc. ; il le croyait, du reste, l'élève de Domenico del Barbiere.

La manière de Tiry, inventive, féconde, variée, échappe à toute filiation précise ; on lui trouvera certainement des rapports avec les autres graveurs de l'École de Fontainebleau. Mais ce Flamand travailla en Italie avant de venir en France, et peut-être depuis. Il copia *La Danse de Faunes et de Bacchantes* d'Augustin Vénitien, *L'Enlèvement d'Hélène* de Marc Dente [2], *La Forge de Vulcain* de Vico ; il dessina et grava *Les Bas-reliefs de la colonne Antonine*, des Statues et des Monuments qui étaient dans le fonds de Lafrery. Il semble avoir laissé quelque chose de sa manière dans les paysages de l'atelier de Cock ; mais pourquoi chercher des comparaisons à un graveur si original et si digne d'être connu pour lui-même ?

---

[1] *Catalogue des estampes colligées par* M. Robert Dumesnil, page 77, 1838.

[2] Elle est indiquée par Bartsch sous le nom de *Despéches*, Nº 42.

Les estampes de Tiry, telles qu'on les trouve dans la plupart des Cabinets, disséminées dans les œuvres de Rosso, de Primatice, de Jules Romain et de Luca Penni, sont difficiles à observer ensemble; mais j'ai eu la bonne fortune de parcourir l'œuvre considérable qu'en a formé M. Robert Dumesnil pour un de ses volumes du *Peintre graveur*, ouvrage qui peut seul rendre facile à rédiger l'histoire de la gravure française; ses descriptions précises seraient indispensables pour dissiper toutes les obscurités de l'École de Fontainebleau, et en particulier de cet œuvre varié. Je me contenterai d'indiquer quelques nuances.

Tiry est d'abord un dessinateur intelligent qui hésite dans ses études; mais il devient bientôt plus sûr et plus marqué dans les goûts variés qu'il conserve. L'originalité de son travail consiste surtout dans l'adresse avec laquelle il dispose ses ombres par places et ses clairs toujours agrandis; on le reconnaît aussi au soin de ses terrains, à la légèreté de ses lointains, enfin à la façon singulière avec laquelle il arrange ses nuages, toujours cumulés et pesants. Il y eut au moins quatre changements dans sa manière : Premièrement, son travail est rudoyé, à l'eau-forte seule, fait de hachures grosses, brisées et semées de points très-espacés, son dessin est strapassé et négligé comme celui des graveurs vulgaires de l'École, sur lesquels il l'emporte cependant par la *maestria* et la science de l'effet; exemples : *Les Quatre Nymphes dansant devant Vénus et Apollon qui joue de la lyre*, *Les Deux Vieillards marchant près d'un stylobate*, *La Mort d'Adonis*; —secondement, il a un travail de burin régulier, correct, serré, assez rapproché du genre de Ruggieri et des Mantouans; exemples : *L'Assomption de la Vierge*, *Hercule et Omphale*, *La Justice*, *Les Péchés capitaux* pièces rondes, cantonnées de petits sujets plus vite faits et pittoresques; —troisièmement, il grave en hachures fines et allongées, d'une façon plus vive, qui a de l'analogie, tantôt avec la façon de Fantose, tantôt avec celle de Domenico; exemples : *Minerve et Neptune*, *Le Jardin de Priape*, *L'Amour monté sur l'âne de Silène*, etc.; —quatrièmement enfin, son travail, en se modifiant sur les premières façons pointillées et grignotées, les adoucit et les dispose avec une sobriété, une finesse, un effet tout nouveau; son dessin devient alors d'une adresse et d'une élégance qui le placent hors ligne, sans comparaison avec aucun autre; exemples : *Jésus aux enfers*,

Jupiter et Sémélé, *Danaé*. On ne saurait dire que le graveur ait adopté ses changements dans l'ordre que je trace, les dates manquant sur la plupart de ses estampes, qui montrent d'ailleurs des variations et des nuances qu'aucune analyse ne peut suivre ; ainsi, dans l'estampe d'*Adonis apporté mourant à Vénus*[1], il paraît avoir essayé les clairs-obscurs et avoir rehaussé de teintes blanches son travail ordinaire. Il me paraît, seulement, qu'il commença par les pièces à longs traits de pointe, comme *La Femme assise auprès de deux enfants*, marquée de ses initiales, de l'année 1540 et d'un monogramme qui paraît se rapporter à Jules Romain, et que les pièces au grignotis marquent l'apogée de son talent. Son chef-d'œuvre est peut-être une estampe ronde, modèle de coupe pour un orfèvre, où est représentée *Diane sur un char traîné par des cerfs, escortée de nymphes, emmenant les amours enchaînés*[2]. Il y aurait bien d'autres pièces à citer dans un œuvre aussi varié et aussi peu connu. Aucun auteur n'a décrit, que je sache, *Le Vase de Silène*, *Le Portrait de Michel-Ange à 23 ans*[3], figure de fantaisie, sans doute, assise et renversée près d'une fenêtre, dans le goût d'un pendentif de la Sixtine, mais dessinée et gravée avec toute la délicatesse du Maître ; on ne peut attribuer qu'à lui un *Portrait de Charles IX*, assis sur un pliant, en costume de cour, un manteau jeté sur l'épaule gauche, l'indicateur de la main droite passe dans un cordon suspendu au cou. Je ne ferai que mentionner, en outre, ses suites de *Paysages* et de *Ruines*, si finement esquissés, animés de figures mythologiques ou historiques; ses *Ornements*, où il s'est montré supérieur à Du Cerceau pour l'esprit du dessin et la gentillesse de la pointe ; ses *Figures de costumes et de nations*[4], qui ont été copiées partout.

L'œuvre de Tiry, considéré dans ses types, offre aussi beaucoup d'intérêt ; il ne s'est pas asservi à Primatice, autant qu'on a voulu le dire ; il sut remonter aux maîtres plus forts, à Parmesan, à Jules Romain ; et, s'il

---

[1] Voy. l'épreuve de la Bibliothèque de l'Arsenal.

[2] Au Cabinet de Berlin.

[3] A Berlin et chez M. Robert Dumesnil.

[4] Dans *Les Quatre premiers livres des pérégrinations orientales de Nicolas de Nicolay*, voyageur et valet de chambre du roy Henri II, publiés en 1568 par Guillaume Roville, de Lyon.

les francisa dans le goût du temps, ce fut en suivant son penchant.
Mal à l'aise dans les sujets religieux, il n'a fait qu'un Christ vulgaire,
d'une stature allongée, d'une chevelure ondoyante. Cette figure, avec son
profil accentué et ses yeux à fleur de tête, m'a paru rappeler Jean Duvet,
dans une estampe qu'on peut lui attribuer : *Dieu sur le globe constellé
entouré d'anges répandant des fleurs* [1]. Moins heureux encore dans la figure
de la Vierge, qu'il essaya deux ou trois fois, Tiry ne fit que traduire
froidement des modèles étrangers ; mais sa verve éclate dans les sujets
mythologiques, où il présente avec un agrément particulier la beauté que
nous connaissons déjà si bien, avec les épaules déclives, la taille forte,
les jambes hautes, les extrémités fines, et les contours tout d'une venue,
pleins de *vaghezza*, comme disent les ultramontains.

4. Beaucoup d'artistes français s'enrôlèrent dans l'École de Fontainebleau.
LÉONARD LIMOSIN, esmailleur et peintre ordinaire de la chambre du Roy
François Ier, bien qu'artiste indépendant, inventif dans ses procédés, em-
pruntant ses sujets à des maîtres divers, même à des graveurs de l'École
romaine, et habitant souvent Limoges, n'échappa point à cette influence;
il travailla accidentellement aux voûtes de plusieurs salles de Fontainebleau.
Le grand artiste est désormais bien connu par la notice de M. de Laborde [2];
mais des eaux-fortes rapides devaient paraître bien pauvres à l'historien
qui avait à décrire tant d'émaux chatoyants ; il reste quelque chose à dire
sur le graveur. M. Robert Dumesnil, qui a décrit quatre pièces datées de
1544, n'en avait vu que deux : *La Cène, La Résurrection;* il décrit les deux
autres, *L'Entrée à Jérusalem* et *Jésus au jardin des Oliviers,* d'après Brulliot.
J'ai vu de plus *L'Annonciation* [3] : l'ange s'avance à droite vers la Vierge, en
levant le doigt vers le Père Éternel assistant dans sa gloire de nuées,
La Nativité et deux Scènes du jardin des Oliviers, *La Prière* et *La Trahison* [4].
On trouvera peut-être ailleurs les autres pièces de cette suite, qui paraît

---

[1] Au Cabinet des estampes de la Bibliothèque nationale.
[2] *Notice des émaux du Louvre;* Ire partie; 1852, pag. 165.
[3] *Collection de M. de Baudicourt.*
[4] *Bibliothèque de Bruxelles.*

une étude pour la Passion que Léonard exécuta en émail en 1557, et
qu'on voit au Musée de l'hôtel de Cluny.

Ces estampes ne donnent pas de types bien distingués : La Vierge a une
longue taille voûtée et des yeux blancs d'une expression un peu sauvage ;
le Christ est petit et triste ; les figures y paraissent en général trop
allongées et en même temps trop arrondies, les barbes flottantes, les épaules
matelassées, la tête et les extrémités petites pour le corps ; mais ce sont
là les habitudes de l'émailleur. On aime à voir comment sa pointe, libre et
pittoresque sur le vernis comme sur la pâte et la poudre d'émail, pouvait, avec les pauvres moyens dont l'eau-forte dispose, obtenir la grandeur,
l'expression et l'effet ; mais pour lui, comme pour beaucoup de Français,
la gravure ne fut qu'une boutade.

5. GEOFFROY DUMONSTIER, le plus ancien des peintres de ce nom
connus surtout pour leurs crayons, travaillant à Fontainebleau de 1533
à 1540, a laissé un certain nombre d'estampes à l'eau-forte, datées
de 1543 à 1547, qui ont été pour la première fois signalées par Mariette [1].
Cet amateur y trouvait une parfaite imitation de la manière austère et
sauvage de Rosso et aussi de celle de Primatice. Zani, qui a plus
goûté notre Maître, dit qu'on pourrait l'appeler le Parmesan ou le Meldolla de la France, et il incline à le croire élève de Fantuzzi. M. Robert
Dumesnil, qui en a décrit vingt-deux pièces, les trouve aussi exécutées
dans le goût de l'École de Fontainebleau, et d'une pointe qui ressemble
plus à celle d'Antoine Fantuzzi qu'à toute autre. En le considérant comme
auteur des dessins à la plume et lavés, offrant des sujets religieux en
compartiments, études pour des verrières ogivales qui sont au Musée du
Louvre sous le nom de Daniel Dumonstier, et comme inventeur de la
plupart de ses estampes, on lui trouve assez d'originalité et plus de force
qu'aux graveurs vulgaires de l'École de Fontainebleau ; il prit l'eau-forte
apportée d'Italie, et s'en servit selon le goût alors en vogue et suivant
sa fantaisie. Dans ses meilleures pièces il a une énergie et un piquant

---

[1] La plupart des exemplaires fort rares de ces estampes portent le nom du graveur, manuscrit et peut-être autographe.

qui sentent l'inspiration directe de Michel-Ange et de Parmesan, où sont entraînés les meilleurs artistes français, plutôt que la traduction pénible de Rosso et de Primatice. Son travail de pointe, sobre, carré et plein d'effet, a d'ailleurs l'esprit et la soudaineté d'un peintre.

Il grava *La Nativité* jusqu'à cinq fois et toujours d'une manière originale, parce que la scène était favorable aux figures à la fois gracieuses et farouches qu'il affectionne, et aux effets de clair-obscur qu'il recherche. Les Vierges dans des niches, les Saintes et les Allégories, dont il a varié très-spirituellement l'attitude, l'expression et la facture, les unes ébauchées, les autres plus finies, avec des effets plus cherchés et des ombres jetées par places, montrent l'ampleur et la grâce affectées de Parmesan, ramenées à la beauté française. Il y a enfin dans son œuvre une figure de *Saint Paul*, assis, la droite appuyée sur l'épée flamboyante, à côté de l'inscription : *Nous ne preschons pas pour nous-même*, qui seule le placerait au rang des Maîtres, tant elle a d'ampleur et de souffle.

6. JACQUES PRÉVOST, de Gray, a été restitué par Mariette comme peintre, pour un tableau du trépassement de la Vierge, dans l'église de Saint-Mamert à Langres, et comme graveur, pour plusieurs pièces portant son nom *I. Prévost inv.*, avec les dates 1546 et 1547. L'annotateur d'Orlandi avait été conduit, en outre, à lui attribuer d'autres pièces portant un monogramme formé des lettres P S superposées et les dates 1535 à 1537. Sur ces données, M. Robert Dumesnil lui a composé un œuvre de dix-neuf pièces. Je ne les ai pas vues toutes; mais j'ai sous les yeux une pièce inédite : *La Romaine nourrissant de son lait son père prisonnier.* Le style m'y fait bien reconnaître Prévost pour un graveur français à la piste de Maître Roux : la tête angulaire et le sein de marbre de la fille, les membres longs, aux contours durs et bosselés du vieillard, et l'arrangement grandiose du groupe, ne conviennent qu'à lui; elle est gravée d'ailleurs d'une pointe dure, mais libre et assurée dans ses effets. Une des estampes décrites, *Opis*[1], présente une figure du même type, exé-

---

[1] J'ai vu comme M. Robert Dumesnil la contre-épreuve possédée par M. le docteur Pons, à Aix.

cutée de la même façon, avec une tête en entonnoir, des formes robustes, des extrémités bien accusées, et toute la facture d'un dessinateur ressenti mais correct. *Vénus* est dans la même manière.

Quant aux estampes à monogramme qui lui sont données ensuite, quelle que soit l'autorité des auteurs, je n'y trouve pas l'artiste de Gray. Les termes, les cariatides et les morceaux d'architecture, d'un dessin grandiose, soutiendraient à la rigueur la comparaison ; mais elle est impossible pour d'autres, à moins qu'on ne suppose que le graveur, après avoir appris le dessin chez Salamanca, vint se corrompre et s'enfler à l'École de Fontainebleau. Il faudrait, pour le croire, un document, une estampe dans le dernier style, qui portât le monogramme P S ; c'est ce que l'on n'a pas rencontré. Deux estampes ainsi marquées, qui ont été omises par M. Robert Dumesnil, *La Femme aux deux éponges*, copie de Marc-Antoine, et *Eurydice*, d'après Marc de Ravenne, à l'adresse de Salamanca, sont d'assez pauvres pièces, mais dans la manière des graveurs de Rome. Brulliot en cite plusieurs autres[2]. Il y là, ce me semble, quelque autre artiste, non pas celui que Marolles nomme Perjecouter, qui n'est autre que Pierre Serwouter, graveur et marchand d'estampes d'Anvers en 1607, ni Philippe Soye, graveur français, travaillant à Rome chez Lafrery et Thomassin en 1566 et 1572; mais quelque graveur inconnu au service de marchands d'estampes plus anciens.

7. Bartsch a fait des graveurs de Fontainebleau une seule catégorie, où les noms connus, les anonymes, les monogrammes et les noms supposés se confondent, à peine marqués de divisions arbitraires et d'attributions fautives. Sans prétendre débrouiller ce chaos, on peut y indiquer quelques points plus précis et déterminer peut-être deux ou trois graveurs, qui font mieux connaître l'École, aussi bien par les sujets qu'ils ont traités que par l'exagération qu'ils y ont mise.

Le monogramme I O V, la seconde lettre portant une croix suspendue et quelquefois un X, de manière à former le monogramme du Christ, se

---

[1] *Dictionnaire des monogrammes;* I, N° 3050.

rencontre sur un certain nombre de pièces dont l'auteur avait été signalé par Mariette comme un ancien anonyme français qui avait exécuté plusieurs estampes à l'eau-forte, d'après M° Roux, Andrea del Sarto et Primatice. Mariette cite entre autres pièces *La Charité*, d'après Andrea del Sarto, pour François Ier, estampe qu'il trouvait mal gravée et encore plus mal dessinée, mais singulière, parce qu'elle représentait un tableau qui n'avait été gravé que cette seule fois. Ce graveur peut être JEAN (*iohannes*) VIGNAY, *Vigny* ou *Veigne*, travaillant à Fontainebleau de 1548-1550, comme peintre et comme doreur, à raison de douze livres par mois; il a les défauts de l'École, plus quelques défauts à lui, un dessin sec et mal tourné, des expressions pauvres, mais son travail de pointe, dur dans les contours, est nourri dans les ombres et quelquefois fin et moelleux dans les demi-teintes; il se rapproche assez par là de Jean Duvet.

Bartsch ne lui donne que sept pièces; quelques autres décrites comme anonymes lui appartiennent, et on peut en trouver un plus grand nombre dans les œuvres de Jules Romain et de Polydore Caldara, du Cabinet de Paris. Je signalerai principalement comme non décrites, *Niobé et ses enfants s'abritant sous une tente*, *Thésée tuant le Minotaure au milieu de ses victimes*, *Mars et Vénus*, pièce marquée *Roma* F., *L'Aurore descendant de son char dans le lit de Tithon*. Une de ces estampes indique qu'il avait été à Rome; on peut voir la façon dont il traduisait le style de Marc-Antoine, dans une autre pièce assez bien gravée d'ailleurs, et qui porte son monogramme, *L'Homme nu à cheval devant un tombeau à pyramide*. Quelques autres n'ont pas de marque et présentent des différences de correction et de travail; mais on reconnaîtra Jean Vignay à ses contours profonds, à ses airs de tête, à ses grands yeux marqués en noir, au pointillé et à l'estompage de sa pointe. Il était plus adroit dessinateur dans les accessoires que dans les figures, très-soigneux des détails dans ses terrains, et inventif dans ses encadrements. Mariette remarquait, à propos de la forme ovale qui entoure une de ses plus belles pièces, *Apelles et Campaspe*, que les ornements, qui paraissaient faits pour être exécutés de stuc, étaient sûrement de l'invention des graveurs. Son œuvre offrirait un assez grand nombre de ces compartiments à cariatides, mascarons, fruits et salamandres, qui appartiennent bien à un stucateur de Fontainebleau.

8. Bartsch avait désigné parmi les anonymes de Fontainebleau, sans doute sur une note de Mariette qu'il ne cite pas, *Io Migon*, gravant d'une pointe peu exercée qui dénotait un peintre plutôt qu'un graveur ; mais il laisse à son œuvre des attributions fort incertaines. Voici la note manuscrite de Mariette : « *Jo Migon* ou *Migona*. Je trouve ce nom et la date de 1544 sur une estampe gravée dans la manière de LD, et qui représente un cartouche accompagné de figures telles qu'on les voit à Fontainebleau dans la galerie des réformés ; et il n'est point douteux que cette pièce est un ouvrage de quelques-uns de ces stucateurs qui travaillaient sous le Primatice. Je n'ai encore vu que ce seul morceau ; il se peut faire que nombre de pièces qui ont été gravées en France vers ce temps-là, et qui ne portent pas de nom, soient de cet artiste. Cela mérite d'être examiné. » Le morceau est encore en place dans l'œuvre de Primatice, et le nom peut y être lu, moins la dernière lettre, qui n'est sans doute qu'un trait final. M. Robert Dumesnil a vu, en 1841, à la bibliothèque de l'Arsenal, une autre estampe portant la signature *Io Migon*, et représentant un sujet historique : *Femme offrant des présents à un Roi* ; il y a reconnu le graveur de plusieurs estampes anonymes. Je n'ai pu réussir à voir cette pièce ; mais le graveur, vu par de si bons yeux, est apparemment *Jean Mignon*, peintre employé à Fontainebleau, à raison de treize livres par mois[1], et sur les indications précédentes on peut déjà déterminer un certain nombre de pièces d'un faire assez particulier.

L'analogie avec Tiry dont parle Mariette, ne doit être admise, il me semble, qu'avec restriction. Mignon a du grignotis dans la pointe, mais infiniment moins de pittoresque et d'effet ; et il reste sans comparaison pour la sauvagerie de ses expressions et l'étrangeté de ses gestes ; la rudesse travaillée de ses hachures et de son pointillé n'a de ressemblance qu'avec le travail d'un brodeur. Il a d'ailleurs les formes

---

[1] De Laborde ; *Renaissance des arts*, tom. I.

dégingandées et les attitudes chorégraphiques de l'École, et pour symptômes particuliers des yeux en trous de vrille et des mâchoires démantelées. J'en citerai quelques pièces, outre celles qu'on peut trier dans les anonymes décrits par Bartsch ; *l a Sainte famille* : la Vierge assise à gauche allaite l'enfant Jésus qui tient un oiseau, sainte Anne debout à droite présente le petit saint Jean ; cette estampe d'après Primatice, serait, si mon attribution est exacte, la plus remarquable et la moins chargée. *Le Jugement dernier*, grande scène traitée dans la manière la plus polie du Maître, le Christ au milieu du Paradis préside à la résurrection des corps, gagnant d'un côté l'escalier céleste et entraînés de l'autre vers le Styx. Pour avoir une notion plus complète de la manière de Mignon, on peut considérer encore parmi les anonymes décrits par Bartsch, *L'Adoration des Mages* (N° 15), *Saint Michel combattant les Anges rebelles* (N° 37), *Le Jugement de Pâris* (N° 64), *Mars et Vénus* (N° 52), *Le Siège de Troie*, deux pièces (N°ˢ 44 et 45). Dans leur intégrité, la plupart de ces estampes sont encadrées, selon l'usage des graveurs presque tous stucateurs à Fontainebleau.

9. Les attributions que je viens d'essayer, acceptées, il resterait encore des anonymes et des incertaines parmi les pièces de cette École plus féconde que choisie ; quelques-unes intéressent par leur originalité. Deux suites de *Figures académiques et gymnastiques*, poses plastiques, destinées à montrer le jeu des muscles, passeraient pour des charges d'atelier, si l'on ne savait jusqu'où va l'infatuation d'une manière. Elles sont marquées d'un monogramme formé des lettres E V S T I entrelacées. Serait-ce *Just de Just*, *imager* pour les ouvrages de stuc, travaillant à Fontainebleau en 1535? On pourrait attribuer au même artiste quelques pièces anonymes, remarquables par la rudesse de leur gravure et la sauvagerie de leur expression. Il faut attendre, pour parler des autres, un catalogue exact des estampes de l'École.

Les listes dressées par M. de Laborde, contiennent certainement les noms de plusieurs graveurs inconnus ; on y chercherait en vain Florent Despêches, nommé par Marolles, par Heinecken, et accepté par Bartsch comme graveur de l'École de Fontainebleau, parce que son nom se trouvait manuscrit sur une estampe de cette École ; mais la même signature , *Florent Despèches peintre à Dijon*, de la même écriture et avec le même monogramme, autographe donné par Bartsch comme une marque de graveur , se rencontre sur *L'Assemblée des Dieux* de René Boyvin , sur *Le Combat de gladiateurs* de Ph. Galle , et sur d'autres estampes de divers auteurs et de diverses époques. Cela indique seulement que les pièces ont appartenu à un peintre du XVII° siècle , fort médiocre à en juger par l'obscurité de son nom [1] , mais amateur de gravures, et qu'il les a signées, pour éviter qu'elles ne fussent distraites de l'atelier, où il les laissait courir sans doute entre les mains de ses élèves. L'œuvre imaginaire que Bartsch lui a composée, est faite de pièces appartenant la plupart à Mignon.

Léonard Tiry ne fut pas le seul Flamand qui suivit l'École de Fontainebleau. On sait par Vasari que Luca Penni, romain dépaysé à la suite de Rosso et de Primatice, qui travailla à Fontainebleau de 1540 à 1550, avait publié plusieurs estampes gravées principalement par des Flamands [2]. L'historien cite en particulier une pièce de sa propre collection, *Les Femmes dans un bain*. Cette estampe, marquée d'un к dans un G , a eu plusieurs attributions , qui ne sont nullement justifiées : Caraglio par Heinecken , Karolus par d'autres; je m'arrêterais plus volontiers à Corneille Ketel, de Gouda, *Ketel Goudensis*, peintre modeleur et graveur, qui , selon Fiorillo, travaillait à Fontainebleau en 1566. Mais cette pièce au burin, ainsi que plusieurs autres attribuées au flamand Karolus , devraient être rangées , en attendant qu'on les connaisse mieux , dans la seconde section de l'École de Fontainebleau , à côté de quelques autres estampes arbitrairement données à René Boyvin. Heinecken a voulu aussi considérer Luca Penni comme graveur, bien que le texte de Vasari , *ha mandato fuori*, ne le dise pas explicitement. Il a catalogué sous son nom *La Sainte famille*, 1543 , *Le Christ descendu de la croix*[3]. Zani a encore

---

[1] Le Catalogue du Musée de Narbonne, par M. Tournal, 1847, porte, N° 87, *Une Sainte famille*, sous le double titre : Florent Despèches, École flamande du XV° siècle. J'ai le regret de ne pas connaître ce tableau, que le rédacteur de la description aura baptisé sur la foi de quelque vieil inventaire erroné, quant au nom ou quant à l'École.

[2] Vasari; *Marc-Antonio e altri intagliatori.* — *Gio. Francesco Fattore*, etc.

[3] *Dict. manusc.*, à la Bibliothèque de Dresde.

rangé Luca Penni au nombre des graveurs. Mariette, sans aller aussi loin, a dressé une longue liste des estampes attribuables aux graveurs flamands que Penni fit travailler sur ses dessins. Il y a là bon nombre de pièces que nous savons maintenant appartenir à d'autres; mais le critique a traité sans importance des gravures qui rebutaient son goût classique ; l'anti-quaire seul, dont le goût s'est dépravé à tout voir, y regarde de plus près.

On peut reconnaître un graveur particulier dans un cer'ain nombre de pièces : *La Création d'Ève* (B. anonymes 2), *Le Péché d'Adam et Ève* (B. 3), *Le Sacrifice d'Abraham* (B. 4), *Actéon* (B. 73); faute de nom et de monogramme, je l'appellerai le graveur de Luca Penni. Il a un dessin grandiose, une expression sévère et un travail délié qui ne sont qu'à lui ; ses figures sont encore sauvages, mais sérieuses, ses chairs mo-delées, ses draperies souples, et il donne aux arbres et aux végétaux un soin et une richesse que l'on ne voit pas aux autres eaux-fortistes de l'École. Il est moins dessinateur que Fantose, moins agréable que Tiry, moins sauvage que Vignay et Mignon. Son type, qui peut bien être pris pour celui de Luca Penni, donne un exemplaire de la beauté de Fontaine-bleau, plus solide que celui de Primatice, plus mesuré que celui de Rosso. Les graveurs au burin et principalement les Mantouans, qui gravèrent ensuite le même Maître, lui laissèrent ce caractère.

XXVI.

Les burins de Fontainebleau.

1. Les graveurs à l'eau-forte que nous venons de voir, rendaient bien dans leur fougue les habitudes rapides de l'École. Elle eut aussi des gra-veurs au burin, qui répondaient mieux à ses goûts d'élégance et de raffi-nement.

DOMENICO DEL BARBIERE FIORENTINO, le meilleur élève de Rosso, selon Vasari, excellent modeleur en plâtre, savant dessinateur et bon graveur, fut employé à Fontainebleau de 1540 à 1570, sous le nom de *Dominique Florentin*, imager et sculpteur. Mariette, qui vante les dessins qu'il avait

vus de lui, quoique les trouvant d'un goût trop sauvage, dit qu'il mourut
à Troyes et qu'il fut enterré dans l'église de Saint-Pantaléon. Il n'a
gravé qu'un petit nombre de pièces, principalement d'après Rosso et
Michel-Ange. On y trouve, plus encore que dans les graveurs précédents, le dessin strapassé et la musculature étalée du Maître Roux de Roux.
Son travail de gravure a trop de raideur et de solidité, surtout dans les
vêtements, mais il est nerveux, fin et remarquable par ses effets de lumière et d'ombre. *La Gloire*, *Cléopâtre*, montrent la grâce de l'École,
un peu trop forte en gigues. Il travaillait particulièrement aux stucs de
Fontainebleau ; aussi excella-t-il dans les ornements. M. Robert Dumesnil
a retrouvé de lui une suite de panneaux spirituellement composés et fort
habilement gravés, qui ont été copiés par Du Cerceau.

2. Les estampes les plus régulières de l'École de Fontainebleau, sont
marquées d'un monogramme dont les lettres G F et G. I. R. F. ont reçu
des interprétations incertaines. Notre premier catalographe les plaçait à
côté de Primatice, sous le nom inconnu de G R. *Veronese ;* Orlandi les
appliqua à GUIDO RUGGIERI, nommé par Malvasia, le même, croyait-il, que
Ruggiero Ruggieri, de Bologne. Mariette paraît d'abord distinguer Guido
Ruggieri comme véronais, d'après une eau-forte du tableau de l'apparte-
ment des bains, *Mercure descendant du ciel*, marquée BOL *inventor* et G R.
Veronese F.; puis, en considérant d'autres estampes, il trouvait sa
manière approchant de celle de George Ghisi, qui fut peut-être son
maître. Bartsch n'a fait qu'augmenter la confusion, en classant ce graveur
parmi les vieux Maîtres allemands, et en lui donnant plusieurs petites
pièces d'ornement et de costumes datées de 1534 à 1537 ; leur monogramme G F est analogue, il est vrai, mais le style est trop différent
pour appartenir au même temps et au même artiste. Brulliot, en retrouvant *Ruggieri sc.* sur une estampe d'après Rosso, *Guerriers construisant les murs d'une ville*, n'a pas cru non plus devoir distinguer toutes
ces pièces ; il les donne à un graveur de l'École de Marc-Antoine ou de
celle d'un de ses élèves, travaillant de 1530 à 1540 [1]. Sans en citer d'autres

---

[1] *Dict. des monogr.*, I., Nos 823 et 1836.

qui n'ont pas mieux dit, la question reste où l'avait laissée Mariette. Nous pouvons savoir de plus que maître GUIDO était un dessinateur de mérite, puisqu'il est nommé avec Jean Cousin, tous deux *dessigneurs d'environ toute l'œuvre de Stephanus*[1]. C'était sans doute un autre que Roger Rogier ou Roger de Rugery, travaillant de 1553 à 1587 aux patrons de grotesques, aux ouvrages de peinture, sculpture, tournements de festons, et nommé Rugiero Rugieri di Bologna, dans le testament de Primatice écrit à Fontainebleau en 1571.

Les estampes qu'on peut donner à Guido Ruggieri ne sont pas nombreuses ; elles se distinguent par un travail poli, plus doux et plus pointillé que celui de George Ghisi, et rappelant quelquefois Bonasone. Mariette voulait même lui attribuer les *Emblèmes de Bocchius*, que j'ai cités précédemment[2] ; il trouvait dans ces vignettes une manière analogue à celle de deux estampes assez connues, *Pénélope*, *Jupiter foudroyant les géants*. J'ajouterai pour ceux qui voudraient étudier un Maître encore peu connu, l'indication d'une estampe de l'œuvre de Jules Romain, *La Nativité*, marquée sur le second état (il y en a jusqu'à trois) G. R. Fo., traitée savamment, mais avec plus de dureté que les pièces précédentes.

3. RENÉ BOYVIN D'ANGERS, *Renatus Boyvinus Andegavensis*, fut le plus fécond et le plus original des burinistes de Fontainebleau. Pour lui, heureusement, la notice précise et l'ample catalogue publiés par M. Robert Dumesnil, viennent satisfaire aux recherches d'érudition ; s'il n'a pas une biographie, pour laquelle les documents faisaient défaut, on le voit du moins rattaché à Léonard Thiry, et, par l'analogie de quelques-unes de ces pièces, on a pu conjecturer même qu'il était l'élève de Dominique Florentin. Ses premières gravures remonteraient, d'après une assertion de Vasari, sujette à controverse, au temps même de Rosso ; mais

---

[1] Inscription d'un dessin décrit dans le Catalogue Reinard, IIᵉ partie, pag. 71.

[2] Dans une autre note, Mariette était tenté d'attribuer ces emblèmes de Bocchius, ainsi que l'estampe de *Jupiter*, à Jérôme del Faino ou le Faglioli, voulant parler sans doute de Girolamo Faccioli, orfèvre et graveur de coins à Bologne, qui travaillait en 1550, dont Zani a fait mention. *Enciclopedia*, I, pag. 269, et II, pag. 335.

les dates données dans les estampes décrites au nombre de deux cent
vingt-six, vont seulement de 1563 à 1580 [1].

« La manière de Boyvin était sèche et dure, dit Mariette, et souvent
il est tombé dans le lourd, parce qu'en voulant imiter trop servilement
ses originaux, il appesantissait ses ouvrages par trop de travail. Vasari
en parle cependant comme d'un graveur excellent, mais il le faut entendre par rapport au temps, où l'on n'avait encore rien vu de gravé avec
plus de soin et de propreté, surtout par des Français. » On ne manquera pas
non plus de respect à Mariette, en entendant aussi sa critique par rapport
au temps. Boyvin est un dessinateur net, réagissant contre la négligence
des eaux-fortistes, manquant souvent de couleur et d'effet, attentif surtout
à accuser les profils de son École, et infatué de la manière de Rosso. Pesant
dans certaines parties, telles que les draperies, les nuages, il a encore
appris de Thiry une très-heureuse disposition des ombres, et dans ses
bonnes pièces, principalement dans les petites compositions et les ornements, on ne peut qu'admirer la gentillesse et l'accent de son burin.

Les sujets religieux ne tiennent pas plus de place dans son œuvre
que dans celui des autres fontaineblistes; il les a traités avec plus de fantaisie que de convenance. L'Annonciation, La Sainte famille, d'après
Me Roux, ont tous les traits provocateurs de figures payennes; la Vierge
a les formes accusées, la tête couverte de la coiffe empesée, et sainte Élisabeth est dotée de la face à deux angles aigus, que le Maître affectionne
et qu'il donne aussi bien à la mère d'Amphinomus qu'à la déesse Ops.
C'est dans les sujets mythologiques qu'il faut chercher la verve de Boyvin
et la liberté de sa manière: Vénus mère des amours, Les Grâces, Diane
et ses nymphes. Dans plusieurs figures de la Conquête de la toison d'or,
le graveur a excellé à rendre la gracilité juvénile, des formes toutes d'un
jet, la polissonnerie des enfants avec leur front exhaussé et leur physionomie badine. Il accuse carrément les yeux, et ne recule pas, tant son

---

[1] Il serait possible d'ajouter encore quelques numéros à cette liste: une *Léda*, et plusieurs
pièces des *Amours des Dieux*; *Hercule soulevant Antée*, d'après Rosso, qu'on a pu lui attribuer,
porterait même la date de 1550; mais cette pièce, d'un travail plus gros et plus pauvre, est
douteuse.

burin y sait mettre de piquant, devant la flaccidité des formes décrépites.
Quelques-unes de ses compositions sont d'une telle licence, que Mariette
a voulu en attribuer l'invention à Cellini, qui prête le flanc, comme on
sait, aux médisances de ce genre : telle est l'estampe de *Neptune et Thétis*.
Les salières et les autres pièces d'orfèvrerie gravées par Boyvin, pouvaient
mieux encore rappeler l'élégance licencieuse de l'orfèvre florentin,
mais celui-ci n'était resté en France que cinq ans, de 1540 à 1545 ;
rien dans ses mémoires ne dénote des rapports plus directs avec nos graveurs. René Boyvin n'est pas non plus indiqué comme ayant travaillé
à Fontainebleau ; il n'avait point vu l'Italie, mais il connaissait certainement les gravures italiennes. Il copia *Le Vieillard à la roulette*, d'une
estampe de l'École de Marc-Antoine, et plusieurs des pièces que Caraglio
avait faites d'après Rosso : *Les amours des Dieux* et *Les Divinités dans des
niches* ; mais, dans ses types, il ne procède que de Rosso et de Thiry. Il
reste, plus qu'eux, Français, par l'espièglerie de ses expressions et la gentillesse de ses formes. On peut critiquer ses Grâces comme trop haut ju-
chées ; mais qu'on se rappelle la chanson de Ronsard en faveur de mada-
moiselle de Limeuil :

> Quand je voy en quelque endroit
> Un pin droit
> Ou quelque arbre qui s'eslève,
> Je me laisse decevoir
> Pensant voir
> Sa belle taille et sa grève.

4. Les règnes de Charles IX et de Henri III, moins propices aux arts,
ne voient pas la gravure porter les fruits que faisaient attendre ses débuts
originaux et vigoureux sous François Iᵉʳ et Henri II : cet art sans éclat
n'avait pas eu à la cour de France, où rois et grands seigneurs ai-
maient les arts surtout par vanité, la faveur qu'avaient su appeler sur
lui Maximilien, Charles-Quint, Clément VII et le cardinal de Médicis.
On ne trouve pas le nom de nos graveurs dans les comptes des rois de
France, où foisonnent les peintres, les orfèvres et les imagers ; d'ailleurs,
les persécutions catholiques frappent maintenant le pays, et les artistes,
de leur nature libres et réformateurs, fuient à tire-d'aile. En province,

il en reste quelques-uns ; les meilleurs émigrent : Du Cerceau est chassé comme huguenot, De Laulne est à Strasbourg, Beatrizet à Rome.

MARC DUVAL eut encore le titre de peintre du Roi, mais ce titre lui servit peu ; son nom n'a point été retrouvé dans les comptes, et nous ne savons que par le témoignage contemporain de Lacroix du Maine, qu'il était du Mans, surnommé le sourd par son maistre Charles IX, l'un des plus excellents pour le crayon et pour le burin ou gravure en taille-douce, et encore pour la peinture en huile. L'auteur ajoute qu'il avait gravé plusieurs visages des rois, reines, princes et grands seigneurs de France, des grotesques et plusieurs autres peintures en taille-douce, et qu'il mourut en 1581, laissant une fille, Élisabeth Duval, parisienne, fort excellente pour le crayon et la portraiture [1].

M. Robert Dumesnil a décrit dix estampes de Duval : sujets religieux, portraits et grotesques, qui le font connaître, dit-il, comme dessinateur dans le grand goût et très-habile buriniste. Dans les rares pièces que j'ai vues de lui, il m'a paru avoir le dessin sec, les formes surmenées de Fontainebleau, mais plus d'expression que beaucoup de ses contemporains. Son travail de burin a de l'analogie avec celui de Boyvin, mais il est plus serré ; il modèle plus précieusement, et il rappelle aussi parfois les graveurs de l'École de Suavius. Les Flamands le goûtèrent en effet, car Wierix a copié plusieurs de ses portraits, entre autres, *Les Frères Coligny*, son chef-d'œuvre. P. Feddes de Harlinghen, peintre, graveur et marchand, dont je ne connais aucune autre pièce, a copié *La Femme adultère*.

XXVII.

Les graveurs de Lyon.

1. Lyon participe, aussi bien que Paris, au mouvement de la Renaissance. En communication plus facile avec l'Italie, refuge des Italiens

---

[1] *Premier volume de la bibliothèque du sieur de Lacroix du Maine* ; Paris, 1584, cité par M. Robert Dumesnil et M. de Laborde.

proscrits, résidence de poètes et d'artistes célèbres, patrie de Philibert De Lorme et de Perréal, Lyon vit naître le graveur au burin le plus distingué de la Renaissance française, si l'on accepte l'attribution toute vraisemblable, faite par M. Robert Dumesnil, des estampes au monogramme formé d'un double C, au peintre Claude Corneille et à l'imprimeur Balthazar Arnoulet. Elles passaient auparavant pour être d'un graveur inconnu travaillant à Leyde[1].

CLAUDE CORNEILLE, connu surtout pour les portraits des personnages marquants de François Ier à Charles IX, dont il avait formé à Lyon une espèce de musée, est légèrement traité par l'historien de la *Renaissance des arts à la cour de France*, comme un peintre provincial et un faiseur habile. Brantôme, qui n'est pas, il est vrai, une autorité, a raconté le succès obtenu cependant par le portrait de Catherine de Médicis, où *cette reyne était représentée au vif en sa beauté et sa perfection, avec son beau visage, ayant ses trois belles filles auprès d'elle*[2]. En ne considérant que ses estampes, on peut lui trouver un mérite qui manqua à bien des peintres de la cour. M. Robert Dumesnil en a décrit quatre vingt-six, toutes gravées à Lyon, avec des dates de 1545 et 1547. L'exact iconographe des graveurs français a heureusement distingué la manière du Maître au double C de celle des Allemands ; mais il en donne, je crois, une idée insuffisante, en le confondant avec les imitateurs des Écoles d'Italie dégénérées. Il y a bien, dans ses compositions enrichies d'édifices classiques, dans ses figures savamment posées, un appareil qui décèle la connaissance des ouvrages italiens ; mais rien n'y prouve l'entraînement d'une École particulière. Ses imitations sont lointaines et son style n'a rien de dégénéré ; sa manière est plutôt rudimentaire et naïve. Par la disposition symétrique des groupes, par le précieux de l'expression, il tient des miniaturistes gothiques et paraît issu des Maîtres imagiers ; quoiqu'il ait appris des Écoles italiennes, on peut surprendre encore dans ses estampes l'ancienne manière française, fine, mouvementée, spirituelle et libre. Son travail de burin est fait de peu ;

---

[1] Bartsch, interprétant faussement le monogramme du marchand, par *Lugduni Batavorum*, en décrit 11 pièces aux vieux maîtres allemands.

[2] *Dames illustres*; disc. II, tom. I, pag. 49. La Haye, in-12, 1740.

mais ce peu est d'un maître, assez varié d'ailleurs, quelquefois gros et rappelant les tailles de bois, souvent fin et serré comme celui des orfèvres, ou rappelant peut-être le burin du Maître au caducée.

Les types des figures principales du Maître de Lyon sont bien à lui. Jésus-Christ, dans *L'Incrédulité de saint Thomas*, *Le Jugement dernier*, a la stature longue et délicate, le visage doux, les cheveux à mèches effilées, le geste naturel; la Vierge, dans *Le Jugement dernier*, joint les mains par un mouvement vif et paraît toute souriante sous son voile un peu pesant; dans *La Mort de la Vierge* l'on voit aussi un modèle plein de délicatesse et de douceur. Je ne trouve qu'à Jean Cousin quelque chose d'analogue à ce type; mais c'est surtout dans la composition que paraît l'originalité du Maître. En représentant des scènes consacrées par des chefs-d'œuvre, comme *Le Jugement dernier*, *Le Massacre des innocents*, il ne s'assujettit à aucun modèle : son dessin est quelquefois pauvre, mais son ordonnance est grande; ses expressions et ses gestes sont quelquefois triviaux, mais toujours pleins de vérité; il obtient, enfin, sa beauté propre plutôt par don naturel que par réminiscence.

Claude Corneille a été moins heureux dans les sujets mythologiques, et par là il se distingue encore des graveurs de Paris; il n'y fut pas sans agréments, mais il montra moins d'originalité. Dans les petites pièces, *Vénus appuyée sur un cippe*, *Vénus et l'Amour*, on surprend des formes plus ressenties que naturelles, plutôt enjolivées que vraies, et un souvenir plus grand des maîtres corrupteurs de l'Italie; pourtant, plusieurs traits fins dénotent encore son indépendance : ses têtes sont spirituelles, ses extrémités petites et solides; il est, enfin, intéressant à étudier dans les petits sujets traités à la manière des graveurs sur bois, *Les Planètes*, *Les Vertus*, non que ces études soient faites précisément d'après nature, mais parce qu'on y retrouve mieux la beauté lyonnaise :

> *Lorsqu'en son tout, grace naive enclose*
> *Veut eslargir sa douce privauté* [1].

---

[1] *Escriz de divers poètes à la louange de Louise Labé*, dans l'édition de ses Œuvres. Lyon, 1824, in-8°.

2. Bientôt après, Lyon vit paraître les estampes d'un Maître qui signait d'un monogramme formé d'un J et d'un G accolés, avec l'adresse A LION. M. Robert Dumesnil, qui les a décrites au nombre de vingt-trois, se borne à dire qu'il paraît contemporain du maître précédent et peut-être son élève. Mariette avait pensé qu'il s'appelait J. Gourmont, parce qu'il avait rencontré *Le portrait du cardinal de Bourbon*, à l'âge de 28 ans, avec la signature : *J. Gourmont sc.*, où les deux premières lettres formaient le même monogramme que celui des pièces de Lyon; mais la manière de ce portrait, sèche et pointillée, n'a rien de commun avec celle des pièces : il est d'un marchand d'estampes qui imprima encore un troisième état du portrait de Henri II, par Boyvin, transformé en Henri IV. On ne peut pas l'assimiler, non plus, à un autre Jean de Gourmont, graveur en bois, cité par Marolles et par Papillon pour des cavalcades et des morceaux d'ornements, dont la marque, formée des lettres capitales I D G accolées, et le nom, se trouvent sur plusieurs pièces citées par Brulliot, sur des planches d'une Bible de 1560 et sur certaines pièces en bois de Tortorel et Perissim. D'autres auteurs avaient indiqué Jacques Granthome, qui s'est servi des mêmes initiales, et dont le nom se trouve écrit au bas d'un beau dessin à la sépia, du Massacre des innocents, exactement reproduit dans l'estampe du Maître [1]; mais Bartsch avait déjà remarqué que les estampes de Lyon étaient antérieures à Jacques Granthome, graveur assez connu de l'École de Théodore de Bry. L'iconophile éprouve une vive contrariété de ne connaître que par des initiales l'auteur de pièces si précieuses; m'étant mis en quête, j'ai rencontré un nom que je placerai ici, en renvoyant ailleurs toutes les gloses dont il devrait être appuyé; Jean Genet est classé après Jean Cousin dans les anciens catalogues d'estampes françaises [2].

En reconnaissant la parenté entre les deux maîtres de Lyon, l'on trouve que le second, plus exercé dans le maniement du burin, avait aussi plus

---

[1] Cabinet des estampes de la Bibliothèque nationale. M. Le Blanc, à qui j'en dois l'indication, pense que le nom est écrit de la main de Mariette.

[2] Florent Lecomte; *Cabinet des singularités*, etc.; 42e portefeuille de la Bibliothèque des estampes.

d'habileté dans le dessin et la composition. Sans exclure ni la grandeur ni la naïveté, ses figures ont encore l'expression, la finesse et le mouvement familiers aux artistes français. Mariette traite sévèrement notre Maître; il trouve son burin propre, mais sans intelligence et d'un goût de dessin et de composition fort mesquin; il le croyait orfèvre, en considérant certaines pièces, comme *Saint Éloi*, où l'artiste avait représenté des ateliers d'orfévrerie, avec tous les outils du métier exprimés avec détail. Ce dernier point est possible; quant aux autres j'en appelle au goût de notre temps, décidément plus éclairé sur l'art de certaines époques. Le second Maître de Lyon était bon dessinateur, inventeur ingénieux, et peut-être aussi peintre et architecte; ne serait-ce point lui que Vasari désigne parmi les élèves de Jules Romain sous le nom de Gian da Lione ? On pourrait le soutenir, bien qu'il n'ait rien de l'École de Mantoue, et que ses compositions, dans leur petitesse, rappellent des maîtres plus simples. Il connaissait bien l'Italie, ses beaux fonds d'architecture et de ruines en font foi; j'ai indiqué ailleurs l'analogie de plusieurs de ses estampes avec celles d'un graveur de Bologne; il est, du reste, bien de Lyon, et il prit dans ce milieu des types pleins d'agrément.

La Vierge, assise sur une belle chaire, près d'un riche motif d'archi‑ tecture à la De Lorme, est posée avec aisance; le mouvement par lequel elle soutient le bras de l'enfant Jésus qui bénit ses trois adorateurs, agenouillés à la file, est plein de vérité : *L'Étable de Bethléem*, *Le Mariage de sainte Catherine*, *La Vierge et l'enfant Jésus lisant*, sont des estampes pleines de charme et d'effet dans l'ordonnance, de grâce et de naïveté dans les figures. Il y a de la noblesse des Maîtres italiens sans leur apprêt, de la gentillesse des Petits Maîtres allemands sans leur sécheresse. Son burin montre également de la fermeté et de la délicatesse dans la jolie vignette, si française par le sujet, de *Dagobert et saint Éloi;* le *soubtil orfèvre*, comme l'appelle la chronique, bat le métal sur l'enclume en présence du roi son maître, dans un atelier, auprès d'une cheminée du style le plus riche, où un apprenti attise le feu; on dirait quelque vignette d'un manuscrit des chroniques de Saint-Denis. L'œuvre du Maître de Lyon n'a que deux ou trois sujets payens : *L'Amour sur le globe*, plein de gentillesse dans son aplomb, *Les Trois danseuses*, aussi vraies

que vives de mouvement; l'imitation qui y paraît, d'un nielle de Pere-
grini[1], sert encore à prouver que le graveur de Lyon se rattache plus
haut qu'aux italiens dégénérés.

J'aurai à revenir sur les types de Lyon; mais il est à propos de noter
ici la beauté contemporaine, inspiratrice de ces premiers graveurs. Les
modèles ne manquaient pas dans la ville où Jean Marot trouvait des
dames à plaisance, où Jean Le Maire vantait les visages angéliques de ses
nymphes. Plusieurs femmes y brillèrent par leur beauté et leur talent dans la
poésie et dans la peinture, et par-dessus toutes, Louise Labé. Ses portraits
peints et gravés ont peu d'autorité, bien qu'on en rencontre d'assortis
aux qualités qu'Érasme et d'autres après lui attribuent aux lyonnaises :
un teint brun avec des yeux mobiles, une tournure aisée et une gorge
abondante; mais les traits de la belle cordière sont vivement retracés par
les poètes ses panégyristes :

> *Quel dieu grava cette majesté douce....*
> *La douce gravité qui ton front honora....*

Ils parlent surtout de la mobilité et de la coquetterie de sa physionomie :

> *De son œil doucement hagard*
> *Fait mille plus heureux eschanges....*
> *Du vif mourant contournement des yeux*
> *A demi-clos tournant le blanc en vue.*

Comment, à la suite de ces madrigaliers, nos graveurs ne seraient-ils
pas tombés dans l'affectation? Il n'est donc pas nécessaire, pour expliquer le goût recherché qui s'infiltre dans leur dessin, de recourir à des
exemples italiens : comme nos poètes, et sans trahir leur nature ni perdre
leur originalité, ils ont aimé les concetti.

3. PIERRE WOEIRIOT *de Bouzey*, *Bozœus*, né à Bar vers 1530,
suivant l'opinion commune, n'était pas un peintre, mais un orfèvre et un
ciseleur de médailles. On cite de lui une médaille de Catherine de Médicis,

---

[1] N° 287 du Catalogue de M. Duchesne.

exécutée à Lyon en 1555 ; il se qualifie lui-même *iconion artificiosissimus
delineator et esculptor*. Comme graveur, il mettait la main à toutes les pratiques de ses estampes, fondant les planches de cuivre, les polissant,
les burinant et les imprimant ; il inventait aussi ses sujets, qu'il décorait
de toutes sortes d'ornements appropriés, et qu'il accompagnait de légendes
grecques et latines en vers et en prose. M. Robert Dumesnil, qui a donné
une excellente notice de Woeiriot que je ne prétends pas suppléer, et qui a
décrit son œuvre en quatre cent une pièces, fait ressortir la fécondité de
son génie comme dessinateur, la force et la délicatesse de son travail de
gravure ; mais il ne peut s'empêcher de remarquer dans ses productions un
air d'étrangeté et même de gothicisme, qui dénote un goût peu relevé, et
qui proviendrait de ce que l'artiste s'était confiné en province et avait fréquenté des étrangers. Le reproche est mérité ; mais il s'adresse à bien
d'autres auxquels est octroyée peut-être trop facilement une exemption de
manière, à Jean Chartier, comme à Marc Duval, aux graveurs qui se sont
le mieux conformés aux modes de la cour, comme à ceux qui ont suivi de
plus près les modes italiennes. Le goût provincial du Lorrain doit, tel
quel, être apprécié.

Woeiriot commença sans doute par travailler à Nancy ; mais on ne sait
rien de ses débuts. Ses premières estampes datées sont de 1555, à Lyon,
où il était venu de bonne heure, attiré par la renommée des graveurs. Il
paraît avoir fréquenté les huguenots, du moins il portraita leurs illustres,
dessina et grava leurs emblèmes, et fut peut-être pour ce fait obligé de
s'expatrier. On le retrouve, en effet, d'abord à Augsbourg, puis à Rome,
où il grava des statues antiques et publia quelques estampes qui sont restées à la Calcographie romaine. Il revint enfin à Nancy[1], où il grava la
suite de portraits consacrée à l'illustration de la maison de Lorraine[2]. Il

---

[1] M. Meaume, auteur d'excellentes notices de Callot et de Deruet, à qui je dois des indications précieuses, a retrouvé les papiers d'un procès qui fut intenté à Woeiriot, en 1580, à
l'occasion de son nom de Bouzéy.

[2] Les cuivres de Woeiriot furent publiés en 1591, dans deux éditions, l'une latine, l'autre
française, des vers de Clément de Treille, *Austrasiæ Reges et Duces epigrammatis per N. Cle-
mentem Trelœum descripti*, sous la rubrique de Cologne, à Nancy peut-être ou à Pont-à-

n'avait jamais perdu de vue son pays, comme l'attestent les dédicaces au duc Charles III qui accompagnent plusieurs de ses ouvrages.

Le graveur lorrain ne ressemble ni à Claude Corneille ni à Bernard Salomon ; dessinateur plus serré, plus enchaîné à sa gravure qu'il veut faire fine et colorée, attentif à certains exemples qu'il avait pu connaître des artistes de Paris et de Fontainebleau, de Jean Cousin aussi bien que de Primatice, imbu peut-être de quelque type lorrain qui nous échappe, il a dès-lors sa manière originale des figures petites et épaisses dans leurs grâces, une gravure moelleuse dans sa minutie. Ceci s'applique aux vignettes des Funérailles chez les anciens, et aux estampes plus grandes, *Phalaris*, *La Femme d'Asdrubal*. J'indiquerai surtout, comme ayant tous les signes du goût provincial du Maître, *Le Mariage de la Vierge*[1] : Le grand-prêtre unit Marie et Joseph au pied d'un autel où plane le Saint-Esprit entre deux anges lampadaires ; les figures des assistants, disposées fort ingénûment, tendent à l'héroïque, avec leurs chevelures flottantes et leur expression ahurie, mais elles n'ont pu dépouiller les symptômes de la beauté petite et roussâtre des Lorrains.

Plusieurs estampes de Woeiriot, en attestant un progrès dans son travail de gravure, gardent beaucoup d'étrangeté dans le dessin : tels sont les sujets de la Bible, que M. Dumesnil a décrits en partie ; ils m'ont souvent rappelé par leur gesticulation et leur musculature, la manière d'Hemskerck. Il semble que Woeiriot dut connaître à Rome quelqu'un de ces Flamands baroques, à l'époque où Cort n'y avait pas encore ramené la gravure à de plus régulières allures. Les figures pour les emblèmes de Georgette de Montenay, où éclatent toute la verve du dessinateur et toute l'énergie du graveur, accusent les mêmes tendances ; on y surprend des conformités avec l'École de Harlem, aussi bien dans le dessin que dans la

Mousson, suivant la conjecture de M Beaupré ; cet auteur mentionne un recueil des premières épreuves de cette suite, tirées avant le texte, contenant de plus cinq portraits qui ne sont pas décrits par M. Robert Dumesnil. *Recherches historiques et bibliographiques sur les commencements de l'imprimerie en Lorraine;* in-8°, p. 317. Nancy, 1845.

[1] *Catalogue Vischer*, N° 30. Suivant M. Le Blanc, cette estampe aurait été attribuée par Mariette à Batta. Angolo del Moro.

manière de traiter l'allégorie. Mais il y a dans son œuvre d'autres pièces qui montrent plus d'analogie avec les Maîtres italiens, et tant d'habileté de burin, qu'elles ont été attribuées quelquefois à Corneille Cort ou à Martin Rota : telle est *La Résurrection*. M. Robert Dumesnil la dit gravée d'après George Ghisi ; Mariette l'avait remarquée comme étant d'un goût extravagant, impropre à Martin Rota, et l'avait rapprochée de deux autres estampes d'après le Titien : *Les Cyclopes*, plafond du palais de Bresse, 1572, et *Danaé*. Il les attribuait toutes trois à un Maître dont il ignorait le nom [1]. Je n'ai pas retrouvé ces deux dernières pièces, mais je conjecture que Mariette a pu se tromper sur la marque des Cyclopes comme sur celle de la Résurrection ; en tout cas, celle-ci suffit pour indiquer les progrès et la souplesse du talent de Woeiriot. *La Bataille de Constantin*, qu'il exécuta aussi en Lorraine dans ses derniers temps, n'est point exempte de sécheresse ; on y retrouve en quelques parties la manière de De Laune, mais elle garde d'ailleurs la force et la finesse du Maître.

Le burin de Woeiriot montra surtout ce qu'il avait de nerveux et de délicat, dans les portraits. Ils sont traités avec beaucoup de variété ; ils ont la précision et l'accent du ciseleur, et souvent le moelleux et l'expression du peintre ; quelquefois fins comme des crayons, d'autres fois gros comme des manières noires, toujours expressifs et empreints de cette naïveté que les meilleurs portraitistes du XVIIe siècle ne connurent plus. Il est le graveur le plus intime de la race forte des calvinistes français, excellant à rendre la figure virile de Jeanne d'Albret et les traits plus petits mais non moins fermes de Georgette de Montenay, la savante damoiselle de la cour de Navarre. Il grava aussi Louise Labé, et sut lui donner des chairs délicates, des traits fins et beaucoup d'attifets, un chaperon à cornes, une gorgerette et un corps à creveures. Les Lyonnais auraient dû se souvenir de ce type, lorsqu'ils voulurent, il y a quelques années, consacrer dans un buste de marbre leur amour rétrospectif pour la belle cordière.

---

[1] *Notes manusc.*, art. de Titien, tom. IX.

Woeiriot grava aussi en bois. Nous avons vu qu'on ne saurait lui attribuer, comme on faisait autrefois, toutes les planches de bois marquées de la croix de Lorraine. Dans celles qui lui appartiennent le plus légitimement, il m'a semblé réunir deux qualités déjà remarquées dans ses planches de cuivre : une fermeté adroite mais non exempte de lourdeur dans les grandes pièces, et dans les petites une finesse de taille inconnue aux graveurs précédents; mais je ne les connais point assez pour dire ce que le graveur de Lorraine ajouta à la façon dont les bois étaient taillés par Moni et par les autres graveurs de Lyon contemporains. Il appartiendrait à l'iconographe de Callot, s'il reportait un jour à Woeiriot le tribut de son patriotisme et de ses lumières, de nous dire aussi ce que l'artiste put devoir à son pays, où Pierre Jacobi, prêtre et imprimeur à Saint-Nicolas-du-Port, avait publié, dès le commencement du XVIe siècle, des livres remarquables par leurs figures sur bois : le traité de Jean Pélegrin, *De artificiali perspectiva Viator*, si connu pour sa revue énigmatique des peintres de la Renaissance, et qui mériterait aussi de l'être pour les figures au trait qui le décorent; l'épopée lorraine de Pierre de Blarru, *Liber Nanceidos*, illustrée de planches importantes, qui m'ont paru, dans un examen trop rapide, appartenir à l'École de Strasbourg.

XXVIII.

Les graveurs sur bois des livres de Lyon.

1. Les livres de Lyon gardèrent encore, dans le premier quart du XVIe siècle, les caractères et vignettes gothiques ; alors même que la lettre ronde est employée, les figures n'y paraissent pas rajeunies, si ce n'est peut-être par des emprunts faits à l'Allemagne et à l'Italie. Dans le temps même où Balthazar Arnoullet publiait les gravures en cuivre de Claude Corneille, le plus beau titre de gloire des Frellon et des Trechsel était la publication des vignettes d'Holbein. Quelques années après, on voit se produire une École toute nouvelle de gravure en bois, les imprimeurs *Jean De Tournes* et *Guillaume Rouille* en furent les promoteurs. Le livre où je rencontre pour la première fois des gravures dans cette manière, est la

Magnificence de l'entrée de la cité de Lyon faite au Roy Henri II et à la Royne Catherine son épouse, le **28** septembre 1548, imprimé par Guillaume Rouille, en 1549. La marque de l'imprimeur sur le titre est encore d'un genre italien, mais les vignettes intérieures sont d'un dessin fluet et d'une taille grasse qui constituent une manière distincte. *Les quadrins historiques de la Bible*, en 1553, et beaucoup d'autres livres ensuite, sortirent du même atelier, avec des vignettes dessinées et gravées avec plus ou moins de soin, mais marquées du même style [1]. Elles sont toutes anonymes ; bien que les textes ne soient souvent que l'accessoire des figures, les auteurs paraissent seuls dans de fastueuses préfaces et le nom des artistes reste dans l'ombre ; dans la préface d'un livre de 1560 seulement, *Les hymnes du temps et de ses parties*, on lit que les figures sont de l'invention de M. BERNARD SALOMON, *peintre autant excellent qu'il y en ayt point en nostre hémisphère;* le même est encore cité dans un livre des Fêtes de 1559, où il est parlé des ouvrages de peinture et des machines dues à l'industrie grande de l'excellent peintre Bernard [2].

Les biographes lyonnais ont recueilli peu de chose sur ce peintre célèbre. Il a fait, dit Pernetty, des frises en camaïeu sur des façades de maison. Duverdier prétend qu'il avait composé un excellent livre de la perspective, qu'on ne trouva plus après sa mort [3]; c'est à lui que tous les collecteurs d'estampes ont toujours attribué le dessin et la gravure des vignettes des livres imprimés à Lyon de 1540 à 1580, qui l'ont fait connaître sous le nom du Petit Bernard. Papillon, qui l'a bien apprécié et a énuméré fort soigneusement ses gravures, n'a pu cependant ni élucider sa biographie, ni déterminer son œuvre. En réfutant Marolles et Christ, qui lui appliquaient des marques fausses, il a compris parmi ses ouvrages des planches du Mathiolus de Valgris, qui sont de Venise, et

---

[1] *Les Prodiges de Jules Obsequent*, 1555. — *La Cosmographie de Thevet*, 1556. — *La Métamorphose d'Ovide*, 1557. — *Les Devises héroïques de Claude Paradin*, 1557. — *Les illustres observations antiques de Gabriel Symeoni*, 1558. — *L'Énéide de Virgile*, trad. de Desmazures, 1560.

[2] *Discours du grand triomphe pour la paix entre Henri II et Philippe, roy des Espagnes;* Lyon, 1559, — cité dans les *Mélanges de Breghot-du-Lut;* Lyon, 1825, tom. I, pag. 277.

[3] Pernetty; *Les Lyonnais dignes de mémoire;* Lyon, 1757; 2 vol. in-12, tom. I, pag. 360.

des Termes de Hugues Sambin, qui sont de Lyon, mais postérieures. Zani, prenant texte de l'*Abecedario* d'Orlandi, dont on connaît l'irrégularité, quant aux noms et aux prénoms, distinguait deux artistes : Bernardo Salomon le peintre, et Giovanni Salomon, appelé Giovanni Gallo ou Infante Gallo, fils du premier et graveur en bois; il en fait du reste assez de cas pour l'appeler le prince des Petits Maîtres sur bois, le Callot des graveurs sur bois.

La distinction de Zani est arbitraire, et née, je crois, de l'opinion dont il est toujours préoccupé : il regarde comme impossible qu'un peintre ait dessiné à la plume et taillé lui-même les deux mille trois cents vignettes que l'on énumère dans l'œuvre de Bernard. Il y eut vers 1580, en Italie, un graveur sur bois en clair-obscur, qui signa de son nom, *Joannes Gallus*, ou de ses initiales I O ou I G, plusieurs grandes pièces d'après Marco de Sienne ; mais ce graveur n'a rien de commun avec le Maître de Lyon. Quant à la question de la coopération du peintre à la gravure de ses dessins, elle s'explique comme pour tant d'autres. Il y avait dans l'atelier du dessinateur ou dans celui de l'imprimeur, des ouvriers tailleurs de bois plus ou moins habiles; toutes les fois que le maître avait bien terminé ses dessins sur le bois, l'ouvrier n'avait pas à y ajouter, et, dans quelques cas, le maître prenait lui-même l'eschoppe. L'inégalité de pratique, la diversité de taille de toutes ses planches, dans une même manière, ne peut s'expliquer autrement.

On croit que Bernard Salomon était l'élève de Jean Cousin; Papillon leur trouvait un goût de dessin semblable. En comparant les bois de l'entrée de Henri II à Lyon, à ceux de l'entrée du même roi à Paris, la même année 1549, on aperçoit en effet quelques similitudes, en même temps qu'une infériorité marquée, dans le Maître de Lyon, par une composition moins inventive, par une main moins pittoresque et moins légère; vu à sa place, cependant, Bernard vient, à la suite des nombreux imagiers de tout pays qui alimentaient le marché de Lyon, produire des vignettes dans une manière nouvelle, qui contraste avec les formes trapues des vignettes allemandes. Il adopte des figures longues, infléchies ou renflées, comme les pratiquait déjà Claude Corneille, dans un goût qui prend une inspiration lointaine de l'Italie, de Paris ou de Fontainebleau, mais qui

s'approprie à l'esprit et au type lyonnais de 1550, que j'ai suffisamment indiqués.

Il est inutile de citer les vignettes les plus remarquables dans les livres
illustrés par Salomon ; un triage y est nécessaire, mais chacun le fera
selon son goût. Je me contenterai de relever le mérite général, la tournure svelte des figures, la vivacité des mouvements, la finesse des têtes,
le jet des draperies, et surtout l'ordonnance, toujours la plus grande qu'on
puisse concevoir pour l'intelligence du sujet dans de si petites dimensions.
Moins habile dans le nu, le petit Bernard est inférieur pour ses Vénus aux
petits graveurs de Paris ; mais, lorsqu'un bout de vêtement est jeté sur
ses figures, elles reprennent leur finesse et leur grâce.

Le travail de la gravure n'est pas moins louable, et Papillon y trouve
un seul défaut, le manque de clair-obscur : les tailles étant presque toutes de la même teinte, dit-il, les fonds n'y fuient pas assez. Jackson et
Chatto, renchérissant sur ce reproche, ont trouvé la manière de Bernard
Salomon *ineffective;* ils entendent par cette expresion, qu'il a chargé ses
bois de travaux délicats peut-être, mais inutiles, en imitation de la gravure sur cuivre, méconnaissant la véritable portée de la gravure en bois
et contribuant ainsi à la décadence de cet art. Ces critiques, qui s'adressent aux graveurs en bois d'une époque ultérieure, ne sauraient atteindre
dre aussi justement, à notre avis, le petit Bernard. Il travaille beaucoup
ses bois et les charge d'ombres, fort éloigné sous ce rapport de la spirituelle réserve de Jean Cousin et des bons graveurs de Paris ; mais on ne
peut dire qu'il y ait des tailles inutiles, tant l'effet en est vif et pittoresque.
Ce ne fut pas, comme on le croirait à entendre les historiens anglais qui
ne l'ont point assez connu, un graveur froid, croisant ses tailles et appesanti sur toutes les parties de ses planches. Il est aussi varié que chaleu-
reux, aussi habile dans les traits à épargner que dans les places à couper,
réussissant dans des figures grosses comme des fourmis, *Joseph vendu par
ses frères*, dans l'effet général d'un médaillon, *Hymne de Lucifer*, et excellant dans la disposition heureusement ménagée de la plus vaste scène, *Le
Déluge universel*. Entre tous les Petits Maîtres qui ont historié des livres,
il y eut des dessinateurs plus purs ou des graveurs plus carrés ; il n'y eut
pas d'artiste plus inventif et plus spirituel.

2. Le petit Bernard ne fut certainement pas le seul à fournir de dessins ou de gravures à l'imprimerie lyonnaise. Papillon a nommé, entre autres artistes dont il faudrait s'enquérir, I. Moni, comme dessinateur ou graveur de plusieurs Bibles imprimées chez Guillaume Rouille ; il avait lu son nom sur des vignettes de l'épître de St-Jude aux Actes des apôtres et du chapitre X de l'Apocalypse ; il lui attribue encore une copie de la Bible de Bernard Salomon, et estime sa gravure bien coupée quoique chargée de contre-tailles. Zani décrit sous le même nom plusieurs Bibles à figures, publiées par G. Rouille, de 1563 à 1581. Il y signale des vignettes remarquables par leur petitesse et leur netteté, quelques-unes par leur excellence, et des planches plus grandes copiées de la petite Passion en bois d'Albert Durer, de beaux frontispices à figures allégoriques sans rapport avec le texte sacré ; mais il n'a rencontré sur aucune planche le nom de Moni. Guillaume Rouille s'est malheureusement dispensé de nommer les peintres et les graveurs auxquels il avait fait dessiner et tailler les figures de sa Bible, et l'iconophile trouve plus de difficulté encore dans le dédale des livres de Moni, que dans celui de Bernard Salomon. Il appartient aux amateurs lyonnais qui ont dans leurs bibliothèques tous les documents nécessaires, de faire connaître aux étrangers leurs deux Maîtres. Tout ce dont je me souviens maintenant, c'est d'avoir vu écrit sur le livre que tient l'apôtre Jude, vignette des épîtres, les lettres ONESI-UVENI-MONI peut-être interverties, et sur une autre vignette les initiales I. M. On rencontre ailleurs ces initiales, particulièrement sur les encadrements des vignettes au trait, fort remarquables, de *La Morosophie de G. La Perriere Tolosain*[1], et là elles paraissent s'appliquer mieux à JEAN MOLNIER, cité par Strutt comme graveur en bois et imprimeur à Toulouse, qui publia avec Macé Bonhomme les *Considérations des quatre mondes* et d'autres livres de La Perrière, avec des figures en bois que je regrette de ne point connaître.

Mais les figures sur bois des livres publiés ensuite par Barthélemi Honorat, Antoine Gryphe, Benoît Rigaud, quels qu'en soient les graveurs, témoignent d'une décadence marquée dans l'art de tailler le bois. C'est

[1] Lyon, Macé Bonhomme, 1553.

alors que la surcharge du travail et l'imitation de la gravure en cuivre,
viennent donner aux figures une lourdeur d'autant plus fâcheuse, que le dessin
y est plus négligé et la composition moins originale. Duverdier semble
témoigner de cette décadence dans la préface de la Prosopographie [1] : « Il
avait fait pourtraire et en après tailler un amas d'aucunes figures de personnes insignes, qui auraient été en bien plus grand nombre, sans la
faute des tailleurs d'histoires qui ont promis plus qu'ils n'ont tenu.»

XXIX.
Les graveurs d'Orléans.

1. Maître STEPHANUS DE LAULNE était d'Orléans, suivant une tradition
consignée par Marolles et par Mariette. Né en 1518, il avait 20 ans au
moment de la plus grande vogue des peintres de Fontainebleau, et il
subit à beaucoup d'égards leur influence ; il ne s'en laissa pas pourtant
absorber. Les premières leçons qu'il avait eues des autres Français, son
état d'orfèvre, ses diverses résidences à Strasbourg, à Augsbourg, le
maintinrent indépendant Mariette, qui le trouve trop maniéré et cherchant trop à imiter les maîtres à la mode de son temps, rapproche sa manière de dessiner de celle du petit Bernard. Il faut lui reconnaître aussi
une parenté avec Jean Cousin, à qui il emprunta la composition de son chef-
d'œuvre, *Le Serpent d'airain*, et qui fournit avec Maître Guido beaucoup
de dessins à son œuvre. Il rappelle, dans certaines pièces, la manière de
René Boyvin ; mais il est plus délié dans sa gravure, moins accentué
dans son dessin, très-habile dans l'ordonnance et consommé dans la
perspective. Je ne saurais dire aussi hardiment que M. Robert Dumesnil,
lequel des deux Maîtres a imité l'autre [2]. Boyvin paraît seulement un peu
plus vieux, peut-être uniquement parce qu'il est plus astreint à la manière de Rosso. De Laulne est plus mesuré, quoique toujours Français,
comme il le montre dans les copies en petit qu'il a faites de Marc-Antoine.

---

[1] Lyon, chez Antoine Gryphius, 1573.
[2] *Le Peintre-graveur français*, tom. VIII, pag. 45.

Bien que l'œuvre de De Laulne soit nombreux, il n'y faut pas chercher des types religieux ou historiques ; le Maître brille plus par l'enjoli-
vure du burin que par l'invention et l'expression ; cependant, il a laissé
de bons modèles de cette figure accorte dont Jean Cousin a tracé les proportions et les modèles : « La face faite par le moyen d'un tour de compas,
donnant la joue ovale en pointe comme un œuf, le nez en arc turquois,
les genouils de la grosseur du col, les poignets et le bas des jambes de la moitié
du col[1]. » Il aime beaucoup aussi ces bouches criardes, qui donnent tant de
style aux figures de Jean Cousin ; *Les Mères israélites* d'après le vitrail de
Sens, *Suzanne surprise par les vieillards*, *Les Muses du Parnasse* d'après
Luca Penni, *Diane et Actéon*, *Vénus et Mars*, reproduisent la beauté de
ces figures dans leur fière élégance. On y trouve, bien qu'elles soient
souvent peu vêtues, de curieux échantillons de costume, tels que ces corps
et ces tortillons qui échauffaient si fort la bile des prédicateurs du temps,
« faisant plustôt ressembler les femmes, disaient-ils, à des diablesses qu'à
des créatures et images de Dieu, et empeschant de discerner et cognoistre
la femme de bien et d'honneur d'entre la vilaine et paillarde[2]. »

De Laulne se distingua par ses petites scènes bibliques et mythologiques,
dans la composition desquelles il procédait plus directement des traditions
françaises, et où son burin, léger et varié, trouvait une manière inconnue
aux Petits Maîtres allemands, des figures d'un mouvement vif et naïf, des
fonds délicats et prolongés. C'est là que, pour représenter le Dieu de la
création dans sa gloire, il imagina cette gravure pointillée d'un grain si
fin, qui l'a fait ranger au nombre des graveurs au marteau. Dans quelques-
unes de ces petites pièces, son burin, ordinairement pâle, prend une
couleur et une expression qui n'ont pas été surpassées. Comme ornema-
niste, De Laulne se rapproche davantage des Allemands, et l'habitude
prise de subalterniser l'École française a fait dire qu'il avait importé en
France la manière allemande. Il suffit de le voir à sa place, comme nous
faisons, pour connaître sa filiation et son originalité. J'ai déjà rappelé les

[1] Jean Cousin; *Livre de Pourtraicture : Proportion et mesure de la teste ;—La femme et l'enfant veus par le côté*, etc.
[2] *Charitable admonition;* in-8°, 1589.

Maîtres auxquels il emprunta des dessins. Théodore de Bry, à qui on le compare ordinairement, est plus jeune de dix ans, l'élève plutôt que le maître de Stephanus, et d'ailleurs dessinateur plus lourd et plus baroque. C'était aussi l'opinion de Zani, qui appelle le petit Étienne le premier, et Théodore de Bry le second des princes des Petits Maîtres au burin. Le *Petit Estienne*, c'est Heinecken qui lui a donné ce nom, est, en effet, le plus charmant ciseleur d'orfévrerie qu'ait eu la Renaissance française, et de lui aussi on peut croire qu'il profita des leçons de Cellini. Les artistes de Nuremberg et de Francfort, habiles sans doute dans les petites figures et les grotesques, prêtèrent moins encore que l'Italie à notre riche et brillante École, qui, dans les réminiscences payennes qu'elle mêle à ses traditions gothiques, épuise le domaine de la fantaisie et de la grâce.

2. JACQUES ANDROUET DU CERCEAU, né à Orléans, était, suivant les biographes de ce pays, élève de son père pour l'architecture, et pour la gravure, d'Estienne De Laulne, travaillant de son temps dans la même ville, qui était pour lors, à cause de la proximité de Fontainebleau, ainsi que le dit Mariette, le siége d'artistes comme Blois l'a été depuis. Il s'est fait un nom dans l'architecture, qu'il pratiqua à Orléans, à Paris, sous Henri II et Charles IX, et à Turin; il grava un plan de Paris en 1543, des profils de temple et de logements domestiques, des perspectives et des grotesques. Sa plus grande distinction est dans l'ornementation, où il fit paraître une élégance, une légèreté, une petitesse, qui renchérissent sur les qualités des stucateurs de Fontainebleau. L'invention n'est pas toujours sienne; il prend des dessins de monuments antiques, des originaux de Léonard Tiry, de Michele Crechi; mais il se les approprie toujours par l'esprit et la finesse de l'exécution: *Cujus inventionis partem sibi antiquitas ipsa assumere partem meo jure quodammodo vindicare possum* [1].

Du Cerceau a gravé un assez grand nombre de pièces mythologiques, où l'on voudrait chercher quelle fut plus précisément sa manière; mais il y paraît s'essayant d'après divers Maîtres, et j'avoue n'avoir saisi là, à

---

[1] *Iacobus Androvetius Du Cerceau Lectoribus suis.* Épigraphe de la suite des Grotesques, 1550.

travers bien des négligences et des tâtonnements, qu'un dessin ferme et droit et un travail gras, cherchant tantôt la sobre précision des graveurs italiens, tantôt les teintes espacées et moelleuses de Tiry; ses meilleurs ouvrages paraissent dans cette dernière façon. Cependant, l'attribution de ces pièces, toutes anonymes, est difficile, et elle a été négligée dans toutes les notices; l'œuvre du Maître reste, malgré sa réputation, tout-à-fait incomplète dans la plupart des collections. Voici quelques indications prises dans les recueils du Cabinet de Paris, de M. Robert Dumesnil et de M. de Baudicourt:

La Sainte famille au palmier est une copie de Marc-Antoine, d'un burin pauvre, mais correct, et suivant avec habileté le modèle en le rapetissant; *L'Étable de Bethléem*, pièce ronde, est d'un goût plus ressenti, avec des formes prolongées et des profils aigus. M. Robert Dumesnil l'a rapprochée d'une estampe du Maître J G de Lyon, qui servit sans doute de modèle; ce graveur dut plaire à Du Cerceau par les fonds d'architecture en perspective qu'il a tant pratiqués. Les estampes de la suite de *Psyché*, copiées du Maître au dé, adoucissent sans la trop maniérer, la sévérité de l'École romaine; celles des *Amours des Dieux*, d'après Caraglio, moins fortes et moins avancées de travail que les originaux, ont une sûreté de dessin et une morbidesse qui les relèvent fort au-dessus des copies vulgaires. Je citerai encore, comme non décrites, une petite suite, *Les Philosophes*, gravée avec beaucoup de carrure, et une autre suite mentionnée par Mariette, *Figures d'hommes et de femmes assises*, habillées suivant les modes qui étaient en usage en France vers le règne de Charles IX, ne serait-ce que pour induire l'amateur qui aura la bonne fortune d'en connaître davantage, à une monographie qu'Androuet Du Cerceau mérite à tant de titres.

3. JEAN CHARTIER, d'Orléans, vient ajouter quelque lustre à la petite École que Mariette avait distinguée. Le mince bagage avec lequel il se présente, n'est dû, il faut le croire, qu'au discrédit qui a frappé, le XVIIe siècle venu, toutes ces œuvres de manières provinciales. Lacroix du Maine traitait encore Chartier d'excellent peintre et graveur en taille-douce. M. Robert Dumesnil, qui décrit de lui onze estampes, a suffisamment apprécié son dessin non irréprochable, maniéré et cherchant l'antique; « son burin

très-fin, est animé de travaux déliés de pointe sèche, le tout assaisonné d'une espèce de pointillé qui produit un empâtement tendant à mieux rendre l'effet que le Maître se proposait.»

Les Blasons de vertu sont en effet des pimbêches d'une beauté plus hasardée encore que les nymphes de Fontainebleau les plus minaudières, avec des visages en pointe, des attitudes dégingandées, des attributs extravagants : la mode de Floris, par dessus celle de Rosso, portée par une provinciale. Cependant le travail en est doux, fait d'un mélange de tailles fines et de grignotis qui n'est pas sans agrément. Le frontispice de cette suite représente une espèce de philosophe barbu et drapé, les jambes nues et la tête coiffée d'un bonnet de fourrures ; ce serait, suivant M. Robert Dumesnil, le graveur lui-même dans sa librairie.

Plusieurs autres pièces, qui ne sont pas encore décrites, font mieux connaître Jean Chartier : la collection de M. de Baudicourt possède *La Charité*, à demi vêtue, assise au milieu de quatre personnages, tenant sur ses genoux un enfant qui en embrasse un autre debout sur le terrain, pièce signée : *Pinci Orleans* 1557, ı *cha*; c'est une eau-forte de peintre, d'un dessin hasardé, cherchant l'élégance jusqu'à la charge. On voit au Cabinet des estampes de Paris, *L'Envie*, coiffée et armée de serpents, les tétons pendants, debout entre une vieille tenant un écheveau et un vieillard, avec la signature : *Ja chartier excudebat oreliæ* 1557, et la légende : *Dentibus a stupa linum secernit acutis hæc anus*, etc. Cette pièce présente des figures qui raffinent sur la manière de Fontainebleau, avec une gravure sobre, quoique travaillée et ne manquant pas d'effet. J'ai rencontré au Cabinet de Dresde, *Ulysse reconnu par son chien sur le seuil de son palais décoré de pyramides et de sphynx*, grande pièce en largeur marquée : *fran. Bologna Invent. Io chartier excudebat*, et illustrée de vers latins : *Omnibus ignotum solus cognovit Ulissem*, etc. J'ai aperçu, enfin, une *Statue de nymphe*, les jambes croisées, et une *Déesse Ops*, figures coiffées, posées et troussées à la Primatice, qui, par leur travail apprêté, ont pu être attribuées à Jean Chartier. Que ceux qui pourront les confronter en décident.

On a vu plus haut quelques rapports indiqués entre l'École de Fontainebleau et l'École flamande contemporaine ; ici, la vue d'une de ces estampes du graveur d'Orléans, faite d'un dessin carré, d'un modelé précieux,

me reporta au souvenir du graveur flamand le plus remarquable par l'empâtement et l'effet de son burin, Suavius; Chartier toutefois, est bien
moins savant dans sa gravure et dans son dessin.

XXX.

Les graveurs sur bois des livres d'architecture et les tailleurs d'histoire.

1. « JEAN GOUJON est d'autant plus estimable que, succédant aux gothiques, il ne tenait rien de leur goût. Les figures qui sont dans le livre de
Vitruve de Jean Martin, sont du dessin de cet habile architecte et sculpteur,
et il y a grande apparence que celles qui sont dans le Poliphile sont aussi
de son invention. » Il ne faut pas entendre ces paroles de Mariette, en ce
sens que le tailleur de pierre de Rouen, en 1541, devenu plus tard le
sculpteur en pierres du Louvre et le plus grand sculpteur de la France,
n'ait pas dans sa manière une généalogie toute française ; les ouvrages du
tombeau de George d'Amboise et du jubé de Saint-Germain-l'Auxerrois,
sont bien de la même main que la fontaine des Innocents ; mais, éclairé par
l'intelligence de l'antique et recevant un reflet des grands Maîtres d'Italie,
Jean Goujon a su comme eux, comme Michel-Ange, comme Corrège,
comme Parmesan, créer à son tour des modèles. Les dessins pour le Vitruve,
que Mariette remarquait le premier, en donneront encore quelque aperçu.
Je n'y joindrai pas les dessins du Poliphile français, parce qu'ils m'ont
paru trop soignés pour être l'œuvre d'un sculpteur, et plus rapprochés par
leur finesse des figures connues de Jean Cousin à qui on les attribue ordinairement. Les deux artistes sont d'ailleurs de la même École, bien séparés
tous deux des italiens de Fontainebleau. D'après M. Robert Dumesnil, qui
a décrit exactement les planches du Vitruve de 1547, *Jan Goujon studieux
d'architecture* aurait gravé lui-même sur le bois les vingt-sept figures expli-
quées dans l'Avis au lecteur qui termine le livre, et dessiné seulement
plusieurs autres planches : une des meilleures, une figurine, placée pour expliquer la perspective d'un bâtiment, pourrait être même le portrait de Jean
Goujon; on peut s'en fier au goût éclairé de M. Dumesnil. L'artiste, cependant,

ne parle que des figures qu'il a pourtraitées ou désignées , et aucune expression n'indique qu'il ait taillé lui-même certaines planches et non les
autres. Ici, comme dans presque tous les livres du même genre, il y a pour
des dessins de même manière des gravures inégales , et l'on est tenté
d'attribuer au dessinateur lui-même les plus fidèles et les plus pittoresques.
Deux planches portent des monogrammes qui n'ont point été expliqués [1].

Les Cariatides ont bien cet accent , cette expression des grands artistes, qui , ressuscitant les symboles du génie antique, faisaient figurer sur le
seuil des temples et des palais les filles et les femmes de la Carie réduites en
servitude. *Les Premiers hommes construisant des cabanes*, déploient ces mus-
culatures et ces mouvements dont le sculpteur recevait le goût d'Italie, et qui
par leur difficulté même venaient tenter son génie. Il croyait y ajouter encore
par l'élancement des formes ; mais, si l'on veut connaître dans sa plus
juste mesure le dessin et la gravure de Jean Goujon , il faut considérer la
figure représentant *La symétrie du corps humain :* des lignes pures, des tailles
sobres y font comprendre, mieux que beaucoup d'ouvrages ambitieux , le
goût de l'École française, essayant de maintenir à côté des dessinateurs in-
tempérants, le tempérament des grands Maîtres , de Raphaël et de Michel-
Ange , toujours les premiers dans l'estime de Jean Goujon.

2. PHILIBERT DE L'ORME, que Jean Goujon nomme avec Pierre Lescot
parmi les Maîtres , se servit aussi de la gravure en bois pour ses livres
d'architecture. Les beaux dessins dont il les accompagna mériteraient
aussi une description spéciale , bien qu'il n'en ait pas lui-même taillé les
bois. Il fait considérer, dans son épistre à la reine Catherine, l'excessive
despense pour la taille des planches qu'il lui a fallu faire [2] ; il se plaint , au
chapitre 9e du livre VIII, des tailleurs qui n'ont ensuivy les traicts de ses
dessins. A côté des pieds de stat, des cheminées et des portes de tous
ordres, ornés de feuillages et d'histoires , on y voit des dessins allégoriques que l'architecte explique verbeusement. Je n'y remarquerai que

[1] *Le peintre-graveur français*, tom. VI, pag. 34.
[2] *L'architecture de Philibert De L'orme*. Paris, Fréd. Morel, 1568, et Jérôme de Marnef, in-folio, 1576.

la figure même de cet architecte haut jambé, et des statues aux acrotères ou aux pendentifs, de la même venue que les figures de Jean Cousin et de Jean Goujon.

HUGUES SAMBIN, demeurant à Dijon, où il élevait et sculptait le portail de saint Michel, un de ces grands ouvrages de la Renaissance qui essayaient de combiner l'élévation et le mouvement gothiques avec la membrure antique, fit paraître à Lyon ses *Termes d'hommes et de femmes*, dessinés dans ce caractère de grandeur sombre que Michel-Ange avait créé [1]. On disait à Dijon que le petit Hugues ou Huguet (il était fort petit de taille) avait été l'élève et l'ami de Michel-Ange. Il est certain qu'il avait profondément étudié ses ouvrages; on ne trouverait pas dans l'École italienne un dessinateur qui rende avec plus de crânerie, des grâces ou des satyres en cariatides. La gravure est avancée de travail, habile de tailles et de contre-tailles, pourtant si ferme et si pittoresque, que l'on peut sans répugnance l'attribuer au Maître même. Philibert De L'orme, lyonnais, travaillant à Paris dans le même temps et y faisant graver ses planches, n'a pas dans ses figures le même caractère; mais on peut rapprocher de la manière de Sambin les planches et les frontispices de quelques autres livres de Lyon, par exemple, le *Discours historial de Nîmes*, par Poldo d'Albénas, imprimé par Guillaume Rouille.

3. Après avoir parlé de tant de graveurs en bois qui n'ont pas signé leurs planches, et de tant de dessinateurs dont la participation à la taille de ces planches pourra toujours être l'objet d'un doute, on éprouve une vraie satisfaction à rencontrer un artiste qui a bien voulu déclarer son métier: c'est OLIVIER CODORÉ, tailleur et graveur de pierres précieuses, en 1572, demeurant rue Guillaume Josse, au Héraut d'armes. Les artistes, comme les saints, ont plutôt une légende qu'une biographie; voici celle de notre graveur: La reine Élisabeth ayant réglé dans une ordonnance de 1563, quel serait le prototype de sa beauté pour tout le royaume, un graveur français qu'on nomme Coldoré, fut choisi comme le

---

[1] *Œuvre de la diversité des Termes*. A Lyon, chez Jean Durant, imprimé par Jean Narcocelle, 1572.

plus digne de le retracer ; la sardonyx sur laquelle il avait gravé son buste
officiel, autrefois dans les collections Crozat et d'Orléans, est au Cabinet
des antiques. Cet artiste, dont le nom de famille était Julien Fontenay,
devint ensuite, par lettres patentes de 1608, valet de chambre et
graveur de pierres fines du Roi de France. Les collections de France con-
tenaient encore de lui les bustes de Henri IV et de Marie de Médicis, gravés sur rubis et sur coquille. Le surnom de Coldoré lui aurait été donné
à cause des chaînes d'or qu'il portait au cou et dont il avait été décoré,
comme c'était l'usage pour les artistes pendant les règnes de Henri III
et Henri IV. Il vécut, dit-on, jusque sous Louis XIII[1].

Tout n'est pas imaginaire dans ce récit ; mais il y a des faits arbitrairement appliqués et des conjectures passées à l'état de faits. Mariette avait
attribué à Coldoré les camées d'Élisabeth et de Henri IV ; il n'avait pourtant
donné sur l'artiste que des renseignements vagues ; plus tard, trouvant le
document de 1608 sur Julien de Fontenay, il eut le pressentiment que
c'était le même que Coldoré. En présence d'un autre document de 1572, où
celui-ci se nomme Olivier Codoré, la conjecture tombe, ce me semble, et il
paraît plus plausible de croire que le graveur de pierres fines de Henri IV
n'était que l'élève et le successeur du graveur de Charles IX, dont
il avait pris le nom corrompu pour surnom ; mais je n'ai à considérer ici que le graveur sur bois. Il orna de figures les descriptions de
l'entrée de Charles IX à Paris, en 1571, et du couronnement d'Élisabeth
d'Autriche, ainsi qu'il est rapporté au privilége annexé[2] : « Nostre bien-
aimé Olivier Codoré, tailleur et graveur de pierres précieuses, nous a fait
entendre qu'il desiroit singulièrement de graver ou faire imprimer par
figures et lettres toute l'ordre qui sera tenue a l'entrée que nous et nostre
très-chère et très-aimée compagne esperons faire tant en nostre ville de
Paris que aus autres villes de cestuy nostre royaume, etc. »

---

[1] *Description des pierres gravées du duc d'Orléans*, par Lachau et Leblond ; tom. II, pag.
194 ; Paris, 1784. — *Biographie universelle*, au mot *Coldoré*. — *Trésor de numismutique et de
glyptique, bas-reliefs et ornements*, pag. 9, in-folio ; Paris, 1836. — Mariette ; *Traité des
pierres gravées*, tom. I, pag. 135. — *Abecedario*, tom. I, pag. 385.

[2] *C'est l'ordre et forme qui a esté tenu*, etc., in-4º, 1571. — *Bref et sommaire recueil*, etc.,
in-4º, 1572. A Paris, de l'imprimerie de Denis Dupré pour Olivier Codoré, rue Guillaume Iosse,
au Héraut d'armes, près la rue des Lombards.

Toutes ces pièces, d'une décoration inspirée par la parodie de l'antiquité et par la manie des allégories, chargées d'hiéroglyphes et d'inscriptions où le dessin s'assujettit à une poésie nauséabonde, sont rebelles à l'arrangement et à l'expression pittoresque; cependant, plusieurs figures, telles que *La Gaule*, « déesse habillée à l'antique, dont le visage se rapportoit singulièrement bien à celui de la Royne mère du Roy, » les héroïnes qui lui servent de support et d'attribut, *Lucrèce*, *Artémise*, *Camille et Cœlie*, *la Majesté et les Vertus* qui lui font cortége, appartiennent aux jolis types de l'École française. Codoré y paraît le digne successeur de Tory et de Iollat. Dans l'exécution, sa manière est appesantie par le trop grand travail des tailles; elle ne perd cependant pas toute grâce et tout effet : un talent ingénu peut seul garder ainsi ses qualités pittoresques au milieu des soins du métier. Moins libre que les tailleurs qui l'avaient précédé, Codoré ne tombe pas dans l'insipidité des tailleurs qui ne travaillaient que de métier, et livraient, à Paris comme à Lyon, tant d'ouvrages de pacotille.

4. La gravure à l'eau-forte, telle qu'elle avait été traitée dans l'École de Fontainebleau, suppléait souvent à la gravure sur bois; pour les modèles d'atelier comme pour les estampes servant le goût public, le grossissement et la promptitude d'exécution de ces eaux-fortes arrivaient au même résultat que les bois. Les tailleurs sur bois, de bonne heure si distingués dans les vignettes, ne s'appliquèrent que tardivement aux grandes planches; cependant, nous les avons vus placer dans les livres des figures d'une assez grande dimension. Dès le règne de Charles IX, sinon auparavant, ils publièrent des estampes isolées originales, sur des sujets d'un intérêt constant ou d'une curiosité contemporaine. Aux graveurs qui les confectionnèrent, s'attacha plus particulièrement, ce me semble, la qualification de *tailleurs d'histoires*, qui se lit dans plusieurs textes de cette époque. Ces pièces appartiennent la plupart à l'imagerie hiératique et populaire, ou à la gravure topographique, que je ne recherche pas[1];

[1] Voy. Bonnardot; *Hist. archéol. de la grav. en France*. Paris, in-8°, 1849.

mais il y en a qui portent des signes de talent et des types locaux curieux à noter. Telle était une estampe du Cabinet Vischer[1], dont le sujet est commenté en un dizain :

> *O quel bien c'est à l'homme de cognoistre*
> *Sa qualité, sa personne et son estre....*

A la gauche d'un cippe ombragé, un jeune couple en costume de cour du temps de Charles IX, fait l'amour ; des colombes volent à l'entour ; à droite s'achemine un couple de vieillards, que la Mort vient frapper d'un trait ; un hibou perche à côté. Ce sujet, le même que Poussin, un siècle après, concevait d'une manière si philosophique et si antique, *Et in Arcadia ego*, a été traité ici assurément avec moins de science et d'élévation, mais dans l'esprit du XVIe siècle que je recherche ; le Maître inconnu se rapproche plutôt de l'Allemagne que de l'Italie, mais il prend ses figures à côté de lui et leur donne pour idéal de l'élégance et de la vérité. La taille en est grosse et trop arrêtée, sans que le métier y efface pourtant tout l'effet pittoresque.

La suite la plus importante à laquelle se soient attachés les tailleurs d'histoire sous Charles IX, est *le premier volume contenant quarante tableaux ou histoires divisées, qui sont mémorables, touchant les guerres, massacres et troubles advenus en France en ces dernières années ; le tout recueilly selon le tesmoignage de ceux qui y ont été en personne et qui les ont veus, lesquels sont pourtraités à la vérité.* La plupart des planches, soit sur cuivre, soit sur bois, sont signées par I. Perissin et I. Tortorel, artistes sur lesquels nous n'avons que les renseignements qui se peuvent tirer de cet ouvrage. M. Robert Dumesnil, qui l'a bien étudié, pense que les épreuves originales sont à l'eau-forte, les bois n'étant que des reproductions exécutées par des tailleurs d'histoires autres que les auteurs primitifs ; il reconnaît même parmi ces bois quatre mains différentes, entre autres celles d'Olivier Codoré et d'un autre tailleur qui s'est servi d'un monogramme formé des lettres I D G, désigné sous le nom de Jean de Gourmont. D'autres

---

[1] *Catalogue Vischer*, par M. Le Blanc, N° 10. *Allégorie sur la mort.*

ont pensé que ces pièces, avant d'être réunies en recueil, avaient été publiées séparément et criées dans les rues avec leurs légendes marginales;
elles auraient été ce que nous appelons aujourd'hui des *canards*; le canard
aurait là de bien nobles précédents. Mais ces histoires, remontant jusqu'à
des événements de 1559, ne portent de date d'exécution qu'en 1570.

En ce qui touche mon sujet, je n'ai à relever ici ni dessin ni composition pittoresques, l'art recule heureusement devant ces massacres de funeste
mémoire; mais il y a quelques figures curieuses par la vérité de la physionomie et du costume; nos peintres d'histoire, tout savants et tout
habiles qu'ils sont devenus, y pourraient prendre plus d'une leçon. Les
eaux-fortes sont mieux travaillées; mais elles ont une monotonie rebu-
tante. Plusieurs préféreront peut-être, pour leur effet d'ensemble, les
bois souvent grossoyés.

Au moment où j'arrête pour la seconde fois la revue des quatre Écoles,
les deux tiers du XVIᵉ siècle écoulés, la veine de cette grande époque
s'épuise, et voici, en récapitulant, comment la gravure me paraît s'être
gouvernée.

En Italie, de Marc-Antoine à George Ghisi, pendant trois générations
d'artistes, la gravure servie par des burins d'abord dociles et larges comme
le crayon, puis réguliers et assujettis au compas, ou aidée par des bois
colorés et des eaux-fortes lumineuses comme des dessins au pinceau, livre
les exemplaires d'un type antique, rajeuni et idéalisé, que varie l'inspiration des grands peintres Raphaël, Corrège, Michel-Ange, Titien, Jules
Romain, que varie encore plus le talent des graveurs restés libres. Ces
graveurs suivent leurs propres données, chacun dans son foyer, à Bologne, à Rome, à Venise, à Parme, à Vérone, à Mantoue. Ils subissent
toutes les modifications amenées par des voyages et des communications
incessantes, et gardent, jusque dans les boutiques des marchands, la
distinction originelle. Il fut dévolu à la gravure mieux qu'à la peinture,

dont les œuvres inaccessibles à la foule restaient le privilége des grands,
de propager ses modèles : des hommes taillés en héros, des femmes
faites comme les grâces, un Christ sublime, quoique avec trop de ressou-
venance de Jupiter, une Madone, la plus idéale expression d'un type choisi.

En Allemagne, d'Albert Durer à Melchior Lorck, la gravure, entre-
tenue dans cinq principaux foyers, à Nuremberg, à Wittemberg, à Augsbourg, à Strasbourg et à Basle, travaillant ses cuivres avec un burin qui
a la netteté et la fermeté du diamant, et ses bois avec une eschoppe qui
a la souplesse et la liberté de la plume, émet son type naturel et relatif.
L'esprit d'investigation et de liberté a fomenté sa renaissance. Moins as-
sujettie à la peinture qu'en Italie, elle a étudié la nature et suivi de près les
événements ; fidèle aux costumes du temps, elle a fait de ses héros et de ses
saints des hommes de tous les jours, et relevé à la dignité de l'art les scènes
familières. Son Christ n'est qu'un portrait contemporain, sa Vierge n'est
qu'une ménagère : mais l'humanité, intimement observée et vaillamment
exprimée, a un éclat de vérité qui équivaut à l'idéal. Les artistes allemands
le comprennent bien aujourd'hui, eux qui, après un long détour, revien-
nent avec tant d'amour à leurs Maîtres du XVIe siècle.

Dans les Pays-Bas, de Lucas de Leyde à Jérôme Cock, répandue en
beaucoup de lieux avec peu d'Écoles originales et fécondes, à Leyde, à
Gouda, à Utrecht, à Liége, à Harlem, à Bois-le-Duc, à Amsterdam et
à Anvers, la gravure, brillamment inaugurée, dément bientôt d'heureuses
prémices : une patrie divisée et sous le joug étranger lui était peu pro-
pice. Les artistes y suivent plusieurs penchants : naturellement fins et
serrés dans leur travail de burin, ils deviennent dans un endroit mous et
sans façon, dans un autre forcés et tourmentés, sans distinction d'ailleurs
dans les bois et les eaux-fortes. Poussés à l'émigration plus que les
Allemands, abordant en plus grand nombre l'Italie classique, plusieurs s'y
établissent : à ce contact ils quittent leurs costumes plutôt que leurs
types nationaux : de là un baroque qui leur est particulier. Leurs personnages sont des Brabançons ou des Hollandais qui se guindent à l'italienne,

et les types en restent toujours bas. Dans leur naturelle inclination, leur
Christ n'est qu'un porte-balle et leur Madone une pauvresse. En un coin,
surtout, leur génie s'épancha ; ils créèrent les sujets drôles et inaugurèrent
à l'état d'École, des types qui n'avaient surgi jusque-là que par accident.
Placée ainsi à l'antipode de l'idéal italien, la gravure des Pays-Bas eut
son type gueux et bamboche, le genre en devint, comme on sait, historique ; on ne le prendra pour modèle dans aucune académie, mais il eut
alors ses partisans et dans les Écoles du siècle suivant une glorieuse
descendance.

Chez nous, enfin, de Jehan Duvet à Estienne De Laulne, quelle
variété ! quel mouvement ! Les premiers graveurs cotoyant les rudiments de l'art, les derniers épuisant ses délicatesses. Orfèvres, imagers,
verriers, peintres, émailleurs, stucateurs, ciseleurs, architectes,
imprimeurs, tous s'exercent à manier le burin, la pointe ou l'eschoppe.
Beaucoup ne font que s'essayer, travaillant un peu partout, à Langres, à
Sens, à Limoges, à Angers, à Nancy, à Orléans ; mais à Paris et à
Lyon de grands ateliers se fondent, et de Fontainebleau sort tout
une École. Nos artistes avaient au commencement un œil partout, chez
les Allemands, les Flamands et les Italiens, recevant de chaque pays un
rayon, attachés cependant à leur patrie et fidèles à leur type traditionnel,
petit mais sémillant. Quand les Italiens envahirent bruyamment Fontainebleau, et de là bientôt Paris et la province, que firent nos Français ? Ils cédèrent aux étrangers la meilleure place au foyer, singèrent
les qualités et aussi les travers des Maîtres italiens, tandis que leurs
filles montraient aux nouveaux venus quelle était la beauté française. Dans
ce conflit, notre École, renaissante selon les uns, étouffée selon les
autres, avait suivi sa destinée et progressé comme fait toute chose, gagnant
d'un côté, perdant de l'autre. En recevant l'Italien, elle avait trouvé
un développement nouveau de sa qualité française, et présenté sous un
nouveau jour son image : une femme qui minaude et qui veut trop
plaire, mais qui plaît, même après qu'on a reconnu ses défauts.

Ainsi s'est montrée dans les estampes, sous ses faces diverses, toutes
agréables, toutes appropriées aux lieux et aux circonstances, la beauté

de la Renaissance, dont les Maîtres se sont heureusement gardés d'imaginer et d'imposer un modèle unique, pétris qu'ils étaient de ce levain
de liberté dont Montaigne a donné la formule esthétique : « Il est vray-
semblable que nous ne sçavons gueres que c'est que beauté en nature et en
general, puisque à l'humaine et nostre beauté nous donnons tant de
formes diverses..... Nous en fantasions les formes à nostre appetit.....
Les Italiens la façonnent grosse et massifve ; les Espaignols, vuidee et
estrillee : et entre nous, l'un la faict blanche, l'aultre brune ; l'un molle
et delicate, l'aultre forte et vigoreuse : qui y demande de la mignardise
et de la doulceur, qui de la fierté et maiesté[1]. »

_____

[1] *Les Essais*, liv. II, chap. 12.

FIN.

Extrait des Mémoires de l'Académie des Sciences et Lettres de Montpellier, section des Lettres.

TABLE

DES MAÎTRES GRAVEURS DU XVIᵉ SIÈCLE.

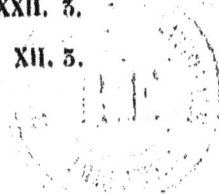